法|学|研|究|文|丛

律师何以寻求正义

——契约主义对律师职业公共性的证成与重构

蒋　超◉著

知识产权出版社

全国百佳图书出版单位

——北京——

图书在版编目（CIP）数据

律师何以寻求正义：契约主义对律师职业公共性的证成与重构／蒋超著．—北京：知识产权出版社，2025.6. —（法学研究文丛）— ISBN 978 - 7 - 5130 - 9833 - 5

Ⅰ. D916. 5

中国国家版本馆 CIP 数据核字第 2025PF9476 号

责任编辑：刘　江　　　　　　　　　　责任校对：潘凤越
封面设计：智兴设计室　　　　　　　　责任印制：刘译文

律师何以寻求正义
——契约主义对律师职业公共性的证成与重构

蒋　超　著

出版发行：**知识产权出版社**有限责任公司	网　址：http：//www. ipph. cn
社　　址：北京市海淀区气象路 50 号院	邮　编：100081
责编电话：010 - 82000860 转 8344	责编邮箱：liujiang@ cnipr. com
发行电话：010 - 82000860 转 8101/8102	发行传真：010 - 82000893/82005070/82000270
印　　刷：天津嘉恒印务有限公司	经　销：新华书店、各大网上书店及相关专业书店
开　　本：880mm×1230mm　1/32	印　张：9. 25
版　　次：2025 年 6 月第 1 版	印　次：2025 年 6 月第 1 次印刷
字　　数：218 千字	定　价：88. 00 元

ISBN 978 - 7 - 5130 - 9833 - 5

本书为国家社会科学基金青年项目"算法裁判正当性基准的异化与应对研究"（23CFX020）的阶段性成果

律师是司法产品的质检员

（代序）

　　律师的主要工作，简单来理解，就是以其法律专业知识以及其运用法律专业知识的能力，为当事人求索司法正义。也正因此，律师从其产生以来就一直被视为正义的化身。特别是在刑事诉讼中，律师因为与国家权力展开博弈，更是容易被普罗大众赋予英雄般的正义形象。但是，自从市场经济时代以来，律师的正义形象就受到了质疑。在普罗大众看来，律师工作的基本模式无非就是"拿钱办事"。这种看似刻薄的说法，将罩在律师头上的神圣面纱揭了个干净，而使律师从神坛跌入了"天下熙熙，皆为利来"的芸芸众生中。在这种世俗观念的冲击下，律师头上的正义光环开始褪色，律师职业遭遇前所未有的伦理危机。

　　蒋超老师即将出版的新书《律师何以寻求正义》（以下简称"蒋书"），直面律师职业遭遇的这一伦理危机，以契约主义为理论依据，分别从"原初契约""主契约""子契约"三个层次论证了律师与正义的关系。在"原初契约"层面，作者重新诠释了罗尔斯"无知之幕"下的公平原则，提出律师正义内生于其与政治国家和公民社会的双向交换过程中，律师职业的正当性不仅源于国家授权或职业传统，更基于其与公民社会缔结的隐性契约，即社会允许律师垄断法律技艺并获取专业报酬，律师则承诺以"技艺理性"维护法律系统的正义输出。这种互惠性契约关系，将律师从"国家代理人"或"市场逐利者"的二元对立中解放了出来，成为法治生态中不可或缺的"正义调节器"。在"主契约"层面，作者借助哈贝马斯"公共领域"理论，论证了律师职业如何在国家与社会的结构性张力中开辟"第三空间"：一方面以个案代理制衡公权恣意，另一方面以公益诉讼激活公民参与，最终通过程序正义实现实质正义的涓滴效应。在"子契约"层面，作者提出了互惠性的正义践行逻辑，并在这一基础上揭示了律师在法律援助、法庭伦理、法治倡导等具体实践中所蕴含的契约义务，即从维护当事人合法权益（微观正义），到促进法律正确实施（中观正义），再到推动社会公平（宏观正义）。正是通过上述三层次的契约履行，律师职业实现了正义命题从抽象价值到具象行动的逻辑闭环。

蒋书关于"契约主义三层论证框架"的推理颇有新意，它成功地解释清楚了，在市场经济时代，究竟应当如何理解律师职业与正义的关系。借用"原初契约"，蒋书很好地证明了律师职业来源的正当性以及垄断的正当性，这是蒋书提出的"原初契约"的理论价值之所在。不过，在我看来，蒋书所说的"原初契约"，在揭示律师与社会之间所隐性存在的利益交换关系的同时，也恰恰否定了律师天然具有正义性的传统说教，并在一定意义上支持了普罗大众的"拿钱办事"的世俗观点。坦诚地说，追求经济利益的确是律师执业的目的，至少是目的之一；至于正义，那只是律师通过执业所产生的结果，即如果律师的工作很好地维护了当事人的合法权益，那么也就最大程度地实现了司法正义。按照亚当·斯密的说法，"我们期望的晚餐并非来自屠夫、酿酒师或面包师的恩惠，而是源于他们对自身利益的看重"；我们也可以依样画葫芦来类比律师，"我们期望的司法正义并非来自律师对于正义的追求，而是源于他们对自身利益的关心"。

律师的工作，按照蒋书的说法，可以看作法治机器中的"质检员"——他们通过证据筛选、程序监督确保司法产品的"合格出厂"。律师的"质检"工作可与房屋验房师一比。验房师受当事人的委托，以国家颁布的房屋质量要求作为标准，检查房屋是否存在质量问题。律师的工作也是这样，律师受当事人的委托，以国家颁布的法律作为标准，检验司法产品是否存在瑕疵。在这一意义上，普罗大众所说的"拿钱办事"，其实也就可以解读为，律师接受当事人的委托，而对司法产品进行质检。

将律师的工作看作质检员，并不会贬损律师的职业形象；相反，由于它清晰地揭示了律师职业与正义之间所存在的关系，反倒对律师的正义形象起到了更好的维护作用。具体来说，律师对于司法产品的成功质检，就是对于可能发生的司法不正义现象的成功阻却。律师的每一次质检就是每一个个案正义的实现；而随着一个个的个案正义的不断累积，社会正义也就得到了普遍的增进。结论是，律师职业的正义性虽然并不是天然就具备，但却通过具体的活生生的司法实践使正义得以实现，这既是律师职业正义性的所在，也是蒋书提出的"主契约"以及"子契约"的理论价值之所在。

毋庸置疑，将律师的工作定位为受当事人委托而对司法产品进行质检，的确会在很大程度上对律师职业的神圣性产生"祛魅"的效果，因为它将律师现实的伦理法则凸显了出来，即律师在现实生活中奉行的是"市场伦理"而不是"正义伦理"。不过，令人放心的是，律师的"市场伦理"与"正义伦理"并不冲突，相反，两者还相互促进。律师的"市场伦理"与"正义伦理"的关系是："市场伦理"有助于"正义伦理"的提升，而"正义伦理"的实现反过来也有助于"市场伦理"的遵守。正因此，蒋书的论述在对律师形象"祛魅"的同时，也为律师的正义性注入了"地气"而使之更有说服力。

特别需要说明一点的是，上述我关于律师职业正义的看法未必正确，而对于蒋书的理解也未必完全到位，权当抛砖引玉。如果能引起更多学人一起商讨，则乐莫大焉；这也应该是蒋书的初衷，至少是其初衷之一。

蒋超是我所带的众多学生中唯一的一名硕博连读的学生。从博士论文选题起，蒋超同学就将律师职业作为自己的研究对象，并在该领域一直默默耕耘并有所成，其即将出版的大作《律师何以寻求正义》就是其所成的证明之一。作为老师，学生的成就就是自己最大的成就；故在其大作出版之际，本人当慨然应许，乐以为之作序。

周安平

2025 年 5 月 10 日于南京大学

目 录

CONTENTS

引　言

《中华人民共和国律师法》（以下简称《律师法》）第 2 条规定，"律师应当维护当事人合法权益，维护法律正确实施，维护社会公平和正义"，在立法层面上强调了律师职业的正义属性。简单来说，律师正义就是要求律师职业突破从为个人利益考量的私人领域进入为公共利益考虑的公共领域之中。近些年诸如律师职业评价体系的改革、《法律援助法》的制定实施等司法改革行动，也无一不试图扩展律师的正义属性。尽管立法与改革实践中均涉及律师正义的命题，但它仍为学界所忽视，为实务界所轻鄙。尤其是在市场经济的环境之下，律师已很大程度上被视为输出法律服务交换利益的服务人员，在这种认知背景之下，正义的命题似乎再难成立。此处，借引言部分稍稍从"想象"这一角度，探寻律师与正义关系的实质。

一、律师正义的想象性

提及"想象"一词，人们有时将其与"空想"

等带有贬义的词汇联系，但此处使用"想象"不带任何价值色彩，仅仅试图以描述的视角还原律师与正义关系的本质。实际上不仅是律师职业，整个人类共同体乃至智人最终在世界的立足都是建立在纷繁复杂的想象之上。❶ 而正义是这些想象中重要的一环，它是维系人类共同体的关键，由此推导出的结论是，律师正义亦是一种想象，这种想象维持着律师职业的稳定。

（一）智人因想象力而胜出

在漫长的历史长河中，智人击败了其他动物，也击败了诸如尼安德特人、直立人等人种，最终成为万物主宰。其中缘由众说纷纭，最经典的解释有两种：一是因为工具，二是因为语言。关于第一种说法，有学者认为，人类的本质特征就在于其可以广泛地使用复杂的工具，而工具的使用是人类超越其他物种的关键所在。尽管有些动物也可以使用一些工具，但没有任何一个物种像人类一样可以制作使用复杂的工具，并在日常生活中依赖工具的使用。❷ 随着现代考古学以及实验科学的不断发展，这种说法已难以成立。一方面，诸多生物学家通过长期的动物实验发现，有些动物经过训练可以使用精密复杂的工具，完全不逊色于原始人类；另一方面，考古学证据表明除智人外的其他人种，如尼安德特人也可以使用复杂的工具，这表明使用工具并不是智人制胜的原因。

第二种说法则更为普遍，即智人之所以会胜出是由于其使用了复杂精密的语言。当然，动物也有自己的语言系统，多数动物

---

❶ 松泽哲郎. 想象的力量：通过黑猩猩看人类 [M]. 韩宁，张鹏，译. 上海：上海科学技术出版社，2017.

❷ 理喻. 生命与进化 [M]. 石家庄：河北教育出版社，2007：361 – 362.

都可以通过声音来传递情绪，通过相互交流发出警告以规避危险。那么，智人的语言系统又有何不同以至于其可以成为超越其他物种的关键？有两种理论对此作出了说明，最常见的理论是认为智人的语言最灵活。尽管人类只能发出有限的声音，但是可以组合成不同的句式来表达更加准确的信息。比如，猴子可以向同伴大叫"小心，有狮子"，人类却可以描述"在今天上午，河岸上有一群狮子在跟踪一群羚羊"，有了这些信息，智人可以比动物更有针对性地布置策略，从这一点看来智人的语言确实比动物要先进不少。第二种理论，也认为人类语言主要用于交流信息，然而这些信息的关键不是关于狮子和羚羊，而是关于人类自己。"我们的语言发展成了一种八卦的工具。根据这一理论，智人主要是一种社会动物，社会生活是我们得以生存和繁衍的关键。对于一个人来说，光是知道狮子和野牛的下落还不够。更重要的，是要知道自己的部落谁讨厌谁，谁跟谁交往，谁很诚实，谁又是骗子。"❶ 这两种理论当然都有其成立的道理，然而仅被视为传递客观世界的信息的语言难以成为智人胜出的关键原因，尽管语言的精细性和系统化使得智人远远超出动物，但与其他人种相比似乎也并不具备突出的优势，那么又是什么样的优势使得智人在进化中最终胜出呢？

　　以色列著名学者尤瓦尔·赫拉利（Yuval Harari）在其《人类简史》中以朴实生动的语言指出："人类语言真正最独特的功能，并不在于能够传达关于人或狮子的信息，而是能够传达关于

---

❶ 尤瓦尔·赫拉利. 人类简史［M］. 凌俊宏，译. 北京：中信出版社，2014：24.

一些根本不存在的事物的信息。"❶ 这就是所谓想象的力量，这种力量使得智人能够借助虚构的事物相互信任，使得合作的范围不再局限于小规模的聚落，由此智人取得了前所未有的团结与合作。"'虚构'这件事的重点不只在于人类拥有想象，更重要的可以'一起'，编织出种种共同的虚构故事，不管是《圣经》的《创世记》、澳大利亚原住民的'梦世记'（Dreamtime），甚至现代所谓国家其实也是一种想象。这样的虚构故事赋予人前所未有的能力，让我们得以集结大批人力、灵活合作。"❷ 进而言之，当今社会很多我们视为理所当然的事物其实也产生于人类共同想象之中，比如司法制度，其实就是建立在一套法律的叙事之上。相互不熟悉的律师仍旧能同心协力为当事人服务，只是因为他们相信法律、正义、人权确实存在，但事实上这些只存在于人类自己发明且相互讲述的故事之中。但也正是这一个个想象的故事，使得大批互不相识的人们相互合作，而随着故事的转变人类的合作模式也随之改变，专制社会之所以进入到民主社会也是由于人类对社会的想象发生了变化。由想象引发的认知革命使智人摆脱了其他生物所走的"基因演化"之路，走向了"文化演化"这条快速路，这也是智人能够远超其他物种的根本原因。

（二）维系人类共同体的正义想象及其基本范式

正义在很多人的视域中是一个相对性的概念，不同的人对正义有完全不同的理解。但实际上，纵观历史上学者们对正义的研究，无一不是在试图从日常所认为的"相对"转向理论上的"绝

---

❶ 尤瓦尔·赫拉利. 人类简史 [M]. 凌俊宏，译. 北京：中信出版社，2014：25.
❷ 尤瓦尔·赫拉利. 人类简史 [M]. 凌俊宏，译. 北京：中信出版社，2014：26.

对"，而人类共同体的维系也需要一个普遍被接受的正义想象。"共同体是由受共同（正义）法则约束的人们组成的，这些人们就一些基本的价值达成共识，由这些基本的法则和价值共识规范共同体成员之间的交往行为，这是讨论一个共同体的前提。"❶而在本尼迪克特·安德森（Benedict Anderson）的理论中，民族乃至国家也是被想象出来的政治共同体，它被整合进人们日复一日交谈论述的法律抑或伦理叙事之中，"虚构静静而持续地渗透到现实之中，创造出人们对一个匿名的共同体不寻常的信心，而这就是现代民族的正字商标"❷。而正义正是维系共同体的众多虚构中的重要一环，这一想象随着时代的变迁也呈现两种不同的范式，可概括为给赋范式和商谈范式。

给赋范式，顾名思义是指共同体共同遵循的原则是被一个高于当下人类的存在所赋予的。我国的"天下"原则是一例，"'天下'是先民基于生存体验对世界的想象，是人站立在大地上对万物所共有的生存境域的感受和理解，具有空间含义。"❸天下将儒家"礼"视为正义原则，而"礼"实为先民所设，后世人类对其也仅具有有限的解释权，而无法参与制定，可见天下所构筑的人类共同体原则实际是被赋予。而在漫长的中世纪，西方社会也基本视基督教教义为正义的原则，并以此约束自己的行为。不论是天下原则还是基督教教义，都表现了当时时代对人类

---

❶ 聂励. 人类共同体思想的探索与实践：中西方比较的视角［J］. 学术探索，2020（5）：36 – 42.

❷ 本尼迪克特·安德森. 想象的共同体：民族主义的起源与散布［M］. 增订版. 吴叡人，译. 上海：上海人民出版社，2016：32.

❸ 张安东，刘琼莲. 人类命运共同体对西方全球正义观的超越［J］. 天津师范大学学报（社会科学版），2020（6）：22 – 26.

理性的不信任，从根本上不认为人类具备探寻世界根本规范的能力，因此只能依靠先民抑或神的指示。然而，随着人文主义以及启蒙运动的展开，人类理性能力得到了前所未有的彰显，人们不再确信荣耀仅属于过去，开始试图开拓未来。社会契约论等重要的政治理论即在这个时期涌现，与给赋范式不同，这个时期对于正义的论述更加强调人类个体的参与感，社会契约论所描述的国家形成图景实质就是原初状态下人类权衡利弊的商谈结果，这一范式可被概括为商谈范式。商谈范式的集大成者当属罗尔斯的《正义论》，他假定了无知之幕之后的人们不知道自己包括性别、年龄、职业等一切个人信息，仅知道基本善的观念，并将这种条件下人们权衡商谈之后选择的规范，视为正义原则。❶ 由此可见罗尔斯的正义原则并非被高于人类的存在所赋予的，而是经由人类理性发现的。

（三）维系职业共同体的律师正义想象

正义的想象是维系人类共同体的关键，进而言之，我们可以顺理成章地得出一个结论：律师正义的想象亦是维系律师职业共同体的关键。"职业"一词在汉语的语境之中，与"行业"并无不同，但考察其词源发现"职业"与"行业"存在截然不同的区分，职业在西方被称为"profession""这个术语在拉丁语里的词根是'宣称（to profess）'，在欧洲文化里，其意思则是要求成员致力于维护共同认可的理念"❷。它与被称为 occupation 的行业

---

❶ 约翰·罗尔斯. 正义论 [M]. 何怀宏，何包钢，廖申白，译. 北京：中国社会科学出版社，2009：10.

❷ 德博拉·L. 罗德. 为了司法/正义：法律职业改革 [M]. 张群，温珍奎，丁见民，译. 北京：中国政法大学出版社，2009：33.

不同，occupation 通常是指我们日常所说的诸如木工、理发等用以谋生的行当，而 profession 所指向的职业则不仅仅将其目的简单地指向谋生，而更多地指向其背后的精神追求。职业甚至普遍将谋取物质利益作为一件可耻的事，或者至少不将其作为自身核心的特质。比如，医生职业以生命尊严作为其核心价值，有一整套完整的医疗伦理规范，这也就决定了其必然需要选择与物质利益保持距离，以维系其职业的纯洁性。教师职业是以教书育人，传道授业作为其职业的根本，也同样摒弃将工作仅作为谋生工具来看待。而同属 profession 的律师自然具有同样的属性，长久以来，尽管西方律师界高薪乃是司空见惯之事，但大多数律师都将自身与商人相区分，他们将取得的丰厚报酬视为其投身公共事业的手段。在美国，被誉为"人民的律师"并成为联邦大法官的布兰代斯（Brandeis）就曾提出，律师从事私人开业行为就是为了能够使自己不用再为生计烦忧，从而可以全身地投入公益事业之中，也就是说，律师从事高收益的业务只是使其安心投入公共生活的手段，扶助弱者、追寻正义才是律师的本职。❶

由正义想象而孵化出的一套复杂精密的职业伦理构成了律师的行动准则，也成为其维系内部团结的重要媒介。有学者甚至认为："律师是唯一有能力确认和追求公共利益的阶层，因为他们是对法律科学有深入研究和能够中立的专家……世界上再也找不出（能比律师更好的人），具备'好人'这一词语的全部内涵。"❷ 维系律师共同体的正义想象背后同样存在两种形式，但

---

❶ Alpheus Thomas Mason. Brandeis：A Free Man's Life ［M］. New York：Viking Press, 1946：640.

❷ 李学尧. 法律职业主义 ［M］. 北京：中国政法大学出版社，2007：55.

某种程度上遵循了同一套逻辑，即上文所说的给赋范式。第一种正义想象建立在身份的基础之上，即认为律师之所以要扶助弱者、维护社会公平正义乃是由于律师职业特殊的身份地位，即正义是身份的给赋。在传统社会中，律师职业一般都由贵族阶层所担任，到了中世纪之后更是由地位尊崇的教士担当，即使进入现代社会，大学法学教育的门槛也使得从事律师职业的多为上流阶层。律师职业的正义想象恰恰是诸如贵族等身份伦理想象的延续，较高身份的保持也意味着更多公共责任的承担。第二种正义想象则是以自然法为基础，自然法与正义密切相关，那么作为法律使用者的律师职业也理所当然地因制度而获得了正义的属性，即正义是自然法的给赋。这两种正义想象既有各自的优势，也存在一定的局限。

二、律师正义想象的认知基础

想象以共识为基础，传统律师正义也是建立在诸多共识之上的，主要有三类：第一，身份共识。传统社会奉行高阶层身份负担更重的道德责任的家长逻辑，而早期律师职业恰恰也被称为有闲阶层的荣誉性职业，特殊的职业身份构成了对正义的辩护。第二，法理共识。统治传统社会的古典自然法观点认为实体法背后总是存在超越性的道德权威，而执行法律的法律人也当然地拥有正义的属性。第三，制度共识。围绕想象建构的一套伦理规范为律师正义的践行提供了制度基础。

（一）身份共识：有闲阶层公共责任的当然性

关于角色的定义在社会学中众说纷纭，比较能够形成共识的是认为社会角色就是指"与人的社会地位、身份相一致的一整套权利、义务和行为模式"❶。而律师正义及其所遵循的一套伦理规范是源于律师职业在社会中所承担的独特的角色，这一角色与其自身的社会地位和身份密切相关。传统社会普遍认同的逻辑是，具备高贵身份的有闲阶层应当投入更多的时间去参与公共生活，避免耽于营利。亚里士多德就认为，工作的真正目的就是闲暇。❷ 皮铂（Πύρρων Pyrrōn）则把闲暇称为"一种平静，这种平静对接受现实来说是必不可少的准备；只有平静的人才能聆听，任何不平静的人都不能聆听"，闲暇实际就是"用快乐的心态思考事情的状态"。❸ 传统律师多为有闲阶层的一员，因此自然应当与金钱保持适当距离，以正义等更伟大的公共事业为目标。正义的追寻并非一种道德负担，而是彰显身份高贵性的必要媒介。传统社会通过身份体系赋予律师超出一般公众的社会责任。

　　考察律师职业的发展，历史上确有较长的时期，律师职业拥有较高的社会地位，而社会普遍也对其存在正义的期许，这种传统的律师正义主要有两种形态。第一种形态表现为贵族身份之下的道德。历史上，律师往往是具备头衔的贵族阶层，比如"法国的勃艮第律师，律师有其个人非世袭的高贵身份，这种高贵的身份使他们与芸芸众生相区别，与此同时也带来一些特权：免于服兵役；有权驱赶任何在邻近妨碍他们工作的艺人；律师协会中资格最老的会员有权将他们承办的案件直接带到最高法院，如同贵族的行为……他被完美地并入了世袭特权阶层中去了，即穆斯利

❶　中国大百科全书·社会学卷［M］．北京：中国大百科全书出版社，1991：311．
❷　亚里士多德．政治学［M］．吴寿彭，译．北京：商务印书馆，2016：415－419．
❸　迈克尔·舒特．执业伦理与美国法律的新生［M］．赵雪纲，牛玥，等译．北京：当代中国出版社，2014：218．

尔教授所称的'上流社会'（a society of orders）"❶。当然在获得贵族特权的同时，对律师正义的期许实际上也涵盖在贵族应尽的义务之中。这种义务被戈登分解为消极的任务和积极的任务："消极任务是指，出于本能和自我保护，律师应当果断地阻止任何由行政专制者、民粹主义暴民和强大的私人宗派把持着的法律机构的统治。所谓积极任务是指，面对着暂时的政治和经济权力带来的威胁，律师应当成为法定主义价值的监护人。为了履行其积极职能，律师必须承担不同于普通公民的特殊职责。他们必须修正现行法律的失误，知识分子的作用，即建议对现行法律的修正，使适应于新情况，并且利用来源于他们社会声望和职业技能的权威和影响，在当事人之间创造一种具有法律意义的相互尊重和妥协的文化。"❷ 可见，传统的律师正义包裹着贵族的身份，正义所要求的伦理规范实际与贵族的身份道德紧密相连。

传统律师正义的第二种形态与宗教密切相关。尽管当今社会不少行业都冠以职业（profession）的称谓，但传统西方社会，profession 专指社会中具有较高社会地位的行业，实际也仅有三种工作可被称为"职业"：医生、律师和圣职。从词源学上考察，我们可以发现职业的起源是与宗教相关的。profess 的原意是做出宗教性宣誓，而 profession 一词的原意是一个人在加入某个宗教团体时所立的誓言。随着法律和医学行业逐渐脱去宗教团体性质，中世纪末期出现了不做宗教性宣誓的执业医生和律师，但

---

❶ 波雷斯特.欧美早期的律师界［M］.傅再明，张文彪，译.北京：中国政法大学出版社，1992：118－119.

❷ 罗伯特·戈登.律师独立论：律师独立于当事人［M］.周潞嘉，译.北京：中国政法大学出版社，1989：16.

他们也庄严宣告愿意为其所选择之行业的理想献身。教会法统治的中世纪欧洲社会，律师实际往往都是由教会中德高望重的神职人员担任，在法国，里昂宗教公会甚至拟定了一套稳定的誓言范本，并明确规定未经宣誓的律师不具有执业资格。律师正义在这一时期具有浓厚的宗教色彩，其扶助弱者，关心公共生活的正义属性也都涵盖在其宗教身份之下。

（二）法理共识：自然法的普遍认同

在长达数千年的古代社会中，有一种被普遍认同的法理观念，即实体法之上存在着自然法。"自然法高于实体法，实体法违背自然法则无效"的箴言被古希腊哲学家反复言说。即使到了教会法占统治地位的中世纪，社会也普遍认可人定法之上还有神法的概念。阿奎那就将自然法称为人类理性对上帝之永恒法的参与。❶ 由此可见，"古代和中世纪自然法学的权利观是以正义为基础的，寻求外在于人的正当秩序"❷。由于与神的联结，自然法本身颇具神圣性，而实体法又依凭与自然法的密切关联而获得了神圣性，执行实体法的法律人也由于这种神圣性而获得了正义的特质。事实上，强调律师在具体执业过程中关注自然法，时刻重视道德命题的重要性的表述早已见诸各类著作。奥提斯（Otis，1725—1783）就时刻提醒他的学生："一个律师无论在他的公案上还是在他的衣袋里，都绝不能没有一本关于自然法、公法或道德哲学的小册子。"❸ 自然法对于维系律师的正义

---

❶ 托马斯·阿奎那. 阿奎那政治著作选 [M]. 马清槐，译. 北京：商务印书馆，1963：107.

❷ 何志鹏. 权利基本理论：反思与建构 [M]. 北京：北京大学出版社，2012：7.

❸ 周永坤. 法理学：全球视野 [M]. 北京：法律出版社，2016：31.

形象具有至关重要的作用，在自然法观念的引导下律师职业往往具有有别于其他行业的独特精神气质，即不将工作视为赚钱的媒介，而总是愿意思考法的正当性等法理命题。正如亨利·梅因（H. Maine）所言："自然法观念的价值和实用性实质上具有如下基奠：在人类的精神维度中，自然法始终保持为一套完美的法律形象；它不断启示世人之愿景，以无限接近它；不过，自然法从未引诱法律人或白丁布衣，不让他们低于自然法殊为脱节的实在法义务。"❶

自然法理论所诠释的法律与道德密切相关，它倾向于认为法律与正义等正面价值存在必然联系，排斥仅仅将法律视为工具的观点。这鼓励着律师进行符合正义价值的非工具主义执业，他们不仅为客户服务，也发挥着至关重要的社会功能。这种社会功能集中表现在，运用自然法的思维反思实体法可能存在的缺陷。律师所代表的社会权力为法治建设提供了自下而上的力量，它不仅能够监督公权的合法运作，而且能够及时反馈社会问题，弥补单一国家建设的不足，为法治建设注入新的活力。"法律职业精神的本质就是使人觉得司法管理是每个人的职责所在。一个充满这种精神的法律人，从不迷失在自己的利益或是自己客户的利益之中。法律职业精神让他超脱于求胜心之外成为真理的捍卫者……他因此一直对改进司法的工作以及维护秩序的方法怀有极大的兴趣。"❷

---

❶ 亨利·萨姆纳·梅因. 古代法：与社会远古即现代观念的联系 [M]. 郭亮，译. 北京：法律出版社，2016：41.

❷ 罗伯特·N. 威尔金. 法律职业的精神 [M]. 王俊峰，译. 北京：北京大学出版社，2013：135.

（三）制度共识：伦理规范的确立

依托于身份共识与法理共识，律师获得了正义的属性，但由于职业的特殊性，他本身就是以处理不同的争议和冲突为工作内容，经常会遭遇价值冲突并需要作出抉择。这种现实下，抽象的道德原则显然不能满足律师日常执业所需，事实上他们也不可能总是运用道德原则权衡自己的行为。日益精细化的法律事务需要一套依据正义原则制定的规范，以简化伦理的思考，这其实就是职业道德的制度化过程。"通过制度化的伦理，人们在生活和工作中的大多伦理问题都得以解决，初始博弈式的道德情景大大减少，确定性的感受大大增强——即使出现博弈式的道德情景，依照制度伦理的指示行事，行动者的道德代价，包括社会的压力以及其内心的焦虑痛苦程度也会大大减少。"❶ 由此，律师正义由抽象的道德感觉开始了其建构主义的努力，而法律职业伦理的核心就是强调律师是法律职业体系内的一个角色，它有自己特殊的道德准则，这种道德准则建立在一套复杂的技术细则之上，比如律师守密义务、忠诚义务等。它以内格尔（Nagel）的道德分工理论为基础，即认为"从公共道德的角度来看，有问题的行为从以下事实来看却是合理的：存在着其他一些社会角色，其目的正是抵销道德上有问题的行为的过分之处"❷。在这种道德分工的体系中，每个角色的工作都被简化了，他无须考虑伦理等复杂的道德冲突问题，仅需要完成角色分配的任务，角色自身就为彼此

❶ 李学尧. 非道德性：现代法律职业伦理的困境 [J]. 中国法学，2010（1）：26－38.
❷ 戴维·鲁本. 律师与正义：一个伦理学研究 [M]. 戴锐，译. 北京：中国政法大学出版社，2010：71.

的片面之处提供了平衡和制约。而具体到律师职业伦理，其实就是将道德原则细则化，并坚信律师职业只要遵守这些细则，就可以实现司法结果上的正义。即使细则的具体执行在某些情形下可能违背人类基本道德情感，也无碍正义的实现，因为法律职业体系中的其他角色，诸如检察官、法官的行动伦理可以抵消其不合理之处。

律师伦理规范为正义想象提供了制度基础，长久以来职业群体也都坚信只要认真践行伦理规范就可以实现正义。这种自信不仅来源于道德分工理论，也与律师协会的努力密切相关。这些努力主要有两个功能：一方面，维系律师职业内部的团结，使得律师坚信自己有别于其他行业。早期欧洲"每当有大量的律师并形成一个群体时，一般说来，他们必定组成严密的团体，他们中每个人都带着强烈的利益和荣誉意识。这些团体组织规范着职业行为，调解成员个人与外部机构的纠纷。律师们都踊跃参加他们组织的会议，有时会场上相当活跃。我们必须牢记，在旧王朝，个人在公共秩序中没有一个明确的地位，个人被组合进团体中，律师把他们当成'代理社团'或者'辩护人协会'的一部分，他们的自身利益、抱负、家族传统以及特有的爱憎情感促使他们联合起来维护他们职业团体的荣誉和尊严"❶。另一方面，协会还努力使得公众相信律师群体是为了正义而战。早在 1927 年，美国芝加哥律师协会就创立了一个宣传和公共关系委员会，该委员会将大量的资源花在"就公众对于律师业而言造成一种更赞同的

---

❶ 波雷斯特. 欧美早期的律师界 [M]. 傅再明，张文彪，译. 北京：中国政法大学出版社，1992：129.

态度上"❶。高度组织性的律师协会在维系正义想象上具有独特
的优势，"律师协会而非个体律师，才能维持高度的教育标准，
以维持这学识性的职业；才能维持高度的入会标准；才能阐明
和维持高度的与法庭和顾客关系的伦理行为标准。对于公众而
言，有组织的律师协会是非常有用的，它就像在复杂的社会和
经济秩序中，正义（Administering Justice）这部机器的一个组
成部分"❷。

三、律师正义想象的失落

想象以共识为基础，也会因共识消失而面临崩坏。千百年的
传统社会中，身份共识、法理共识与制度共识发挥着维系律师正
义的重要价值，其中不少伦理规则不仅是正义原则在制度层面的
显现，也是众多律师职业从业者经验的总结。梅因在其著作《古
代法》中曾有经典论断："迄今为止，所有改革型社会的进程都
是一场从身份到契约的运动。"❸ 契约社会的建立固然是文明的
一大表现，它所带来的认知变化却使传统律师正义依赖的证明方
式不再成立。具体可总结为三个层面：第一，契约社会确立了新
的平等认知，律师正义赖以存在的身份共识瓦解了；第二，传统
社会中诸如教会等绝对道德权威在现代社会中也失落了，律师正
义赖以存在的法理共识不复；第三，科学革命带来了对理性的狂

---

❶ Halliday, Terence C, Michael Powell, et al. Minimalist Organizations: Vital Events in
State Bar Associations, 1870–1930 [J]. American Sociological Review, 1987（4）:
89–91.
❷ 李学尧. 法律职业主义 [M]. 北京：中国政法大学出版社，2007：82–83.
❸ 亨利·萨姆纳·梅因. 古代法：与社会远古即现代观念的联系 [M]. 郭亮，译.
北京：法律出版社，2016：91.

热自信，传统伦理规范由此产生异化，律师正义赖以存在的制度共识也失落了。

（一）身份瓦解：平等认知的确立

传统社会中的身份体系固然不平等，但一直以来都发挥着维系伦理规范的重要价值。被称为"profession"的职业之所以能够与众不同，多是来源于其身份的特殊性，而身份的特殊性也自然而然地导出了一套异于大众道德的伦理规范以及责任豁免的特权。这套逻辑是身份社会中的共识，基于这一共识，信任也随之建立，使职业与相对方的关系更加和谐。以医生职业为例，现代社会之所以医患矛盾激烈就可以部分归因于身份社会的瓦解。传统社会中，医生往往由社会地位较高的有闲阶层担任，"医者仁心"的论断在身份体系下得到理所当然的证成，患者也多笃信这一观点，因而医患关系不容易激化。现代社会中，医患关系被解释为平等双方契约关系，质疑和比较是商业逻辑下的必然选择，再加之生命权益的重大性，也就自然为医患关系的激化埋下了种子。同作为"profession"的律师职业也面临类似的问题，早期律师是有闲阶层的荣誉性职业，由此法律家长主义等观念得到理所当然的证明。由于身份的特殊性，律师在社会中扮演着正义斗士的角色并遵循一套独特的伦理规范也就顺理成章了。然而，随着身份社会的瓦解，依附于身份特殊性的律师正义想象面临着极大的挑战。传统社会中，地位较高的人群关怀弱势群体在身份体系之下是普遍为人接受的，比如贵族阶层应当具备慈善的意识以昭示其德行的高贵。然而，契约的逻辑并不支持其成立，因为律师职业在现代社会是与当事人对等的存在，其身份并不具有传统所认可的高贵性，不能凭身份获得超然于大众道德的特权，自然也不能以身份要求其追求正义。

（二）法理转向：绝对道德权威的衰落

自古希腊时期至中世纪，长达千年的自然法传统统治着法律领域。不管是古希腊时期对人类自然本性的关注，还是中世纪强调的上帝命令，都昭示着法律背后应当有道德权威。律师正义的想象也由这套略显神秘色彩的箴言得到稳固，换句话说，律师因为法律本身的神圣性而应当去追寻正义。然而，在现代社会之中，这一说法似乎也颇难成立。宗教改革之后，个人意识逐渐觉醒，新教伦理开始赋予"营利"新的道德性，理性自利地规划生活以及为赚钱的"天职"献身成为新的道德准则。❶ 这虽然鼓励了资本主义精神的产生，催生了新的现代文明，但也不可避免地导致了传统天职的价值转向，尤其是与资本主义交往模式具有天然亲和性的律师职业首当其冲，它开始逐渐抛弃法律的道德基础，强调法律的工具属性。而丧失道德权威的法律角色道德，不仅难以支撑律师正义的言说，而且势必转向工具主义的执业模式。持有工具主义理念的律师仅仅将法律职业视为一项以服务换取生活资本的手段，它丧失了其作为法律职业的伦理价值。律师职业通过追寻正义、参与公共生活而获取的满足感在琐碎的工具性操作中被消解了。这种工具主义的法律观瓦解着法律的道德权威，在一个健全的法治社会中，法律不应当是仅靠强制力来维持，而是让每一个公民都确信自己有道德义务去遵循法律。工具主义的理念却通过操纵法律而显现出一种对法律完全轻蔑的态度。

❶ 马克斯·韦伯. 新教伦理与资本主义精神［M］. 康乐，简惠美，译. 桂林：广西师范大学出版社，2007：23－52.

律师正义的想象建立在一种道德主义的行动之上，律师个人随时对法律行动保持反思。然而，工具主义的理念带来的是法律行动的技术化，这种技术性的思维对律师正义的想象构成了极大的挑战。在技术主义的引导下，比起公共利益，律师往往关注的是特定客户的利益，这破坏了法律的普遍性和确定性。其主要策略是以当事人的特殊利益掩盖立法原意体现出的社会利益，表面上其主张与法律条文并无冲突，技术化手段的背后却隐藏着对法治精神的背离。律师被期待"使用并操纵法律规定和法律程序，以此来推进当事人实现其目标。法律规定和法律机制都是法律界的工具，律师用他们来达成目的。进一步而言，很多律师把法律实践看作他们发财致富的手段，使用和操纵法律规定和法律程序，使其促成他们的私人目的"❶。技术主义的法律行动与律师正义的想象呈现极为不和谐的画面。

（三）制度异化：细则的非道德化

正义想象的制度化过程也是逐步异化的过程，在这一过程中其不可避免地走向了"非道德化"。正如李学尧教授所指出的，法律职业伦理开始仅仅强调"对"，而忽视了"好"。❷从律师职业处理客户利益与公共利益的三条准则上，我们可以更加清晰地看到制度化后的角色道德的"非道德化"倾向："（1）律师为当事人辩护的角色，决定了他的角色伦理会与大众道德冲突，在这种冲突面前，出于律师角色存在的意义，大众必须容忍律师角色

---

❶ 布莱恩·Z. 塔玛纳哈. 法律工具主义：对法治的危害 [M]. 陈虎，杨洁，译. 北京：北京大学出版社，2016：187.

❷ 李学尧. 非道德性：现代法律职业伦理的困境 [J]. 中国法学，2010（1）：26-38.

伦理凌驾于大众道德之上,(2)律师在对抗制程序中的角色（义务）就是，为他所代表的一方辩护，并为了客户的利益而攻击对方，依据角色道德的逻辑，排除了律师对其他人的'一般道德义务'。(3)律师对一般道德义务的豁免，必然推导出律师角色的标准概念，包括对顾客的'党派性忠诚'原则和对其他人的'无责任原则'。"❶ 它事实上建立在道德相对主义的哲学认识上，否弃了普适性道德的存在，而寄希望于通过社会各个角色的冲突来实现社会正义。这种"非道德化"的倾向引发了角色道德与一般道德的持续冲突，势必导致律师职业的人格分裂以及正义理想的失落。

追本溯源，律师正义想象的失落最终可归因于传统认知均建立在前文所提及的正义的给赋范式之上，它将正义视为律师作为上层阶级或特殊群体的慈善性施与，这种充满家长主义色彩的逻辑在现代契约社会已经难以成立。若要继续律师正义的想象，势必需要转向商谈范式，探寻契约社会中律师正义想象存在的基础。

四、本书可能的贡献与论证的结构

（一）可能的贡献

律师职业公共性是律师职业研究领域的一个经典命题。它的基本内涵可以大致表述为要求律师职业突破以个人利益为核心的私人领域进入以公共利益为核心的公共领域，强调律师职业具有

---

❶ 李学尧. 这是一个"职业危机"的时代吗?:"后职业时代"美国法律职业研究的理论综述 [J]. 中外法学, 2004 (5): 610 - 620.

追求正义的社会属性。《律师法》第 2 条明确规定："律师应当维护当事人合法权益，维护法律正确实施，维护社会公平和正义。"但长期以来，这一命题都被作为一项不证自明的公理被应用到律师职业的实践与规制之中，这种认知具有一定的时代背景。一方面，尚未受到商业化影响的传统西方律师职业具有浓厚且坚固的伦理根基，社会普遍将律师职业与医生、教士等职业归为一类，认为其具备不同于一般行业的职业身份，理所应当地承担更多的社会责任；另一方面，在新中国成立初期所形成的人民律师制度的传统上，律师职业由于长期高度组织化的政治实践而被整合进公权系统，律师职业由于国家自身的公共属性而理所应当地被赋予了"为人民服务"的公共性意涵。

但是，随着时代的发展，律师职业的公共性不再被视为理所应当。我们经常可以听到这种诟病：律师作为为当事人服务的执业人员，实际与其他市场服务人员没有差别，他们提供法律服务取得报酬以维持并改善生活，再要求律师职业去追求正义既不现实，也不公平。可见，受到市场化的冲击，律师职业身份背后的伦理属性逐渐地被淡化，由律师职业身份的特殊性推导出公共性，这种曾经理所当然的论证在市场经济的大背景下越来越不具有说服力。因此，在崇尚自由平等的当今社会，我们必须重新寻找一种证成律师职业公共性的新路径，并说明在伦理上要求律师职业追求正义，在法律上要求律师职业承担一定的公共责任，并不是源于身份所赋予的压力，而是源于契约主义精神及其背后的公平原则的。

本书旨在回答一个问题，即律师为什么要追求正义。这意味着不仅要回答"律师正义价值为何重要"，更重要的是回答"我

们为什么有权要求律师追寻正义"的问题。解决该问题的方案是
对传统律师职业公共性的命题进行重新思考与探索。对此可能有
人提出疑问："公共性的解释是否能够回答律师何以寻求正义的
问题？公共性是否可以等同于正义的问题？"这是一个有意义的
问题，直接关系到本书论证路径的合理性问题，有必要在此处作
出回应。诚然，就"公共性"而言，其并非律师所独有，在社
会交换普遍化的当代社会，几乎所有的行业都多少具备公共属
性，比如企业家应承担社会责任，但不能当然地得出企业家应当
追求正义的结论。然而，具备正义属性的职业必然也具备公共
性，因此在这一层面上，公共性可以被视为正义性的上位概念，
正义则是一种独特的公共性。其独特性主要体现在两个方面：第
一，公共责任是否可以转化为法律义务，尽管很多行业都或多或
少具备公共属性，但基本都是不可被法律化的道德义务；第二，
公共性的实践方式是否触及权力监督与制度反思。大多数行业的
公共性都体现在服务层面，即在工作的过程中间接地发挥公共性
功能。然而，律师公共性的实践方式除日常法律服务工作，更涉
及主动性的反思，涉及全体公民的权利。本书所意指的律师公共
性正是这种特殊意义的公共性，它与正义属性关联密切，可以成
为回应"律师何以寻求正义"问题的线索与路径。本书可能的
最主要的贡献有三：第一，以律师职业为切入点，重新思考契约
社会中的正义问题，可能对这一法学与哲学中的经典命题的思考
提供些许启发；第二，为"律师职业为什么追求正义"的问题
提供了在契约社会背景下更有说服力的解释，破除了道德劝诫和
法律强制的传统解释路径；第三，基于契约主义的解释理论，总
结出律师职业公共性的基本特征，为律师正义的践行提供制度上

的支持。

（二）论证的结构

第一章是对律师职业公共性的存在性论证，旨在论证律师职业公共性存在的重要价值以确定其不可替代性，我国现行律师制度改革是以职业的公共性为核心的。这种公共性受到"无公共性"观点的质疑：法律角色道德论和法律商业主义观点分别从内部与外部的视角对公共性进行了批判，它们认为当今社会强调律师职业的公共性已毫无必要。但"无公共性"的观点是存在谬误的，它所引导的实践的技术主义与工具主义倾向也与现代法治相悖。律师职业的公共性才是与法治相契合的：理想公共性与法治目标相契合；功能公共性与法治路径相契合；性情公共性与法治文化相契合。律师职业的公共性既是现代法治的要求，更是促进法治建设的良器。同时本章点明了即将详细论述的三种公共性论证路径，指出了其内部的逻辑关系，即行文逻辑上的从证伪到证成；理论逻辑上的从身份到契约，为后文的证成扫清了前提性的障碍。

第二章与第三章是律师职业公共性的合法性论证，也是本书最核心的部分。一方面，分析并证伪了国家主义与职业主义的论证路径。其中国家主义将律师职业的公共性等同于国家的公共性，这种认识在特定历史时期对破除讼师时代以来形成的文化困局具有积极意义。然而，在市场化的冲击下，国家主义公共性丧失了实践基础，具体表现为：律师职业服务于经济建设的政策需求使国家主义公共性的现实根基渐趋瓦解；律师职业公职定性的否弃使国家主义公共性的制度根基已经不复存在；以财富为核心的职业文化使国家主义公共性的文化根基也开始瓦解。而从理论方面来分析，国家主义公共性也与现代律师职业理论相悖，具体表现为其与现代律师职业的成长条件、制度理念以及价值追求的矛盾。另一方面，阐述了职业主义的论证过程及其困境。职业主义的论证方式有三种形态，即天职观念的形态、贵族精神的形态以及精英意识的形态。从特殊视角来分析，职业主义进路具有本土化的难题，即本土文化的不适性、组织性基础的缺失。从普遍视角分析，职业主义进路也具有固有缺陷，即偏向性建构困境、对公益法律服务的慈善性误读以及公共责任虚伪性的质疑。

第三章主要从正面提出本书所要支持的契约主义论证路径，以及它的相对优势。首先，通过对契约主义内部古典论点和现代论点的对比，详细论述本书所支持的契约主义论证理论。契约主义理论更加关注公平原则，更加关注律师职业公共性的独特意涵及其复杂的实践过程，而不是仅仅笼统地将其归结于形成共同体的古典契约。律师职业的契约主义论证结构包含三个层次，即原初契约 A、主契约 a、子契约 a1 和 a2，三层次契约共同将律师职业的公共性塑造为公平原则指引之下的契约义务，这种契约义务本质上是对国家与社会所赋予的特权的公平回馈，它存在于政治国家、律师职业、公民社会的互动过程之中。继而，详细论证国家主义、职业主义的失败根源，即对公共身份的依赖。二者似乎都认为公共性来源于特定的身份以及对共同体价值的维护。这种身份论在理论上导致了一种对律师职业公共性实质的片面理解；在实践上，二者则都存在凭借公共身份展开公共性的路径依赖，是一种施与型的公共性实践模式。针对国家主义、职业主义的失败根源逐一论述契约主义的比较优势。主要有两个优势：第一，理论优势，即契约主义能够有效地破除传统理论对公共性本质的两极化理解，将公共性建立在公平原则之上，并以实质责任理论重释律师职业的公共责任，真正将公共性的道德属性和效用价值连接起来；第二，实践优势，契约主义所构建的互惠型实践模式对传统理论施与型实践模式弱点的克服。最后，分析契约主义的本土的适应性，从律师制度的变迁来看，我国律师职业确实是沿着契约主义的道路进行建构的。按照契约主义的观点，律师职业将公共性作为交换的条件就是国家与社会赋予的自治地位和垄断地位，考察中国律师职业的发展，可以发现律师业正是向着这一方向进行改革的。通过对契约主义论证路径的分析，可以归纳出契约主义公共性的四个面向，即公正面向、中介面向、独立面向、多元面向，它们构成了指引制度建构的方向。

第四章、第五章、第六章构成了本书的制度建构部分，即在契约主义的指引下对律师职业在法律原则、规则与实践层面的重构。从法律原则层面，契约主义对公平原则的强调要求将律师帮助权定位为基本权利，这是契约主义公共性的公平面向的要求。从法律规则层面，契约主义对律师职业的法律定位提出了新的要求：一方面要求律师协会的法律定位由自律组织走向自治组织，这是契约主义公共性的中介面向的要求；另一方面则要求律师性质的法律定位由本位主义走向自由职业，这是契约主义公共性的独立面向的要求。从法律实践层面，契约主义要求我国法律援助体系破除政府垄断，走向多元合作模式，这是契约主义公共性多元面向的要求。

结语澄清了对契约主义证成路径可能存在的两点误区，重新点明了论点。

本书论证结构如图 1 所示。

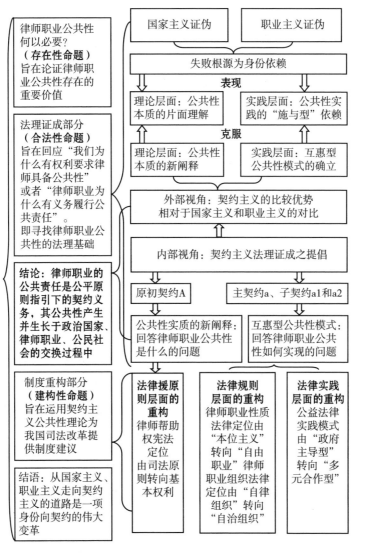

图 1　本书的论证结构

第一章

律师职业公共性的有无之争

公共性指的就是超越"为自己好"的私人领域到"为大家好"的公共领域的发展，这是当代中国社会建设需要关注的重要问题。而律师职业公共性，简单来说就是指律师不能仅仅为了其个人的利益或者客户的利益来执业，而应该扩展到更广阔的公共领域，为社会正义服务。《律师法》第2条规定，"律师应当维护当事人合法权益，维护法律正确实施，维护社会公平和正义"，事实上就内含着凸显律师职业公共性的立法趋势，当前的律师制度改革也基本上是沿着这一基本精神在进行的。尽管立法与改革实践中均重视律师职业的公共性，强调律师职业应当追求正义，但它依旧受到了学界和实务界的挑战。在正式进入本书的主题之前，笔者认为有必要先论证律师职业公共性存在的重要价值以确定其不可替代性，本章试图对一些"无公共性"观点作出回应，并阐明"无公共性"实践对法治的危害，进而从正面论证具备公共性的律师职业对现代法治的重要价值。

第一节　律师职业无公共性观点的弊端

早期西方的律师职业公共性是建立在法律职业主义的理论之上的，❶ 即律师的特殊职业身份构成对公共性的辩护。法律角色道德与法律商业主义则从两个视角质疑律师职业的公共性提。前者是从职业主义的内部视角对公共性提出了批判，李学尧教授将职业主义分为技术性的职业主义和公共性的职业主义，❷ 早期西方律师的实践是以公共性为精神导向的，而技术性的要素只是辅助公共性的展开。但是随着法律体系的精细化，技术性的要素被凸显，其过度夸大了律师职业的特殊性和专业性，导致法律角色道德论这种掩盖甚至反对公共性的观点出现。它对职业主义的公共性的面向提出了批判，认为无须关注公共性，通过关注法律技术和角色间的平衡就自然能够达至司法正义。相对地，法律商业主义则是一种外部的视角，它从根本上反对传统的法律职业主义理念，试图用市场竞争的原理取代职业伦理，如波斯纳就认为，职业主义掩盖了律师职业的逐利性，试图用职业的神秘光环排除外部监督，但是事实上法律职业并不会因为商业化的深入而丧失其职业性，相反将能够为社会提供更可靠的法律服务。❸ 下文将

---

❶　关于这种论证方式，将于第二章详细论述，此处仅简要提及。

❷　李学尧. 法律职业主义 [J]. 法学研究，2005（6）：3–19.

❸　波斯纳. 道德和法律理论的疑问 [M]. 苏力，译. 北京：中国政法大学出版社，2001：215–219.

分别对这两种"无公共性"观点提出驳斥。

一、法律角色道德论的弊端

法律角色道德论认为律师是法律职业体系中的一个角色，它有着自己的特殊道德准则。其虽然没有刻意地否弃公共性，但也确实对之采取了漠视的态度。法律角色道德论认为没有必要强调公共性作为其律师职业的属性，律师只需要坚守自己的角色定位，做好分内之事就可以实现司法结果的正义。法律角色道德理论至今依旧是美国律师职业伦理的主导思想，由此可以推导出律师职业在处理客户利益与公共利益的三条准则："（1）律师为当事人辩护的角色，决定了他的角色伦理会与大众道德冲突，在这种冲突面前，出于律师角色存在的意义，大众必须容忍律师角色伦理凌驾于大众道德之上。（2）律师在对抗制程序中的角色（义务）就是，为他所代表的一方辩护，并为了客户的利益而攻击对方，依据角色道德的逻辑，排除了律师对其他人的'一般道德义务'。（3）律师对一般道德义务的豁免，必然推导出律师角色的标准概念，包括对顾客的'党派性忠诚'原则和对其他人的'无责任原则'。"❶角色道德论事实上建立在道德相对主义的哲学认识上，它否弃了普适性道德的存在，而寄希望于通过社会各个角色的冲突来实现社会正义。在法律领域，就是通过法官、检察官、警察、律师职业等各种特殊道德形态的互补性冲突来实现司法整体的正义。这被哲学家托马斯·内格尔称为"道德的职

---

❶ 李学尧. 这是一个职业危机的时代吗?："后职业时代"美国法律职业研究的理论综述 [J]. 中外法学, 2004 (5): 151–160.

能分工"（ethical division of labor），即"从公共道德的角度来看，有问题的行为从以下事实来看却是合理的：存在着其他一些社会角色，其目的正是抵销道德上有问题的行为的过分之处"❶，在这种道德分工的体系中，每个角色的工作都被简化了，他无须考虑公共性等复杂的道德冲突问题，仅仅需要完成角色分配的任务，角色之间就能为彼此的片面之处提供平衡和制约，西方的三权分立机制某种程度上就是基于此种考量。

　　然而，这种道德分工的模式是否有效是存疑的，事实上法律角色道德论最终可能导致的并非各司其职，而更可能是对责任的推卸和错误的辩护。"如果某人将一般的道德的概念看作是道德的基本概念，并且将角色道德看作对一般道德的偏离，某人将会倾向于将诉诸角色看作一个借口，而不是一个合理性解释。另一方面，如果某人采取了一个偏向于角色的道德观念，并且将一般性道德看作是一种古怪的抽象的智力的后来者……那么诉诸角色就是一种合理的解释形式，排除了寻找借口的需要"❷。"角色道德"的理论家通常否认道德的普遍性，认为每个人所遵循的道德都源于其在社会中扮演的特定角色，它由"体制参与者按照其所在位置的人的规范性要求而实施的活动所组成"❸。但是，正如罗纳德·迈尔斯·德沃金（Ronald Myles Dworkin）在其名著《法律帝国》中所提示的："角色道德（obligation of role）的维

---

❶ 戴维·鲁本. 律师与正义：一个伦理学研究［M］. 戴锐，译. 北京：中国政法大学出版社，2010：71.

❷ 戴维·鲁本. 律师与正义：一个伦理学研究［M］. 戴锐，译. 北京：中国政法大学出版社，2010：109.

❸ Goffman Erving. Role Distance. In Encounters：Two Studies in the Sociology of Interaction ［M］. Indianapolis：Bobbs－Merrill，1961：85.

系往往依赖小群体内部的情感纽带，它预设了每位团体内部成员与其他成员的私人情谊，因而，其并不适用于大规模的政治社群……在大规模的社群中适用特殊责任具有民族主义甚至种族主义的意味，而这两者是往往造成苦难和不正义的根源。"❶ 例如，居于父亲的角色，他对子女适度的管制，比如体罚等就不具备道德上的可责性，但是不具备此类角色的人实施的体罚行为则为不道德行为。在这种情况下，"角色道德"将家庭的利益置于优先位置，而使其具备了正当性。但是使用"角色道德"去为律师行为辩护则显得不是很恰当，因为无论是律师之间，还是律师与客户之间都不具备诸如父子这样如此密切的亲缘关系，以至于可以在一定程度上突破普遍道德的约束。过度强调律师职业的道德特殊性反而为其逃避道德谴责提供了借口，如有学者就曾作出这样的解读："要成为一名优秀的律师，拥有一些好斗的性格特点，如狡诈，是比较有利的。"❷ 也就是说，不择手段的行径在律师的角色下并非不道德的。在法律角色道德的掩护下，有律师甚至认为故意曲解法律，钻法律上的漏洞也是其职责所在。❸

　　法律角色道德论对律师破坏公德行为的辩护是不具备说服力的：第一，它混淆了底线道德和角色道德的关系。不管你处于何

---

❶ R. Dworkin. Law's Empire [M]. Cambridge：Harvard University Press，1986：196.

❷ 戴维·鲁本. 律师与正义：一个伦理学研究 [M]. 戴锐，译. 北京：中国政法大学出版社，2010：98.

❸ 在美国著名的"安然案"中，律师通过伪造交易在公司偷税漏税行为中扮演了重要的角色，但后续的调查中，委员会发现律师竟以他们的工作为傲，而并不以之为耻。涉案律师事务所甚至作出这样的辩解：律师有责任为当事人挖掘法律上的漏洞。

种角色，都无法去证明谋杀行为具有道德性，任何角色道德都不能突破底线道德的界限。论及律师职业，底线道德是作为"人"的道德，而法律角色道德是作为"律师"的道德，律师首先应当作为"人"存在，任何情形下"诡诈、阴险"都不能作为一个人的道德形象。第二，它混淆了角色现实状况和其应然特性。律师的狡诈可能更有利于实现当事人的需求和律师的个人利益，但是笔者更愿意将其称为高度商业化环境下律师的"角色惯性"，而并非"角色道德"。当前律师"发现漏洞的狡诈"在市场经济条件下也许是律师生存的手段，但长期使用这种策略已严重损害律师职业的形象，为当事人服务的职业需求，也使律师难免沾染"狡诈"的习性。但用现实状态来论证应然性在逻辑上是错误的，律师"狡诈"的职业形象仅仅是当下律师所呈现的"角色惯性"，但是绝不能认为它是一种道德。公共性则为律师职业道德提供了另一种理解，它并非区别于普遍道德的特殊道德，而应当是一种比普遍道德更高层级的道德，也就是说，律师职业道德与公民道德之间的关系不是角色道德意指的横向关系，而是一种纵向关系。正是因为律师扮演着特殊角色，他必须肩负着更加沉重的道德责任。当然，必须承认在某些特殊情形下，公民道德和律师职业道德存在冲突，但这种冲突也仅仅是一种表面上的冲突，二者在深层逻辑与终极价值上具备一致追求。笔者认为公共性引导下的律师职业道德才是符合现代法治的正确理解，而法律角色道德论则是存在谬误的。

二、法律商业主义观点的弊端

法律角色道德论实质上是职业主义理论中的技术因素被过分

夸大，以致吞噬公共性的产物，此时所谓角色道德很大程度上成为律师逃避普遍道德谴责的工具。在这种背景下，法律商业主义理论应运而生，它认为与其将律师职业限定在虚伪的角色道德框架内，不如坦然地认可商业性。律师职业应当与商人一样为客户提供被称作"法律服务"的商品，他应当竭尽所能为客户提供服务并赚取利润。这与律师职业的古典主义理想是截然相反的，古典主义要求律师职业与工作的评估独立于客户的目标，他应坚持完成法律赋予其的神圣使命，有一套独立的评价体系。正如庞德所言："法律职业是具有公共服务精神追求，并富有知识性艺术的人群，其作为一种生存手段虽然也很重要，但仅仅是附属的。"❶ 法律商业主义则是一种典型的"后职业主义和商业化职业主义的概念，他们认为随着技术的进步和信息资源的增长，法律职业的组织结构已经逐渐失去排他性，其专业知识的应用也被日益分割化，不再具有职业主义'抽象的专业技能'和'排他性的组织结构'两大基本特征"❷。律师职业已经丧失其独特性，变成一种普通的服务行业，因此不具备公共性，也不应当承担公共责任。它只要遵循市场规律，参与竞争就可以为当事人提供更好的法律服务。我国也有学者认为，法律商业主义在法律职业去神秘化、推动法律服务业产业化、增强法律市场开放性、促进法律服务专业化、增进供需双方选择权、国际法律服务自由化等诸方面具备优势。❸ 美国法学家埃贝尔甚至提出了"市场控制理

❶ Roscoe Pound. The Lawyer from Antiquity to Modern Times [M]. Saint Paul: West Publishing, 1953: 5.

❷ 李学尧. 法律职业主义 [M]. 北京: 中国政法大学出版社, 2007: 106.

❸ 黄文艺, 宋湘琦. 法律商业主义解析 [J]. 法商研究, 2014 (1): 3-12.

论"，认为律师的执业行为和商人的营业行为无异，充分竞争的法律服务市场能够破除公共性的虚伪面具，是走出法律职业危机的最佳选择。❶ 必须承认，在市场经济社会的现实中，无视律师职业本身的营利性，而试图机械地将公共性的道德理想强加给律师的做法，显然是行不通的。但是，这种无视公共性的商业主义论调是否真的能够提高律师的服务质量，也同样是值得商榷的。

首先，在法律商业主义的主导下，客户意愿和律师个人利益发生冲突时，律师往往会选择后者，利益至上的观点往往导致律师忽视了客户意愿的多样性与复杂性，以致不能设计出真正使客户满意的解决方案。如有些客户即使要牺牲一些经济上的利益，也希望能够尽快解决案件，但是律师为了其个人利益拒绝和解而诉诸漫长的诉讼途径。这可能最终为客户赢得了更高的经济利益，但很难说提供了更高质量的法律服务。其次，在法律商业主义的主导下，律师与客户之间的关系异化为单纯的合同关系，律师职业很难从这种关系中获得其作为法律职业的成就感与自豪感。市场经济条件下的当事人与律师的关系只是单纯的经济契约关系，他们之间的信任关系也建立在合同对双方权利和义务的明确划分之上，这种信任是脆弱而易变的，而过于热衷商业利益的律师职业使"法律内部关注的重点从正义的商讨转向强调为这一市场服务。这导致了该职业内部社会服务问题的地位降低。正义不再被视为立基于需要供给的一种权利，而是被视为在有利可图的市场活动中供给的一种商品"❷。最后，法律商业主义也辜负

---

❶ Richard L. Abel. American Lawyers［M］. New York：Oxford University Press，1989.

❷ 杰拉德尔·汉隆. 律师、国家与市场：职业主义再探［M］. 程朝阳，译. 北京：北京大学出版社，2009：142.

了公众对律师职业的期许，破坏了律师职业的"公共人"形象。律师在提供法律服务时也运用商业性的狡黠手段，在社会公众的视域中，律师变成了为了在法庭上胜诉或者为当事人争取有利地位可以不择手段的群体。我国市场经济不断发展，而律师职业伦理的教育和意识没有同步发展的现实，使得律师脱离了公众对其"社会公正斗士"的职业期许，成为唯利是图的商人。高度商业化的现象"正在使律师失去能称作我们社会中的一种特殊职业的资格……自由市场法律职业模式下的律师迅速成为以利益导向的商人"❶。

将法律服务纳入竞争体制是市场经济的必然要求，事实上，市场竞争的模式也确实在一定程度上增加了法律职业的从业人数，进一步满足了社会法律服务的需求，但无视法律服务的特殊性而一味地追求商业化将导致严重的问题。失去公共性的法律服务市场无法克服市场机制的固有缺陷。第一，法律服务由于其高度的专业化，使律师和客户之间存在信息不对称的情况。在市场经济环境下，客户获得律师执业的相关信息的成本相当高昂，而其又缺乏评价律师服务的专业能力，使得律师在交易中处于明显的优势地位。在没有公共性道德和制度的约束下，律师可以利用其信息上的优势地位欺骗消费者，提供不合格的服务，而消费者则被动地接受高昂且不合格的服务。第二，市场机制将法律服务局限在律师与客户的双边关系之上，而忽视了法律作为公共生活的媒介功能，"无公共性"的法律服务往往会产生损害公共利益

---

❶ David Barnhizer. Princes of Darkness and Angels of Light: the Soul of the American Lawyers [J]. Notre Dame: Notre Dame Journal of Law, Ethics & Public Policy, 2000 (14): 371 –477.

的负面效应。有学者称之为外部成本："在诉讼代理时，一方当事人可能愿意付费让律师延迟或阻碍事实调查过程，但这对法院、对方当事人和公众的利益——及时而公平地解决纠纷——构成了一种损害。必要的规制可以使原来由第三方或社会承担的外部成本转化为当事人承担的内部成本。"❶ 由此可见，法律商业主义认为"无公共性"的律师职业能够提供更高质量的法律服务，更有益于法治的观点是存在谬误的。

第二节　无公共性律师实践对法治的背离

"无公共性"律师实践如同其理论上的弊端一样将对法治产生重大的危害。法律商业主义和法律角色道德论引导下的律师实践，在行为上呈现技术主义的特征，在理念上则充斥着工具主义，它们分别从实证主义和理想主义的层面背离了法治。

一、实证主义法治观和理想主义法治观

实证主义与理想主义法治观的类型区分是英国著名法学家西恩·科勒（Sean Cole）作出的区分。实证主义法治观强调法律规则作为社会治理手段的核心作用以及法律体系本身的严密性。"对于实证主义者而言，最好通过惯例或者现成的规则来理解法律秩序，因为这些惯例和规则确定了权利并使之生效……基

---

❶ 黄文艺. 法律职业话语的解析［J］. 法律科学（西北政法大学学报），2005（4）：3－12.

于规则的观点，强调法律权威是官员忠实履行共同标准和习惯这一职责。"❶ 实证主义法治观具有两个基本特性，即普遍性、确定性。普遍性即指国家治理、社会生活与个人行为严格在法律规则的框架下运行。法治的普遍性不仅要求每一个公民严格守法，更重要的是要求政府行为要符合法律规则的要求。每一个主体在法律规则面前都是平等的，任何人都不得超越法律。确定性则是指，法律规则本身必须是已知且确实肯定的，它要求规则必须事先规定，这确保了法律的可预见性，允许公民在了解其行为的法律后果的前提下安排自己的事务。其中至关重要的一点就是法院的裁判结果是可以预言的，即要求在司法领域，法官在裁决过程中按照法律规则的规定进行严密的推理论证，审慎地作出判决。实证主义法治观侧重于从形式的层面理解法治，它关注的是法律规则自身的普遍性和确定性，强调法律在社会治理中的重要意义。

与实证主义相对，理想主义法治观强调法律原则的重要性，认为权利优先于立法存在，"作为法律原则的这些原则并不源于某些立法机关或者法院的特定的决定，而是源于在相当长的时间里形成的一种职业和公共正当意识。这些原则的持续的力量，来源于这种意识的保持"❷。理想主义法治观关注的是法律本身的正当性问题，更倾向于从实质的层面去考察法治。弗里德里希·哈耶克（Friedrich Hayek）在其名著《自由宪章》中就曾有此论断："法治并不是法律的统治，而是有关法律应该如何的规则，是一个

---

❶ 张丽清. 法治的是与非：当代西方关于法治基础理论的论争 [M]. 北京：中国政法大学出版社，2015：24.

❷ 罗纳德·德沃金. 认真对待权利 [M]. 信春鹰，吴玉章，译. 上海：上海三联书店，2008：64.

'元法律'（metalegal）的学说，或是一个政治理想。惟有立法者感到自己受到它的约束，它才能是有效的，在一个民主制度中，这就意味着，法治除非成了群体道义传统的一部分，成了大多数人所共识与毫无异议地接受的一个共同理想，否则，它是不会占上风的。"❶ 简单来说，理想主义法治观的核心要义就是强调："法律是约束政府的。即使政府在行使带有主权性质的立法权力时，某些事也是不能做的。这个版本的法治概念确保法律的公正与一个现在的更高标准相一致。"❷ 理想主义的法治观突破了法律规则的形式主义桎梏，赋予法治以实质性的意义，法律不仅在规则上对于限制政府权力具有工具性的意义，而且法治本身就具有规范权力运作的内在价值。在法律实践中，比起事后裁决的公正性，它更关注事前法律资源的平等分配，它时刻警惕着政府对法律资源垄断局面的发生，为防止对个人自由的侵犯提供有效的保障。

总之，"理想主义倾向于认为，依法治理是对政府干涉普通公民道德生活权力的一系列限制；实证主义通常则将法律看作追求和实现集体目标的手段"❸。实证主义对法律普遍性和确定性的强调，以及理想主义对于法律自身公正性的关注构成了现代法治的完整理解。下文将详细阐明"无公共性"律师实践在行为上呈现技术主义的特质，在理念上则表现为工具主义，它们分别与实证主义法治观和理想主义法治观产生了很大的背离，换句话

❶ 弗里德里希·奥古斯特·冯·哈耶克. 自由宪章［M］. 杨玉生，冯兴元，陈茅，等译. 北京：中国社会科学出版社，2012：325.
❷ 张丽清. 法治的是与非：当代西方关于法治基础理论的论争［M］. 北京：中国政法大学出版社，2015：44.
❸ 张丽清. 法治的是与非：当代西方关于法治基础理论的论争［M］. 北京：中国政法大学出版社，2015：42.

说，"无公共性"的律师实践是不符合现代法治观的。

二、技术主义执业对实证主义法治观的背离

知识与技术存在本质的差别。知识是可以被普遍化的规律，它关注的是事实背后的深层逻辑。而技术则是在知识指引下的操作指南，它因为关注特定目标的实现而往往无法被普遍适用。具体到律师职业领域，"无公共性"的律师执业就具有严重的技术主义倾向，比起公共利益，它关注的往往是特定客户的利益。这种技术主义的实践模式是对实证主义法治观的一种背离，它破坏了法律的普遍性和确定性。其主要策略是以当事人的特殊利益掩盖立法原意体现出的社会利益，表面上其主张与法律条文并无冲突，技术化的手段背后却隐藏着对法治精神的背离。有学者将这种手段称为"发现漏洞的狡诈"，并认为这是"一种能够操纵法律以迎合特殊利益的诡智——实际上，最为特殊的利益就是某个客户的利益"❶。律师实务中，这种法律技术既体现在对法律程序的操纵，也体现在对实体权利的控制。例如，程序法中的管辖权问题，管辖权的设置原意是为了诉讼方便，同时方便法庭调查，节省司法成本。而律师为了使当事人能够在更可能获利的地方诉讼，❷往往故意制造一些管辖事由以达到目的。这种诉讼手段实际上已经完全背离立法原意，其可能舍近求远，进而增加司法成本。再如，实体法中的避税政策，本来是为了使资金流往更

---

❶ 戴维·鲁本. 律师与正义：一个伦理学研究［M］. 戴锐，译. 北京：中国政法大学出版社，2010：43.

❷ 比如，当事人的家乡或者居住多年的地方，在类似这种地方开庭，律师认为更能够获得"主场优势"。

符合社会利益的地方，在律师的操作下，却被富人利用来避免缴税。这种"无公共性"的律师实践虽然攫取了丰厚的商业利益，但严重损害了法律的确定性和普遍性，侵害了法律在社会治理中的权威地位，使它成为律师手中的玩物。

美国法学家玛丽·安·格伦顿（Mary Ann Glenton）曾对法律人的能力做出过精辟的总结，即对争议问题的判断力、共同基础之感、对未来的判断力、熟练掌握法律工具的能力、法律的结构、程序、解决问题的能力、强烈的宽容心、渐进性发展的能力。❶ 这种法律能力的要求远远超出了技术的范畴，它要求律师不仅拥有实践的智慧，还要有对法律的信仰，但技术主义的实践模式中，律师"被期待甚至被鼓励去利用规则的每一个漏洞，利用每一个对手的技术性失误和疏忽，扭曲对法律或事实的解释以迎合他们的客户"❷，这严重侵害了法律自身的尊严。大法官奥利弗·霍姆斯（Oliver Holmes）也曾对律师实践中的技术主义倾向表达过深深的忧虑："对枯燥无味且充满技术性的体系进行勤奋钻研，对客户的贪婪守望与小店主般的管理技巧的使用，为肮脏的利益而进行无礼的争斗，这些就是我们想要的职业生活吗？"最终，他认为律师职业的满足感应当源于以最大的努力奉献于整个社会的感觉。❸ 总之，技术主义的实践将法律知识彻底狭隘化

---

❶ 玛丽·安·格伦顿. 法律人统治下的国度：法律职业危机如何改变美国社会 [M]. 沈国琴，胡鸿雁，译. 北京：中国政法大学出版社，2010：104 –110.

❷ 张丽清. 法治的是与非：当代西方关于法治基础理论的论争 [M]. 北京：中国政法大学出版社，2015：61.

❸ Oliver Wendell Holmes. The Profession of the Law [M] //Mark De Wolfe Howe. The Occasional Speeches of Justice Oliver Wendell Holmes. Cambridge：Belknap Press，1962：28.

了，法律成为达成特定目的的工具而丧失了普遍性与确定性的形式特征，律师"使用并操纵法律规定和法律程序，以此来推进当事人实现其目标。法律规定和法律机制都是法律界的工具，律师用他们来达成目的。进一步而言，很多律师把法律实践看作是他们发财致富的手段，使用和操纵法律规定和法律程序，使其促成他们的私人目的"❶。这在实证主义层面破坏了现代法治。

三、工具主义理念对理想主义法治观的背离

理想主义法治观认为，法治不仅仅意味着社会生活在法律规则的指引下有序运行，它具有超出规则本身的精神特质。在律师之中，这就具体体现为法律职业特有的精神，"法律职业精神的本质就是使人觉得司法管理是每个人的职责所在。一个充满这种精神的法律人，从不迷失在自己的利益或是自己客户的利益之中。法律职业精神让他超脱于求胜心之外成为真理的捍卫者……他因此一直对改进司法的工作以及维护秩序的方法怀有极大的兴趣"❷。持有工具主义理念的律师仅仅将法律职业视为一种以服务换取生活资本的手段，它丧失了作为法律职业的伦理价值。律师职业通过追寻正义、参与公共生活而获取的满足感在琐碎的工具性操作中被消解了。这种工具主义的法律观瓦解着法律的道德权威，在一个健全的法治社会中，法律不应当是仅靠强制力来维持，而是让每一个公民都确信自己有道德义务去遵循法律。工具

---

❶ 布莱恩·Z. 塔玛纳哈. 法律工具主义：对法治的危害 [M]. 陈虎，杨洁，译. 北京：北京大学出版社，2016：187.

❷ 罗伯特·N. 威尔金. 法律职业的精神 [M]. 王俊峰，译. 北京：北京大学出版社，2013：135.

主义的理念却通过操纵法律而显现出一种对法律完全轻蔑的态度。正如著名法学家鲁本所言："持工具主义观点的律师占统治地位的情况会侵蚀法律的普遍性从而破坏法律的道德权威。正是法律的普遍性、公正性，使得法律体制不仅仅是一个强制性体制，而且更是一个发挥着道德影响力——而不仅仅是物理强制力的体制。破坏了法律的普遍性就是破坏了法律的合法性，这使它重新堕落成一个纯粹的暴力系统。"❶

在法律工具主义理念的指引下，律师的法律实践往往被视为一项商业活动。这主要有三方面的体现："首先，从律师角度看，法律实务与其他工作并无本质区别，只是获得经济利益的一种方式而已。其次，律师将其角色定位为为客户提供法律帮助的服务者。最后，律师对法律规则进行一种工具主义式的辨别、解释和讨论，以实现他们客户和自身的目标。"❷ 这其实将律师职业在法治社会中的功能狭隘化了，执业行为被异化为远离公共生活的商业活动，也就根本无法实现理想主义法治观对法律实践的期许，即它不仅是一项谋生工具，而且是一个保护人权、限制公权肆意扩张的安全阀。律师所代表的社会权力为法治建设提供了自下而上的力量，它不仅能够监督公权的合法运作，而且能够及时反馈社会问题，弥补单一国家建设的不足，为法治建设注入新的活力。持非工具主义理念的律师将法律视为固有的秩序，他不满足于规则的机械运用，而更加倾向于寻求符合人类理性和法律原

❶ 戴维·鲁本. 律师与正义：一个伦理学研究 [M]. 戴锐，译. 北京：中国政法大学出版社，2010：44.

❷ 布莱恩·Z. 塔玛纳哈. 法律工具主义：对法治的危害 [M]. 陈虎，杨洁，译. 北京：北京大学出版社，2016：82.

则的最佳解释路径，这些都是"无公共性"的律师执业所无法企及的。

第三节　律师职业公共性与法治的契合性

上文分别从理论和实践两个层面对律师职业的"无公共性"进行了驳斥，本节将正面回应"律师职业公共性何以必要"的问题，律师职业的公共性与法治具有高度的契合性，它是我国法治建设不可或缺的要素。本节将公共性分为三个层次，即职业理想的公共性、职业功能的公共性、职业性情的公共性，它们分别与法治目标、法治路径、法治文化具有高度的契合性。

一、理想公共性：权利理念与法治目标的契合性

法治（rule of law）不是简单的"依法而治"（rule by law），法律不仅具备维持社会稳定的工具性功能，还具有其独特的精神追求。法律结束了人与人的无止境的复仇状态，提出了纠纷解决的终极方案。在法治国家，司法成为公民寻求公正结果的最权威的路径，相对地，法律也必须回应公众的信任，它应始终以维护公民权利为核心，不仅保障公民稳定的生存状态，而且要保证其具有平等的寻求正义的机会，让每一个公民有尊严地活着。换句话说，"依法而治"是"义务本位"的，它更强调法律的秩序价值，而将社会控制视为首要目标，其"把少数人的权利神圣化、法律化，把义务和责任转嫁给多数劳动者，这些特质决定了义务本位法在社会公正的实现、在人权的保障等诸多方面，都与现代

社会的民主、法治精神背道而驰，是现代社会的反动"❶，它本质上依然是"人治"。而法治则是"权利本位"的，国家治理从"人治"到"法治"的过渡，在很大程度上就是法治目标从"义务本位"向"权利本位"的过渡，从对社会控制的强调到视维护公民权利为首要目标。法治目标这种"权利本位"特质从《德里宣言》对法治归纳中也可得到佐证："（1）立法机关的职能在于创设和维护以使每个人保持'人格尊严'的种种条件；（2）不仅要对制止行政权的滥用提供法律保障，而且要使政府有效地维护法律秩序，借以保证人们具有充分的社会和经济生活条件；（3）司法独立和律师职业自由。"❷ 由此可见，法治的目标就在于保障公民权利得以有效公正的实现，其中法律职业尤其是律师职业发挥着关键的作用。律师职业理想的公共性可以分解为两个层面，即律师职业的"权利话语"体系、获得律师帮助权的基本权利属性，而这与法治目标的"权利本位"是高度契合的。著名法学家弗里德曼就曾有过论断：享有由勤勉的律师提供辩护的权利不仅仅是保障个人法定权利的最好途径，其本身就是这些法定权利之一。❸ 前者可以被称为对法治"权利本位"目标的外部保障功能，后者则为内部实现功能。下文将分别详细阐明。

第一，律师职业的"权利话语"对法治"权利本位"目标外部保障功能。"无公共性"的律师职业不论是奉行法律商业主

---

❶ 贺电，张翼飞. 法的发展规律：从义务本位法、权利本位法到平衡法 [J]. 社会科学战线，2016（2）：207－216.

❷ 周永坤. 法理学：全球视野 [M]. 北京：法律出版社，2016：149.

❸ Freedman Monroe. Lawyers' Ethics in an Adversary System [M]. Indianapolis：Bobbs Merill，1975：2－3.

义还是角色道德论，总是依循着一套"利益话语"体系。它或者刻板地遵循"客户利益至上"的准则，为其谋求远超合法权利范畴的利益；或者谋求商业利润的最大化，而在个人利益与客户权利发生冲突时总是选择前者。这与法治的"权利本位"往往背道而驰。与之相对，"公共性"的律师职业以实现普遍正义为己任，其超脱了狭隘的利益语境，而进入真正的权利话语体系之中。"权利包括利益，而利益不能代替权利，利益只是权利的诸多要素之一，权利和利益是不能等同的"❶，而"从下面两个方面来看权利都优于利益，即权利制约利益和权利不是以功利和社会效果为基础，而是以其正当性的演化与利益无关的道德原则为基础。作为王牌（trumps），权利对他人利益、社会利益和多数人的意志施加限制"❷。律师职业这种关注"权利"的特质使其比居于强势地位的国家更容易发现弱势群体的困难，这在联合国《关于律师作用的基本原则》中也多次被提及。❸ 律师职业的加入有效地弥补了国家在法治建设过程中可能存在的盲区，对公民权利实施更加广泛、及时、有效的保障。

---

❶ 马玲. 利益不是权利：从我国《宪法》第 51 条说起 ［J］. 法律科学，2009 （5）：74 - 84.

❷ 夏勇. 公法（第 1 卷）［M］. 北京：法律出版社，1999：105.

❸ 如第 3 条"各国政府应确保拨出向穷人并在必要时向其他处境不利的人提供法律服务所需的资金和其他资源。律师专业组织应在安排和提供服务、便利和其他资源方面进行合作"，第 4 条"各国政府和律师专业组织应促进有关方案，使公众了解法律赋予他们的权利和义务以及了解律师在保护他们基本自由方面所起的重要作用。应特别注意对穷人和其他处境不利的人给予帮助，使他们得以维护自己的权利并在必要时请求律师协助"以及第 14 条"律师在保护其委托人的权利和促进维护正义的事业中，应努力维护受到本国法律和国际法承认的人权和基本自由，并在任何时候都根据法律和公认的准则以及律师的职业道德，自由和勤奋地采取行动"。

　　第二，获得律师帮助的基本权利属性❶对法治的"权利本位"目标的内部实现功能。我国学者对于获得律师帮助权属性的解读，大致可以分为"修宪思维"和"释宪思维"。❷ 前者是指，我国《宪法》第130条的规定"被告人有权获得辩护"，将获得律师帮助权置于"国家机构"的章节中，并设于"司法公开原则"之后。因此，依据体系解释，当前宪法仅将该权利视为一项司法程序上的权利，而忽视了律师帮助对于公民权利以及尊严价值的重要作用，有学者建议通过修宪将这一权利置于"公民基本权利与义务"一章中，以还原其基本权利的本来面貌。❸ 后者则倾向于通过宪法解释的方式赋予获得律师帮助权基本权利的属性，并认为被置于其他章节并不影响其作为基本权利发挥作用，该权利"虽然是规定在司法制度部分，但是，考虑到个人对抗国家公权力的犯罪控制是个人与国家关系中的重要的部分，仍然应该基于前述的目的解释和体系解释，赋予其宪法基本权利的地位。至少也应该认为，获得辩护权与其他基本权利价值位阶相同的权利"❹，因此没有必要通过修宪的方式来对该权利重新定位。尽管在法学方法上，"修宪思维"和"释宪思维"存在较大的差

❶　关于律师帮助权的权利属性将在第四章作出详细论证，此处仅作简要的论述。

❷　关于宪法研究的"修宪思维"和"释宪思维"，可参见：张翔. 宪法学为什么要以宪法文本为中心 [J]. 浙江学刊，2006 (3)：14 – 22.

❸　周宝峰. 宪政视野中的刑事被告人律师帮助权研究 [J]. 内蒙古大学学报（哲学社会科学版），2009 (4)：18 – 24；刘淑君. 刑事辩护权的宪法反思 [J]. 甘肃政法学院学报，2008 (4)：99 – 103；周伟. 宪法依据的缺失：侦查阶段辩护权缺位的思考 [J]. 政治与法律，2003 (6)：90 – 96.

❹　张翔. 基本权利的规范建构 [M]. 北京：法律出版社，2017：318. 同类观点还可参见：尹晓红. 获得辩护权是被追诉人的基本权利：对《宪法》第125条"获得辩护"的法解释 [J]. 法学，2012 (3)：63 – 69.

异，但是它们对于获得律师帮助权的基本权利属性的认识是一致的。获得律师帮助权不仅是一项文本上规定的权利，而且关涉宪法对于人权和平等权的尊重。法治对合法权利的保障不是一句口号，而必须切实地保障每一个公民具备争取合法权利的路径和能力。具备公共性追求，而不是被商业利润或者角色道德绑架的律师职业才能够实现公民权利的充分保障，才能够保障每一个公民有尊严地活着。

二、功能公共性：媒介作用与法治路径的契合性

"法哲学上的两种相反的观点：一种认为法治秩序是可以通过人们主观的、理性的努力而建构出来的，即政府自上而下的推动，这是推进法治的第一种力量；另一种认为法治的秩序是不能建构的，只能通过社会的自然演进而逐渐成长，即民间自下而上的演进，这也被称为法治改革的第二种力量"❶，前一种法治路径可以被称为"国家建构主义"，后一种法治路径则被称为"社会建构主义"。改革开放后，"依法治国"被重新提上议程以来，我国的法治建设一直依赖的是"国家建构主义"的路径，这与当时的社会背景有着密切的联系。在一段时间内，我国的司法机关被解散，法律职业被否弃，大量的行政命令取代法律作为国家治理的主要工具，为此我国在各个层面都付出了极为惨重的代价。"拨乱反正"之后，中国社会面临的是一个百废待兴的严峻局面，改革开放的现实需要使我们没有时间再去等待一个良好的

---

❶ 孙笑侠，贺卫方，霍宪丹，等. 法律人之治：法律职业的中国思考 [M]. 北京：中国政法大学出版社，2005：10.

法治社会环境的形成，政府自上而下的推动是快速建立法律体系，实现形式法治的最快路径。这一时期，我国通过法律移植和引进国外法理论，建立了完整的法律体系，实现了政治的平稳变革和经济的快速增长，可以说"国家建构主义"的路径在特殊的历史时期是值得肯定的明智之举。但是，这种仓促建构的法律体系往往无法跟上时代的步伐，尤其是"国家建构主义"路径的制度产物往往服务于特定的政府目标，与实质法治产生偏离。如改革开放初期建立的法律几乎都是服务于经济的，缺乏对个人权利的关注，"（当时的）立法被当作了一种符号，一种象征着现代化的经济制度和治理方式的符号，其目的在于使中国经济在全球化的市场经济体系中获得合法性"❶。

为了突破"国家建构主义"路径的局限性就必须有第二种力量的参与，但是"社会建构主义"路径也存在其固有的缺陷。它的效率相较于"国家建构主义"要低得多，如果总是期待社会作出反应之后，法律才作出反应，往往可能已经造成重大的社会问题，法律自身所具备的预防风险以及社会控制功能将被极大地削弱。另外，大多数社会公众都没有经过严格的法律理性的训练，他们秉持的是极为朴素和粗糙的正义观，因此也往往容易受到一时激愤的影响，尤其我国并没有形成一个成熟的市民社会，也没有西方历史悠久的市民参与公共生活的传统，过度依赖"社会建构主义"路径可能会造成法律民粹化，而丧失其应有的审慎的品质。这时，一个成熟的法律人阶层应当担负起重要

---

❶ 刘思达. 失落的城邦：当代中国法律职业变迁 [M]. 北京：北京大学出版社，2008：5.

的媒介功能，它能够平衡市民社会和政治国家的关系，为法治建设注入活力，法治在实践层面上就可以被称为法律人之治，有学者称之为法治建设的"第三种力量"❶，律师职业则构成了所谓"第三种力量"的主力军，这是律师职业功能公共性的核心要义。

当前的司法改革将律师职业定位为"落实依法治国基本方略、建设社会主义法治国家的重要力量，社会主义法治工作队伍的重要组成部分"❷。但是，正如上文所述，"无公共性"的律师职业或者如商人一般只关注自己的利益，或者沉迷于自己的角色而忽视对公众的关怀，这不仅于法治无益，而且造成了诸多负面影响。只有具备公共性的律师职业才是与法治路径相契合的。一方面，公共性的执业，能够有效地将社会问题转化为法律问题理性地加以解决，在避免群体情绪激化的同时，及时发现现行法律中不合时宜的部分并反馈到国家，它在很大程度上弥合了国家法和社会意识的间隙；另一方面，公共性的执业又替国家传递了正确的法治理念，在一定程度上帮助国家实现了更有效的社会控制。单一的"国家建构主义"路径塑造了法律强制服从的错误印象，公民服从法律的动因只是惧怕惩罚。律师通过"公共性"的执业使公民参与到法律生活中来，重塑了他们的观念，使外在的被动服从转变为内在的主动信服。正如有学者所言："律师在国家建立的规范秩序和社会各种不同利益和发展中充当了调和与

---

❶ 孙笑侠，贺卫方，霍宪丹，等. 法律人之治：法律职业的中国思考 [M]. 北京：中国政法大学出版社，2005：10-15.

❷ 参见中共中央办公厅、国务院办公厅印发的《关于深化律师制度改革的意见》（中办发〔2016〕21 号）。

媒介的作用。如果认为社会是一个系统，律师对这个系统最主要的贡献就在于'整合'：它协助规范各社会集团之间的关系；为这些关系创造新的形式，从而使旧形式适应新环境；为个人与组织冲突提供解决的渠道。"❶

三、性情公共性：审慎性格与法治文化的契合性

尽管如上文所述，法治对社会有着美好的愿景，但是它并不崇尚突变式的革命，而是倾向于渐进式的改革模式。这与法治文化保守性密切相关，比起建构一个美好的世界，它总是将防范更坏的结局作为其首要目标。法治总是热衷于寻求社会各种力量的平衡状态，为各阶层提供妥协的路径。就结果来说，它未必是最有效率的做法，但绝对是最保险的做法。因此，法治文化的保守性具备防范"公权肆意扩张"与"多数人暴政"的双重作用，对于保存民主的果实具有十分重要的意义。这或许可以从法治形成的两个阶段中管窥一二，第一阶段是人们结束无序自然状态进入社会状态，这类似于卢梭所谓的"一切人对一切人统治"的简单民主状态，❷ 这种状态下人与人之间建立的一种松散的联合，即使存在一些规则，也处在一种极其不稳定的状态，社会结构常常会陷入强人统治或者无政府的困局。第二阶段是由社会状态进入法治状态。人们建立了完备的法律系统和稳定的政府机构，法治文化天然具备对秩序的渴求和对理性的向往。一方面，法治向上限制着公权的肆意扩张，避免强人统治的出现，保障了

---

❶ 迪特里希·鲁施迈耶. 律师与社会：美德两国法律职业比较研究［M］. 于霄，译. 上海：上海三联书店，2009：179.

❷ 卢梭. 社会契约论［M］. 何兆武，译. 北京：商务印书馆，1980：23.

民主的基本精神；另一方面，法治向下抑制着民众非理性的情绪，使他们的情绪可以通过法律的途径进行宣泄，避免了民主的异变。可以说，法治文化防止了民主的衰退，使其优势最大程度地发挥出来，同时又最大程度地弥合了其劣势。其中，经过长期法律训练而形成公共性之性情的律师职业占据着重要的地位，所谓性情的公共性就是指律师往往是面对复杂问题能够做出良好判断的具有实践智慧的人，这"不仅仅是指他有渊博的知识和敏锐的智力，而且意味着其在思考过程中所表现出的沉着冷静，以及对他所处的环境要求其考虑的各种利益给予同等的同情心"●。这些性情上的品质不仅与法治文化的保守性是高度契合的，而且对于保存法治自身具有十分重要的意义。

性情上的公共性特质使律师职业迅速成长为一个公共阶层，它不仅从本质上与法治文化相契合，而且反过来又巩固了法治文化。这集中体现在律师职业的政治家理想，它是一种性格理想，"律师政治家不是没头脑的现状的维护者，而是本性上倾向于在不规则的现存秩序中发现价值，并能谨慎地使它们变得清晰些"❷。美国著名学者罗伯特·戈登（Robert W. Gordon）精辟地指出了审慎性情主导的职业惯习和本能在政治生活中的消极任务和积极任务："所谓消极任务是指，出于本能和自我保护，律师应当果断地阻止任何由行政专制者、民粹主义暴民和强大的私人宗派把持着的法律机构的统治。所谓积极任务是指，面对着暂时

● 安索尼·T. 克罗曼. 迷失的律师：法律职业理想的衰落 [M]. 田凤常，译. 北京：法律出版社，2010：17.

❷ 安索尼·T. 克罗曼. 迷失的律师：法律职业理想的衰落 [M]. 田凤常，译. 北京：法律出版社，2010：160－161.

的政治和经济权力带来的威胁，律师应当成为法定主义价值的监护人。为了履行其积极职能，律师必须承担不同于普通公民的特殊职责。他们必须修正现行法律的失误，法律知识分子的作用，即建议对现行法律的修正，使适应于新情况，并且利用来源于他们社会声望和职业技能的权威和影响，在当事人之间创造一种具有法律意义的相互尊重和妥协的文化。"❶ 早在 19 世纪，阿利克西·德·托克维尔（Alexis de Tocqueville）就曾将此概括为律师"链接"各阶级的能力，因为"从出身和利益上"来看，他们归属于"人民"，但"在习惯和品味"上他们又属于贵族。他们"对秩序和正规程序的热爱"使得其与上层阶级结成了同盟关系；但中产阶级以及上层中产阶级的出身又使得其与普通市民成为同盟，这建立起一种社会影响力中必需的信任关系。❷ 律师职业性情公共性最核心的部分就是对待社会问题的审慎态度，他们既警惕绝对平等主义的乌托邦幻想，又反对因循守旧而陷入严重的地位分化；他们既保持着对弱者的同情，又厌恶群体的不理性；他们既依赖公权实现渐进性改革，又防范着它的肆意扩张。总之，具备公共性情的律师职业总是让自己处于中间状态，长期的法律训练让他们充满了对极端化情形的警觉。而"无公共性"的律师职业或者如商人般为了利润铤而走险，或者只活在自己的道德世界，缺乏公共责任意识，他们都与审慎的性情无关，自然也与法治文化背道而驰。

---

❶ 罗伯特·戈登. 律师独立论：律师独立于当事人［M］. 周潞嘉，译. 北京：中国政法大学出版社，1989：16.
❷ 德博拉·L. 罗德，小吉弗瑞·C. 海泽德. 律师职业伦理与行业管理［M］. 2 版. 许身健，等译. 北京：知识产权出版社，2015：24.

有人可能会问："为什么不使用职业性的概念，而采用公共性的概念？"笔者在此对职业性与公共性的概念作一个区分，以期对该问题作出一个恰当的回应。职业性更多的是对律师职业的实然描述，它在特定时期的理论可能与公共性具有较高的相关性，如本书第二章将要论及的古典式的职业主义，但是职业性本身并不必然为公共性提供论证，事实上波斯纳、埃贝尔等著名学者反而认为律师真正的职业性恰恰是其抛却了公共性的伪装之后，以市场化的面目面对公众时才体现出来的。公共性则更多是一种应然的概念，是一种对律师职业的期许，它与特定的地域和时间无关。这才是本书所真正要强调的主题，同时公共性随着合法性论证路径的差异将表现出不同的样态，古典式职业主义也仅仅是其中一种样态而已，若使用"职业性"则不仅会造成混淆，而且逻辑上难以成立。因此，笔者选择使用"公共性"的概念，而非"职业性"的概念来贯穿全书。

第四节　律师职业公共性的三种论证路径及其逻辑关系

无论是从理论上还是从实践上，"无公共性"的观点均会对现代法治造成危害，只有公共性的律师职业才是与法治相契合的，也可以说，具备公共性的律师职业是现代法治的重要组成部分，这就从必要性的层面对律师职业的公共性作出了论证。但这并非本书的核心命题，对于公共性是否必要的问题，学界和实务界也多持正面意见，但是关键的分歧在于这种公共性的法理基础是什么？虽然律师职业的公共性对法治建设具有很高的正面价值，但这不能必然导出"我们有权要求律师职业具备公共性"的结论，对于律师职业的公共性，是否我们只能保持倡导的姿态，而无法在法律层面要求律师追求正义并履行公共责任？这就涉及律师职业公共性的"合法性"层面，本节笔者将简要地介绍律师职业的三种论证路径及其内部的逻辑关系以顺利地过渡到下文的详细论证。

一、国家主义、职业主义与契约主义的论证路径

（一）国家主义的论证路径

在我国社会主义制度背景之下，国家一切权力属于人民，国家机构则实行民主集中制原则，对人民代表大会负责。● 由于这种制度设置与组织结构，国家理所当然地获得了"为人民服务"的公共性意涵，我国早期的人民律师制度传统将律师视为国家公职人员，将律师职业的公共性等同于国家的公共性，他们与诸如检察官、法官甚至普通公务员的公共性并无差异。律师职业由于

● 我国《宪法》第 1 条规定，中华人民共和国是工人阶级领导的、以工农联盟为基础的人民民主专政的社会主义国家。社会主义制度是中华人民共和国的根本制度。中国共产党领导是中国特色社会主义最本质的特征。禁止任何组织或者个人破坏社会主义制度。第 2 条规定，中华人民共和国的一切权力属于人民。人民行使国家权力的机关是全国人民代表大会和地方各级人民代表大会。人民依照法律规定，通过各种途径和形式，管理国家事务，管理经济和文化事业，管理社会事务。第 3 条规定，中华人民共和国的国家机构实行民主集中制的原则。全国人民代表大会和地方各级人民代表大会都由民主选举产生，对人民负责，受人民监督。国家行政机关、监察机关、审判机关、检察机关都由人民代表大会产生，对它负责，受它监督。中央和地方的国家机构职权的划分，遵循在中央的统一领导下，充分发挥地方的主动性、积极性的原则。

被整合进了公权系统也理所当然地获得了"为人民服务"的公共性意涵。这就是"国家主义"论证的基本路径。

同时必须认识到，国家主义的论证在现在的时代背景之下虽然已经无法成立，但是在当时的时代背景之下具有现实的合理性。考察我国的历史可以发现，国家主义建构占强势地位主要有两个历史阶段。第一个阶段是 20 世纪 50 年代人民律师制度改革时期，这一时期我国摒弃了北洋时期建立的律师制度，重新建构了自己的体系。自北洋时期建立律师制度以来，律师职业与讼师行业一直无法作出明显的区分，所谓律师往往沿用着传统讼师的谋略与技巧，因而广受社会公众的诟病。人民律师制度在这一时期将律师职业纳入国家公权系统，借由公众对国家的信任重塑对律师职业的信心，对破除讼师时代以来形成的文化困局具有积极意义。第二个历史时期是 20 世纪 80 年代，《律师暂行条例》恢复了人民律师的制度传统，将律师职业定位为"国家法律工作人员"。这种做法也是基于当时的社会现实，由于之前的历史时期，律师被视为敌对分子被国家排拒，恢复人民律师制度是国家重新承认律师职业的一个信号，具有政治上的象征意义。另外，由于我国长期高度组织化的政治实践形成了所谓的政法文化，所有的行业都被整合进与公权力密切相关的"单位"之中，因此在这一时期将律师职业整合进公权体系，也成为恢复公众对律师职业的信任的重要举措以及进化到现代律师职业的必要制度过渡。

（二）职业主义的论证路径

如果说国家主义是我国对于律师职业公共性论证的传统路径，那么与此相对，职业主义则是西方对律师职业公共性论证的传统路径。其核心观点是律师职业与医生、教师、僧侣等职业具有相同的属性，应当具备高尚的人格品性，律师由于其职业身份的特殊性而理所应当地必须追寻正义，并承担公共责任。职业主义公共性的论证方式是以西方法律文化传统长期孕育的职业精神为核心的，它认为律师应当被表述为特殊的职业（profession），而不是一般的行业（occupation），由于长期的文化熏陶，律师职业具有不同于一般行业的精神追求。正如美国一位著名律师描述的："法律职业精神的本质就是使人觉得司法管理是每个人的职责所在。一个充满这种精神的法律人，从不迷失在自己的利益或是自己客户的利益之中。法律职业精神让他超脱于求胜心之外成为真理的捍卫者……他因此一直对改进司法的工作以及维护秩序的方法怀有极大的兴趣。"❶

（三）契约主义的证成路径

契约主义的证成路径是本书支持的一种证成路径。它将律师职业的公共责任视为一种内生于职业、国家、社会三种交换过程之中的契约义务。具体来说，一方面，国家由于法治建设的需要，让渡了自己一部分管理权，赋予律师职业远高于一般行业的自治权，作为交换律师职业必须向上履行公共责任。这种公共责任主要是协助国家进行法治建设，及时回馈来自一般公众的意见，限制与规范公权力的正确运作，并培育公众的守法意识。笔者将其称为"反思"层面的公共性。另一方面，社会赋予了律师职业垄断地位，使其获得远高于一般行业的利益，作为交换，律师职业应当向社会输送高质量的法律服务，并履行法律援助的

---

❶ 罗伯特·N. 威尔金. 法律职业的精神［M］. 王俊峰，译. 北京：北京大学出版社，2013：135.

义务，积极参与公益法律的实践。笔者将此称为"服务"层面的公共性。契约主义的论证更加关注公平原则，更加关注律师职业公共性的独特意涵及其复杂的实践过程。律师职业的契约主义论证结构包含三个层次，即原初契约 A、主契约 a、子契约 a1 和 a2，❶ 三层次契约共同将律师职业的公共性塑造为公平原则指引下的契约义务，这种契约义务本质上是对国家与社会所赋予的特权的公平回馈，它存在于政治国家、律师职业、公民社会的互动过程之中。

二、三种论证路径的内部逻辑关系

本书所探讨的三种论证路径并非相互孤立的，而是具有内部的逻辑关系的，主要表现在两个方面，即行文逻辑上的证伪到证成、理论逻辑上的身份到契约。

（一）行文逻辑：从证伪到证成

本书主要采取先破后立的分析方法，先对国家主义、职业主义进行证伪，再以证伪为基础，提出对契约主义的证成。

证伪层面上，一方面国家主义证伪是这样展开的，在市场化的冲击下，国家主义公共性丧失了实践基础，表现为：律师职业服务于经济建设的政策需求使国家主义公共性的现实根基渐趋瓦解；律师职业公职定性的否弃使国家主义公共性的制度根基已经不复存在；以财富为核心的职业文化使国家主义公共性的文化根基也开始瓦解。而从理论方面来分析，国家主义公共性也与现代律师职业理论相悖，表现为其与现代律师职业的成长条件、制度

---

❶ 这种论证结构在本书第三章将详细说明，此处不再赘述。

理念以及价值追求的矛盾。另一方面，职业主义证伪是这样展开的，从特殊视角来分析职业主义进路的本土化难题，即本土文化的不适性、组织性基础的缺失，接着从普遍视角分析了职业主义进路的固有缺陷，即偏向性建构困境、对公益法律服务的慈善性误读以及公共责任虚伪性的质疑。

证成层面上，一方面，通过与古典契约解释理论的内部对比，厘清了本书所要支持的一种契约主义证成路径；另一方面，通过与国家主义、职业主义的外部对比，阐明了契约主义的相对优势：第一，理论优势，即契约主义能够有效地破除传统理论对公共性本质的两极化理解，将公共性建立在公平原则之上，并以实质责任理论重释律师职业的公共责任，真正将公共性的道德属性和效用价值连接起来；第二，实践优势，契约主义所构建的互惠型实践模式对传统理论施与型实践模式弱点的克服，表现为对家长主义伦理范式的破除、从公私对立到"活私开公"、从单向输入模式到双向沟通模式，并且最终阐明了契约主义的本土适应性以过渡到我国语境下的制度重构。

（二）理论逻辑：从身份到契约

国家主义将律师职业的公共性归结于公职身份，职业主义则将律师职业的公共性归结于职业身份，尽管二者在论证的具体表现方面各有不同，但是深究其失败的根源，则都可以归结于这种身份依赖。律师职业公共性证成对身份的依赖而导致了"公共性的片面化理解"以及"施与型实践"两大弊病。本质上来讲，传统的身份论证模式认为律师公共性责任并不源于同意，也不源于自愿加入某一团体的意愿，不论律师职业的主观意愿如何，具备某种身份的事实就意味着义务的成立。身份论对公共责任本身的正当性缺乏关注，而仅将其建立在身份意识和对团体的情感之上。有学者评论道：身份论所阐述的公共责任是"必须建立在某种归属感基础之上，建立在对自己处境（position）的积极而有意识地发现基础之上，建立在对这种处境的肯定基础之上。一个人可以由于出生而非通过自愿的选择从而在一个特定社会群体中取得团体成员身份，但是除非他认同这种成员身份，否则他就不能产生义务。团体性义务的真正本质在于它们并不是建立在同意、互惠或者感恩的基础上，而建立在归属感或关联感（a feeling of connectedness）的基础上"❶。这种对情感的依赖，实际上就是将公共性的实践建立在不稳定且缺乏说服力的基础之上。

走向契约主义的道路标识了一项从身份到契约的伟大变革，契约主义将律师职业的公共性建构于律师职业、政治国家、公民社会三者的公平交换过程中，而律师职业的公共责任是植根于公平原则的契约义务。律师职业对公共责任的履行不再被解释为一种利他主义的牺牲，而是对制度利益的公平回馈。律师职业公共性本身就构成了律师垄断利益和自治地位的对价，它与律师职业存在的正当性紧密相连。以契约主义作为法理基础的律师职业公共性破除了身份论的种种弊病。具体来说，它既保留了国家主义的组织性和执行力，又具备职业主义的灵活性和主动性。同时，克服了二者各自的缺陷，它通过独特的契约模型巧妙地将政治国家与公民社会连接起来，创造了一种互惠型的公共性实践模式，并弥合了道德理想与效用价值之间的断裂，可以说契约主义提供

---

❶ 毛兴贵. 政治义务：证成与反驳 [M]. 南京：江苏人民出版社，2007：114–116.

的证成与重构是目前我国律师职业公共性最可行的实现方案。

在此需要澄清的一个问题是，本书所提到的理论逻辑上从身份向契约的转向，虽然受到了梅因在《古代法》中著名论断的启发，但不完全等同于梅因的理解。梅因主要是通过历史的观察，从事实的层面揭示了法律的形态从身份到契约的转向，但本书主要是从理论逻辑上来分析的。在身份社会之中，以身份来证成公共性是理所当然的事情，但进入契约社会之后，身份所维系的秩序已经逐渐瓦解，就不能再单纯地认为特定身份导出公共性是可以不证自明的。尤其是律师职业在现代市场经济中，以输出法律服务来交换利益的现实，已经使律师职业具有不同于其他人的特定身份的论断难有说服力。因此，我们必须在契约社会的现实中去探寻律师职业公共性的证成模式。现实的契约关系是一种私人关系，似乎并不具备公共属性，但是当它上升到社会契约的领域，它就具备了为公共性提供论证的能力，而这种论证与现代社会的公平交换理念能够更好地实现衔接。因此，国家主义、职业主义到契约主义在理论上呈现出从身份到契约的一种变革。

第二章

国家主义与职业主义的证伪

本章将分别对国家主义与职业主义对律师职业公共性的论证路径进行批判，以证明无论是在理论层面还是现实层面，二者都是难以成立的。

第一节　国家主义论证路径的证伪

国家主义所认知的公共性是狭隘的，它将公共性视为公共权力的派生，公共领域所指的就是国家政治领域，它仅仅和"用合法的垄断统治武装起来的国家及其运转潜能有着联系"❶。传统公权主导的法律领域内，律师职业与诸如检察官、法官等其他法律职业并未作明显的区分，国家主义被作为整个法律职业公共性的基础，但改革开放以来

---

❶ 哈贝马斯. 公共领域的结构转型［M］. 曹卫东，王晓珏，刘北城，等译. 上海：学林出版社，1999：17.

的市场化浪潮赋予律师职业不同于公权力的独特意义，国家主义作为律师职业的公共性基础在实践层面受到了动摇，而现代律师职业的定位则在理论层面彻底瓦解了这一基础。以公职身份作为律师职业公共性的论据在当前的时代背景下已经无法成立。

一、国家主义公共性形态的形成

我国律师职业的发展曾经历漫长的"讼师"时代，讼师不仅不具备所谓公共性，而且长期处于官方贬斥之中而背负着沉重的道德污名。清末立宪之后，虽然律师职业作为一项现代标识被确立下来，但是由于我国长期无法摆脱讼师文化的困局，而仅仅在形式上具有正当性，这也就导致了后来现代律师制度被否弃的命运。国家主义公共性的措施某种程度上可以被认为是弥合制度与文化断层的一种手段，在这种认知下所建立的人民律师制度在特定历史时期，确实也发挥了一定的积极作用。

（一）非公共的讼师时代

传统社会中，公权力垄断了整个裁判系统。在法律领域，政府即代表"公"，与政府相对的则为"私"，而"私"往往又被官方赋予"恶"的负面价值。被称为我国律师职业早期雏形的讼师行业由于介入了本由公权力垄断的法律领域，而被视作为私人利益不择手段的下层文人。游离于公权体系之外的讼师行业不仅不具备公共属性，还背负着沉重的道德污名，其执业依靠的是"聪明和狡诈的才智，包含了谋划、哄骗、预测、欺诈、理解人类行为以及躲避危险的实践能力"❶。春秋时代的邓析被认为是早期讼师职业的一个典型代表。邓析是春秋时代郑国的大夫，其乐于助讼并传播法律知识，"与民之有讼者约，大狱一衣，小狱襦裤。民之献衣而学讼者不可胜数"❷。他极为善辩，可"操两可之说，设无穷之词"❸，当时的统治者子产曾对其行为有评价："以非为是，以是为非，是非无度，可与不可日变，所欲胜因胜，所欲罪因罪。"❹ 讼师一直以谋略见长，常行诡辩之术，《吕氏春秋》曾记载了邓析经手的一个真实案例：洧水发大水淹死了郑国一富人的亲属，尸体被人捡去，富人前去讨要，捡尸人索价过高，富人便找邓析商量，邓析对他说："不要着急，他不卖给你，能卖给谁呢？"富人于是便搁置此事了，捡尸人又去找邓析商量，邓析则说："不要着急，他不向你买能向谁买呢？"❺ 这是典型的诡辩的策略，邓析对同一件事给出了两种完全矛盾的解答，单独地去看都合逻辑，但是合在一起则显得很荒谬。这就像现在所谓的"吃完原告，吃被告"，从根本上不利于纠纷的解决。可见，讼师与依赖严密的法律推理的现代律师职业相去甚远，他们没有形成自己独特的法律技艺，没有自己独特的司法追求，也就谈不上公共性的问题了。

对于讼师，官方一直视其为扰乱司法秩序，道德败坏的下层

❶ 梅利莎·麦柯丽. 社会权力与法律文化：中华帝国晚期的讼师 [M]. 明辉，译. 北京：北京大学出版社，2012：313.
❷ 《吕氏春秋·离谓》。
❸ 《邓析子·序》。
❹ 《吕氏春秋·离谓》。
❺ 《吕氏春秋·离谓》。

文人。以"官本位"为核心的中国传统社会，这一评价成为主流观点。但是，民间也确实存在将讼师作正面评价的事例，有些文学作品将讼师描述为劫富济贫、扶助弱者的侠士。❶在此，有必要对这种所谓的侠义精神和公共性精神作一个甄别，二者虽然都具有利他性的特点，但在本质上是不同的。首先，侠义精神不具备普遍性。律师职业的公共性是指律师职业整体所具备的精神气质，而不是律师群体内部个别人所具备的品质。讼师的侠义精神仅仅是指个别讼师的义气之举，传统社会的讼师处于官方的否弃之中，根本没有形成一个独立的阶层，也就不可能衍生出公共性此类的共同体意识。其次，侠义精神依然是处于私人领域，与公共领域的公共性截然不同。中国传统社会，所谓"公"是与"官"等同的概念，行使国家权力的人也被称为"公人"。讼师行业既然被官方否弃，自然也并不处在传统的公共领域之中，侠义精神只能被视为私人领域的德行，诸如同情、义愤等的衍生物，而不是一个职业的精神品质。再次，侠义精神只关注结果，而忽视手段的正当性。即使是具备侠义精神的讼师，也往往采取超出道德或制度允许范围的手段去寻求特定目的的实现。公共性

---

❶ 典型的豪侠仗义的律师形象，有陈梦吉和宋世杰。如《扭计师爷陈梦吉》中收录了这样两个案件：婆婆与人串通设计陷害儿媳，被陈梦吉识破，其协助儿媳在公堂之上说服了县太爷，最终使得真相大白。这个故事中极力地描绘陈梦吉发挥其作为经验老到的讼师的智慧与干才，为他人伸张正义的形象。另一个案件，甚至描绘了其帮助弱者与官府对抗，戏耍县太爷的故事，突出了具有正义感和智慧的讼师形象。而宋世杰则是更为著名的讼师形象，著名京剧选段《四进士》就描绘了宋世杰帮助寡妇杨素贞，甚至不惜与官府斗争的故事。当然，描绘古代讼师正面形象的作品仍然可说寥寥无几，多数依旧是在突出讼师重利与不义的形象，如清代作家吴麟瑞所著的《四大恶讼师传奇》就描绘了谢方樽、诸福宝、杨瑟严、冯执中四个讼师睚眦必报、寡廉鲜耻甚至协助犯罪的负面形象。

则要求律师必须具备审慎的态度，在谋求利益，甚至社会变革之时也应当在法治的框架之内，绝不能以结果的有效性来为手段的正当性提供论证。最后，也是最重要的一点，侠义精神与公共精神的追求也截然不同。侠义精神之所以会产生，是因为官方的裁判机器失灵，本质上它也不过是裁判失灵、朝廷腐败情况下的特殊手段，它本身也不必然具备为弱者发声，寻求正义的价值取向，更不可能为了弱者与公权力发生对抗。而公共精神则完全不同，它不仅寻求每一个个案得到有效的解决，还积极参与公共生活，代表社会与国家对话，并寻求政府行为的改良和制度的改善。这些都是侠义精神无法企及的。

（二）我国律师职业的文化困局

1910 年清政府颁布的《大清刑事民事诉讼法草案》赋予犯罪嫌疑人聘请辩护律师的权利，首次承认了律师职业的合法性，也是我国历史上首次在法律上提出现代律师职业的概念。清末立宪失败后，民国时期的法律也基本延续了这一理念，将律师职业的建设推进了一步。随着现代国家概念和治理方法的引入，在规范层面上司法迅速取得了独立的地位，并建立了较为完整的司法系统。1912 年，北洋政府颁布《律师暂行章程》，在法律上明确了律师的合法地位，标志着现代律师制度在我国的建立。1941年国民政府颁行的《律师法》亦延续了北洋时期对律师的肯定态度，并赋予其更大的自主权。中华人民共和国成立以前，我国律师制度建设基本上依赖西方制度与经验的移植，尽管其迅速确立了律师职业的合法地位，西方律师职业的精神却无法通过简单的移植来实现。这一时期的中国律师空具皮囊，没有深厚的文化积淀。具体来说，第一，在法律技术层面上，中国律师虽然拥有了"律师"的名号，但没有形成自己独有的技术，西方成熟的律师业拥有共同体认可的解释技术和法庭辩论技巧，并通过长期的法律教育固定下来。而从"讼师"转变过来的中国律师则多数依然沿用着讼师的经验，他们并不依靠长期学习所掌握的专业技术，而往往依赖于"聪明和狡诈的才智，包含了谋划、哄骗、预测、欺诈、理解人类行为以及躲避危险的实践能力"❶。这事实上是游离于法律之外甚至道德之外的谋略。第二，在职业精神层面上，西方法律职业精神的本质就是对弱者的关怀，对正义的追求，它关注的是事物本身的正当性问题。如著名法律伦理学家威廉·H. 西蒙就主张面对公共利益，律师应当采取道德决策的手段，关注事物内部的是非曲直，其基本准则是：律师应当考虑特定案件的相关情况，采取可能促进正义的行动。❷ 约翰·W.戴维斯（John W. Davis）更是直白地强调：律师应该完善自我，以此来提升整体的职业水准，由此，他们将使法律成为更好的正义之具，比他们加入这个行业时更好。❸ 西方形成这种法律职业文化，本身也经历了上百年的积淀，可以说这种公共服务的意识已经深入人心，但中国律师没有这种观念。多数律师依旧将法律单纯地看作一种赚钱的工具，也不存在西方律师坚定的信念。

　　基于上述理由，尽管律师制度建立了，但其道德败坏的形象并未得到根本上的扭转，普通公众依旧无法识别现代律师与传统

❶ 梅利莎·麦柯丽. 社会权力与法律文化：中华帝国晚期的讼师 [M]. 明辉，译. 北京：北京大学出版社，2012：313.

❷ 威廉·H. 西蒙. 践行正义：一种关于律师职业道德的理论 [M]. 王进喜，译. 北京：中国人民大学出版社 2015：7.

❸ William H Harbaugh. Lawyer's Lawyer: The Life of John W. Davis [M]. New York: Oxford University Press，1973：399.

讼师的差异，律师职业的公共性似乎只是无稽之谈。民国时期律师行业中，尽管有不少正义之士，但是总体来说更多的依旧是败类与丑角。❶ 对此，我国有学者作出了精辟的解读："近代以降，源于西方的律师制度移植到中国，律师职业也作为一个新兴行业产生并逐渐壮大……清末法律改革后，官方不再接续明清以来的恶讼师形象，试图塑造律师职业的正当性乃至崇高性，但由于律师职业准入方面的宽滥之弊，民众在律师群体身上看到的仍然是讼师的影子，因此，中国近代律师职业在公众的心目中，正当性非常脆弱。"❷ 落后的讼师文化已经成为律师职业获取正当性，树立公共性形象的绊脚石，❸ 这构成了我国近代律师职业的文化困局。社会公众对于律师利用法律敛财行径的怨愤情绪却越来越深。这一情绪在新中国成立初达到了顶点，1950 年的一份法律文件可为佐证：中华人民共和国司法部发布的《关于取消黑律师及讼棍事件的通报》提到，"目前北京确有黑律师从事非法活动。例如：（1）他们通过充当诉讼当事人的代理人及包揽讼案以谋取私利。（2）他们趁替诉讼当事人撰写文书之机勒诈钱财……"有学者评价，这种"黑律师"的称谓"仅仅是吸收了先前被称为'讼师'的各种法律事务准备的修辞上的怨恨情绪"❹。至此，以西方制度移植为根基的中国近代律师业被全盘

---

❶ 张庆军，孟国祥. 民国司法黑幕［M］. 南京：江苏古籍出版社，1997：138–139.

❷ 李严成. "上海律师甚多败类"：从一起名誉纠纷看民国律师形象［J］. 近代史研究，2018（1）：149–158.

❸ 尤成俊. 阴影下的正当性：清末民初的律师职业与律师制度［J］. 法学，2012（12）：41–54.

❹ 梅利莎·麦柯丽. 社会权力与法律文化：中华帝国晚期的讼师［M］. 明辉，译. 北京：北京大学出版社，2012：325.

否弃了，新中国采取了一种全新的国家主义思路来建构我国的律师职业。

（三）国家主义公共性的确立

我国律师职业无法摆脱传统讼师文化桎梏的根源，在于长期以来形成的国家主义的法律传统。与西方法律传统不同，传统中国的法律与政治并不具备明显的区分，法律职业与公职体系也并不存在职能上的划分，公众在诉求公正时更倾向于寻求公权的支持，而不信任律师的帮助。"在中国官方话语的构造之下，'讼师'这一词汇本身承载的根深蒂固的负面意涵便被无限放大。这种负面意涵直到民国时期律师制度确立、律师阶层产生之后依旧存在，影响了律师阶层在近代中国地位、身份的确立"❶。在这种背景下，或者继续深入学习西方并逐渐通过教育等途径增强文化的适应性，或者寻求一种完全不同于西方的中国律师职业的发展路径。显然新中国选择了后者，试图通过完全公权化的律师制度来树立职业的公共性，由此人民律师制度的建设被提上了日程。1954 年，司法部发布了《关于试验法院组织中几个问题的通知》，指定北京、上海、天津、重庆、武汉、沈阳等大城市试办人民律师制度。1956 年，国务院批转的司法部《关于律师工作的请示报告》进一步明确了人民律师制度与旧律师制度的不同：强调了律师不是自由职业者，而是国家公务人员；律师协会并非行业自治组织，而是隶属于司法行政机关的国家单位；当事人不

---

❶ 邱志红. 从"讼师"到"律师"：从翻译看近代中国社会对律师的认知 [J]. 近代史研究，2011（3）：47–59.

能自由聘请律师，而由各地的法律顾问处统一调配。可见，人民律师制度是将律师职业纳入公职体系之中，并作为公务员进行管理的，而律师职业的公共性证成也直接依赖于其自身的公职身份，这种证成方式事实上延续了我国长期以来的国家主义公共性理念。尽管人民律师制度很大程度上颠覆了现代律师制度的精神，但是在当时的文化背景下，它建立了更易被公众认可的律师职业，其对于洗刷讼师文化的污名，确立社会公众对律师职业的信心具有重要的实践意义。

然而，人民律师制度并未持续太久，在艰难的制度探索时期，我国律师制度建设被迫中断，法律被虚置，法律行业亦受到排斥。行政命令以及各种指示取代了法律，成为社会治理和人民生活的指针，常规的司法活动被各种政治运动所取代，直至 1978 年党的十一届三中全会以后，法治的构建才被重新提上日程。1980 年 8 月，全国人大常委会通过并颁布的《律师暂行条例》认定律师为国家法律工作者，重新将律师职业纳入公权体系。从历史的角度来看，《律师暂行条例》延续了新中国成立初期人民律师制度的基本理念，实际与现代律师制度仍然相去甚远，在当时的条件下对重塑律师的公共性却有重大现实意义，它构成了我国通往现代律师制度必要的制度过渡与缓冲地带。20 世纪 80 年代初期，我国正在经历从计划经济到市场经济的艰难转型，社会对职业的认知仍具有根深蒂固的计划经济残余。计划经济时代的公民没有选择职业的自由，几乎所有的职业都与国家单位紧密相连，"政府即公家"的国家主义公共性理念深入人心。❶ 在这种背景下，确立律师职业的公职身份对于树立律师正面形象并重塑其公共性，无疑是最具效率的策略。

二、市场化冲击下国家主义公共性的实践危机

改革开放以后，我国社会受到市场化的剧烈冲击。国家主义公共性遭遇了三重危机：第一，实践层面上，受"经济先行"政策的影响，大量国有律师事务所改制，私人律师开始涌现并承担起吸引外资、服务外企的责任，国家主义公共性的现实根基渐趋瓦解；第二，制度层面上，1996 年《律师法》以及后来的历次修改均已否弃《律师暂行条例》对律师职业的国家主义定位，国家主义公共性的制度根基已经不复存在；第三，文化层面上，市场经济的冲击，使以"权力"为核心的职业文化逐渐被以"财富"为核心的职业文化所取代，追逐利益不再是一件可耻的事，国家主义公共性的文化根基也开始瓦解。

（一）国家主义公共性现实根基的瓦解

改革开放初期，我国经济百废待兴，法律在当时很大程度上扮演了"为经济建设保驾护航"的使命。这种认知从当时经济立法先行的潮流中可见一斑，如《中华人民共和国经济合同法》

---

❶ 有报告披露："有些地区和部门的同志把聘请律师当顾问看成是'自找麻烦'、'束缚手脚'。少数负责同志和政法干部还把律师执行辩护制度说成是'丧失立场'、'替坏人说话'，有的甚至刁难、辱骂、捆绑和非法监禁律师。"其指出："律师是国家的法律工作者，在政治上应与政法干部一视同仁。"可见，在特定的历史背景下，赋予律师职业公职身份是纠正偏见的重要策略。参见 1986 年 3 月 14 日，国务院办公厅转发司法部《关于加强和改革律师工作的报告》（茅彭年，李必达. 中国律师制度研究资料汇编 [M]. 北京：法律出版社，1992：222 – 226.）。

《中华人民共和国涉外经济合同法》《中华人民共和国全民所有制工业企业法》《中华人民共和国中外合资经营企业法》等涉及经济建设的法律被迅速颁行，甚至连《中华人民共和国企业破产法》这种明显超前于时代的法律也在 1986 年试行。而涉及公民基本权利的《中华人民共和国消费者权益保护法》《中华人民共和国劳动法》等法律则直到 20 世纪 90 年代中期才陆续颁行。对此，我国有学者评价："（当时的）立法被当作了一种符号，一种象征着现代化的经济制度和治理方式的符号，其目的在于使中国经济在全球化的市场经济体系中获得合法性。"❶ 律师制度的重建虽然展现了我国在经历特殊时期之后，发展法治的坚定信念，但是很大程度上也是融入国际社会，吸引外资的必要制度准备。在那个百废待兴的时代，在由国家主导一切的社会中，重新恢复人民律师制度的基本理念，确立律师的公职定位也许是一个不得已的选择。❷ 但是这种国家主义的定位极大地妨碍了外资的引入，随着改革开放的不断深入，单一公职化律师职业愈来愈成为经济发展的障碍。

---

❶ 刘思达. 失落的城邦：当代中国法律职业变迁 [M]. 北京：北京大学出版社，2008：5.

❷ 正如张志铭教授所指出的："'发扬社会主义民主，加强社会主义法制'的战略决策刚刚作出，'改革、开放、搞活'的进程尚未启动。虽然对于任何处于初创阶段的律师业来说，诸如律师业自治、法律家共同体和高度的专业化之类的话题，都是无从谈起的，但是对于重建时的中国律师业来说，由于缺乏社会认同以及法律在社会现实生活中还没有具备足够的权威，它也不可能从这些方面获取自己所需要的资源。不仅如此，它还要克服由于 50 年代所受挫折而在心理上留下的后遗症，还要面对公、检、法之间在法律上形成的'分工负责，互相配合，互相制约'的既成格局。在这种情况下进入国家公职范围，从国家司法行政权中获取资源，就成了重建时的中国律师业一个别无选择的选择。"参见：张志铭. 回眸和展望：百年中国律师的发展轨迹 [J]. 国家检察官学院学报，2013（1）.

在改革开放的时代背景下，受"经济先行"政策影响的律师职业自然要承担起引进外资，促进经济发展的使命。但是人民律师制度注定不能完成这一任务，它将律师纳入公职体系的做法本质上与现代律师职业的制度逻辑相悖，其与西方律师职业也不同，本质上依旧遵循着"官本位"的思维，具备严格的科层结构，与公权力有着密切的亲缘关系，而不具有其应有的独立性。依附于政府的律师职业难以得到外资的信任，而当时我国法律又严格限制外籍律师的执业活动，导致社会上一度出现了"中国律所负责盖章，外籍律师背后操作"的畸形现象。❶ 这不仅不利于改革开放目标的实现，也极大地妨碍了中国律师职业自身的成长。为了适应外商投资的政策需求，20 世纪 80 年代末我国律师业逐渐展开了脱钩改制的工程。1994 年，根据国务院批复的改革方案，规定"不再使用生产资料所有制模式和行政管理模式界定律师机构的性质，大力发展经过主管机关资格认定，不占国家编制和经费的自律性律师事务所""实行自愿组合、自收自支、自我发展、自我约束的律师体制"❷。尽管在制度层面，律师职业依旧是国家法律工作者，但是实践中已经大量出现合资律师事务所，甚至完全市场化的律师事务所。在市场化的冲击下，国家主义公共性的现实根基已经不复存在。

（二）国家主义公共性制度根基的瓦解

改革开放初期，我国律师职业的国家主义公共性的制度根基是《律师暂行条例》对律师职业"国家法律工作者"的定位。

---

❶ 刘思达 . 割据的逻辑［M］. 南京：译林出版社，2017：24.
❷ 参见 1994 年 1 月 18 日发布的《司法部关于印发国务院批复通知和〈司法部关于深化律师工作改革的方案〉的通知》（司发〔1994〕003 号）。

但随着"市场化"的冲击,这一制度根基也经历了从逐渐松动到彻底瓦解的历史过程。"法律职业的成长历史,就是一部寻求自治和独立的历史,实践证明,正是这种特殊的地位和机制,促进了西方近代法治和文明的发展"❶,而纵观我国律师职业的改革历程,实际上也遵循了"去国家化"的过程。1980年《律师暂行条例》规定,律师为"国家法律工作人员",是一种"国家本位主义"的定性,它是新中国成立初期人民律师制度的一种延续,律师被整合进公权系统成为履行国家职责的公职人员。这一时期律师职业的公共性与"国家维护人民利益"的意义是一致的。但正如上文所述,这种公职的定位严重妨碍了我国改革开放融入国际市场的进程,因此在1996年颁布的《律师法》中规定,律师是"为社会提供法律服务的执业人员",有学者认为这是一种"社会本位主义"的定性,体现了新时期我国律师职业对公共利益的关注,❷但笔者认为这种论断并不恰当,结合当时律师服务的现状和律师定位改革的趋向,这应该被认为是一种"集体本位主义"的定性,它是对"国家本位主义"的一种弱化,但是由于长期计划经济和意识形态的影响,我国政府依然抱持着对自由市场的警惕态度,它体现了特定时期国家立法在"控制"与"放权"之间的犹疑。而2007年修订的《律师法》已将律师定性为"为当事人提供法律服务的执业人员",体现了"市场本位主义"的定性,已经在法律层面彻底地认可了律师作为法律服务市场一员的地位,完成了律师职业定性层面的"去国

❶ William. J. Bouwsma. Lawyer and Early Modern Culture [J]. American Historical Review, 1973, 78: 321.

❷ 司莉. 律师职业性质与律师制度建构 [J]. 中国司法, 2007 (5).

家化"。❶ 这一历程清晰地展现出律师独立性不断增强的职业现代化路径。

　　计划经济时代的历史经验明确地告诉我们：只有建构市场经济，坚定地施行改革开放才是国家繁荣、人民幸福的良方。律师职业脱离公职体系融入市场经济也是不可逆转的趋势，而市场竞争的模式确实在一定程度上对于满足社会法律服务市场的需求具有积极作用。"激烈的竞争提高了律师的工作效率，也提高了律师对委托人的关心程度。更多的委托人享受到了价廉物美的法律服务。"❷ 律师是市场性的职业，当事人选择律师为其提供法律服务依据的是律师专业能力。在法律体系不断完善的今天，律师若想取得当事人的信任，并在法律市场中获得一席之地，必须不断地磨炼自身的专业技能。"这些职业者被期望着越发以市场为中心，越发以客户的需要作为工作的动力，更加灵活地适应项目团队的工作情况，更有能力和不同类型的职业者、客户公司的人合作共事等等。"❸ 开放、自由的市场竞争是律师提升执业水平的首要条件。"自由主义的论点，是赞成尽可能地运用竞争力量作为协调人类各种努力的工具，而不是主张让事态放任自流。它是以这种信念为基础的：只要能创造出有效的竞争，就是再好不过的指导个人努力的方法。"❹ 另外，市场经济的介入也使得律

❶ 蒋超. 我国律师性质的流变与重塑："从本位主义"到"自由职业" [J]. 安徽大学学报（哲学社会科学版），2018（2）：130 - 137.
❷ 德博拉·L. 罗德. 为了司法/正义：法律职业改革 [M]. 张群，温珍奎，丁见民，译. 北京：中国政法大学出版社，2009：19.
❸ 杰拉德尔·汉隆. 律师、国家与市场：职业主义再探 [M]. 程朝阳，译. 北京：北京大学出版社，2009：125.
❹ 哈耶克. 通往奴役之路 [M]. 王明毅，冯兴元，译. 北京：中国社会科学出版社，2015：61.

师职业的专业化分工更加细致，在我国的法律服务市场中，我们已经可以看到律师行业中出现了诉讼律师、非诉律师的分工，诉讼律师中更是细分为诸如民事律师、刑事律师、劳动争议律师等专业领域。法律体系的不断完善使各个法律领域的问题更加精细化与复杂化，市场的进化使律师行业自然进入了专业化分工的境地，使律师能够提供更优质与专业的法律服务。这都是市场化带来的优势。

当然，过度市场化对律师职业带来的弊端也是显而易见的，第一章提到的商业主义就是其中的典型。尤其我国建立的律师制度本质上是为了适应经济建设的需要，导致我国的律师职业在尚未形成共同体意识之时就遭遇了商业主义的冲击，造成了其公共性精神的根本性缺失。因此，我国律师职业对待市场竞争更应当持一种审慎态度，赞成市场经济引入绝不意味着赞同律师职业的"商人"定位，绝不意味着律师职业可以漠视公共利益。律师具有商人的一面，不应当否认律师通过法律服务赚取利益的正当性，但是这并非律师职业的存在价值，在发挥市场竞争的优势之时，也应当通过职业伦理的规制以及对律师职业公共性的培育来防范过度市场化带来的危害。正如有学者指出的："律师等需要专门学识和使命感的自由职业的定义，原来同神圣含义结合在一起，具有话语共同体的指向。尽管自由职业跟其他职业一样需要经济收入，甚至需要较高收入以便从经济压力中解放出来，更好地从事公业，但是高收入毕竟不是首要目的而是附带的结果，对于从事律师、医生及牧师等职业的人来说，最根本的价值是为公共服务的精神，其职业义务的内容尤其强调利他主义和伦理性。"❶ 无

---

❶ 季卫东. 法治秩序的建构 [M]. 北京：中国政法大学出版社，1999：240.

论如何，市场化已经使国家主义公共性的制度根基瓦解，全球市场化的潮流也使得国家主义公共性的路径不复可能，我们只能沿着市场化的道路不断地探索重构律师职业公共性的路径。

（三）国家主义公共性文化根基的瓦解

1949—1978 年，计划体制主导我国经济发展。在这一时期，我国公民的工作全部是由国家分配并予以保障的，计划体制将全民都统合进了公权的框架之下。这种高度组织化的政治实践促使我国形成了独特的"政法文化"，这种法律文化最根本的特征是：法律问题与政治问题的同质化，延伸到对职业认知就表现在职业身份和政治身份的同质化，律师职业自然也不例外。在计划经济时期，个体是依附于组织的"单位人"，而不是西方意义的"自由人"，而这种思维一直到改革开放初期仍有强大的生命力，公民一度认为只有处于公权体系之内的公务人员才属于"正经"的职业，本身与法律密切相关的律师就更应当如此了。这直接导致我国在 1980 年的《律师暂行条例》中将其定位为"国家法律工作人员"。可以说，不论好坏，在改革开放初期，国家主义公共性的定位是有其文化根基的，符合那一时期多数公民对法律职业的认知。但是，随着改革开放的不断深入，市场经济的优势逐渐为人们所知晓，职业文化也发生了翻天覆地的变化，人们开始试图冲破计划经济的桎梏，追求择业和就业的自由。"这一时代深深地打上了个人自由的烙印，这表现在三个方面：作为科学的自由，作为自我决定的自由，还有作为自我实现的自由。"❶ 市

---

❶ 哈贝马斯.现代性的地平线：哈贝马斯访谈录［M］.李安东，段怀清，译.上海：上海人民出版社，1997：122.

场经济所带来的是一种功利主义的文化，它就是以自由、开放、理性为核心的，而这种功利主义文化客观上也对改革开放以来的经济腾飞起到了关键作用，但这也不是说任由功利文化扩张是合理的。

极端功利的文化对律师职业公共性提出一种极为商业化的解读。它将律师执业行为直接视为商业性的牟利行为，认为律师的逐利行为将最大程度地实现客户利益，弥补法律上的漏洞，进而实现律师职业的公共性效应。具体而言，他们将律师职业进行法律援助、开办法律诊所、提起公益诉讼等公共性行为，视作一种创造市场需求（demand creating）的策略。律师通过国家和社会资助将消费不起法律服务的穷人纳入市场之中，这种表面的利他行为实质上是一种服务于自身利益的手段。❶ 同时，公益法律服务对律师公共性形象的塑造也被理解为挽回公众信心，创造市场需求的必要手段。在这种商业主义的解释下，公益法律服务尽管披着"平等司法"之外衣，但也只是律师界故意向外界传递的信息，实质是商业广告的变体。笔者认为，这种"阴谋论"式的解释在理论上和实践上都无法成立：从理论上来看，这种解释或许为律师职业的公共性提供了一项工具性的论证，但没有为其提供正当性基础。它将律师职业的公益行为解释为市场行为，实际上就是将律师职业公共性作为其实现自身利益的工具，它并没有回应更为重要的"律师职业公共性的证成"的问题。这完全忽视了公益服务在律师职业自我实现中的重要价值，正如有学者

---

❶ Richard Abel. The Contradictions of Legal Professionalism［M］//Richard L. Abel, Philip S. C. Lewis. Lawyers in Society：The Common Law World. Berkeley：University of California Press，1988：215.

所言：商业主义解释将"法律内部关注的重点从正义的商讨转向强调为这一市场服务。这导致了该职业内部社会服务问题的地位降低。正义不再被视为立基于需要供给的一种权利，而是被视为在有利可图的市场活动中供给的一种商品"❶。从实践上看"把公益服务与势利行为联系在一起是站不住脚的，不合逻辑的。到19世纪末，（美国）中产阶级已经使公益观内在化了。到了20世纪，这种道德观已经完全民主化了"❷，回顾历史，律师在许多政治运动中均发挥着重要的作用，从新政到民权运动到妇女运动，律师职业早已将参与公共事业作为自己的责任，而不仅仅是为了谋求经济上的利益。同时，公益法律服务创造市场需求的现实价值也受到了普遍的质疑，调查表明，公益法律服务中，律师职业并没有获得更大的商业利益，而且常常需要为了公共利益而牺牲部分个人利益，其作为一种创造需求的手段在很多方面并不成功。❸

因此，我们也必须认识到功利主义文化对律师职业造成的负面影响。第一，工具理性的肆意扩张对价值理性的消解。这种冲击对律师职业的直接影响就是其执业行为的工具化倾向，它异变成了商业利益可以不择手段的群体。早在2004年司法部就曾批评："有些律师执业思想不端正，片面追求经济利益，商业化倾向日趋严重。"❹ 对法律规则和程序保持这种纯粹工具化态度，

❶ 杰拉德尔·汉隆. 律师、国家与市场：职业主义再探 ［M］. 程朝阳，译. 北京：北京大学出版社，2009：142.

❷ 罗伯特·戈登. 律师独立论：律师独立于当事人 ［M］. 周潞嘉，译. 北京：中国政法大学出版社，1989：99.

❸ Richard L. Abel. American Lawyers ［M］. New York：Oxford University Press，1989：127－141.

❹ 参见2004年3月19日发布的《司法部关于2004年在全国律师队伍中开展集中教育整顿活动的意见》（司发〔2004〕7号）。

律师"被期待甚至被鼓励去利用规则的每一个漏洞，利用每一个对手的技术性失误和疏忽，扭曲对法律或事实的解释以迎合他们的客户"❶。法律工具主义的侵蚀使律师舍弃了以"追寻正义"为核心的职业精神，进而对法治实现造成重大的负面影响，本质上这是一种对法律的轻蔑态度，它瓦解着法律的权威。它使律师职业仅仅将法律视为获得"财富"的工具，忽视其内在的道德价值。第二，现代性的文化异化了律师职业与客户之间的关系。前现代社会中，律师对客户具有父爱主义的关怀，而客户也往往安心地将事务全权交给律师处理。因为，在那个时代，律师往往就是拥有贵族身份的有闲阶层，他们从事这一行业更多的是出于对正义的永恒追求，客户对律师有着基于身份和品性的信赖感。但是现代社会中的律师与客户的关系变成了冷冰冰的合同关系，它只是单纯的利益交换，客户对于律师的信任也是基于合同对权利义务关系的明确划分，而残酷的市场竞争也使律师时刻处于焦虑之中，很难从职业活动中寻求自豪感和满足感。尽管如此，在职业领域，以"权力"为核心的文化已经被以"财富"为核心的文化所取代，无论是否愿意，我们都必须接受在市场经济的条件下，律师职业具有商业性的面向，再去使用国家主义的公共性去强调律师的奉献已经毫无说服力。

三、国家主义公共性与现代律师职业的理论矛盾

上文得出结论，国家主义公共性在我国现在社会环境下已经

---

❶ 张丽清. 法治的是与非：当代西方关于法治基础理论的论争 [M]. 北京：中国政法大学出版社，2015：61.

行不通。本小节将分析指出，即使在实践上可以被执行，国家主义公共性引导下的律师职业也与现代律师职业的理论相悖，它将产生很多弊害。第一，国家主义公共性事实上仍然延续着传统文化对公私的认知，它宣扬的事实上是一种等级观念，与现代律师职业所需求的自由平等的文化、强烈的公民意识，以及共同体精神都截然相悖；第二，现代律师职业制度的初衷就在于设置一种控辩平衡的诉讼机制，法律实践的根本目的就是维护个人权利、限制公权力的肆意扩张，而国家主义公共性则与此相悖；第三，现代律师职业通过维护社会正义，提供优质的法律服务获得职业自豪感和满足感，而国家主义则将这一价值追求异化为国家职能，极大地损伤了律师职业的荣誉感。

（一）与现代律师职业的成长条件相矛盾

现代律师职业的确立与自由平等的民主精神是分不开的，它是现代律师职业成长的重要条件之一。然而，清末立宪虽然确立了律师职业的现代标识，但实质上其社会治理模式依然遵循着"国家一元论"的僵化结构，社会自由民主风气未行，"现代律师制度所产生的法律文化，立足的是自由平等，它强调个人利益和权利的正当性并通过民主规则和法治原则去实现社会整合。与此不同，中国的法律文化传统立足于宗法等级，它强调的是家国的利益和要求，并通过'重义轻利'的道德教化及刑罚'惩恶于后'的辅助使用以求达到社会和谐"❶。这种律师职业仅仅具备形式上的脆弱正当性，没有稳固的实质基础。1949 年之后，律师职

❶ 张志铭. 回眸和展望：百年中国律师的发展轨迹［J］. 国家检察官学院学报，2013（1）：121 – 134.

业重新回归国家主义公共性的解释框架，这一定程度上源于我国社会主义基本制度，但更深层次是由于传统法律文化的反噬。在单一的社会主义公有制的模式之下，强调个人利益服从集体利益，局部利益服从整体利益，这又与中国法律传统中的家国意识、等级结构暗合，与现代律师职业成长所依凭的自由平等文化、法治原则、权利意识相矛盾。正如有学者所言："私人律师在以下这些现代社会中相对繁荣：强调政府间接规范社会的地位；日常行政（包括司法）从政治过程中分化出来；社会整合很大程度上依赖于市场交易、自愿形成的自治组织和一般意义上的合同关系。"[1] 而国家主义公共性所倡导的法律文化依旧是国家一元化的封建法律文化传统，它与现代律师职业所需求的自由平等的法律文化相悖。

现代律师职业成长的第二个条件则是律师职业共同体的形成。"人的公共性总是在一定的共同体中生成，它是与共同体生活紧密相关的，个人与共同体的关系中生成且蕴含个人之间相互共享的情感、意识和行为方式等属性，即为人的公共性。人与人的相互共享性是公共性的本质属性。"[2] 现代律师职业的公共性与律师之间的身份认同和共同体精神是分不开的，而这种共同体精神是植根于市民社会，而非政治国家之中的。"所谓市民社会是以人们的意见、判断以及活动为基础而成立的公共领域，可以理解为相对独立于国家机器与市场经济的公共领域。"[3] 而这种

---

[1] 迪特里希·鲁施迈耶. 律师与社会：美德两国法律职业比较研究 [M]. 于霄，译. 上海：上海三联书店，2009：8.

[2] 谭清华. 从人的公共性到公共性的人：论人的公共性及其发展 [M]. 北京：中国社会科学出版社，2015：44.

[3] 佐佐木毅，金泰昌. 国家·人·公共性 [M]. 金熙德，唐永亮，译. 北京：人民出版社，2009：128.

独立性和超然的地位则是律师职业形成共同体精神，获取职业自豪感的关键所在。国家主义公共性却将律师职业视为公务人员，在这种定位下，律师所有的工作实质上都源于国家命令，因而也不可能形成共同体意识。律师协会是律师职业共同体的一个外在表现，考察中国律师协会的样态，可以明显地观察到国家主义公共性与现代律师职业的矛盾。中国律师协会是由行政权力从外部建构起来的，在人民律师制度框架之下的律师协会根本无法被称作律师的自治组织，而仅仅是协助司法行政机构管理律师的机构，因此可以说，国家主义公共性抑制了律师职业共同意识的形成，阻碍了现代律师职业的成长。

（二）与现代律师职业的制度理念相矛盾

国家主义的公共性是一种传统的对公共性的狭隘理解，它坚持国家就代表"公"，而否弃一切"私"的介入。而这不可避免地导致国家权力对私人领域肆无忌惮地侵入，现代律师职业是在自由主义盛行，倡导个人权利的背景下产生的，现代律师制度的建立实施是司法民主的重要成果。"司法民主也不简单地就是确认与国家追诉权相抗衡的被告辩护权这样一种诉讼体制的转变，而是在整个社会倡导民权，把保障和实现民权作为各种政治法律设计的基础的结果。律师制度与民权的结合，不仅是私权平等意义上的结合，而且更是私权与国家公权相互制约意义上的结合。"❶ 这就要求破除国家对法律领域的垄断，确立足够的社会自治的空间，事实上现代社会本身也是依循着政治国家与市民社

---

❶ 张志铭. 回眸和展望：百年中国律师的发展轨迹［J］. 国家检察官学院学报，2013（1）：121－134.

会两分的模式。律师职业代表了社会权力的一种重要力量，其对于防范国家权力的肆意扩张，维护公民权利具有重要的意义。德沃金指出："法律实践的关键就在于引导和约束政府的权力……法律坚持认为不应适用或阻止强力，无论这样多么有利于目标的实现，也不论目标多么崇高。"❶ 而不依附于国家的独立地位是实现这一使命的重要条件，国家主义公共性将律师职业与国家权力同构了，人民律师制度架构下的律师职业不仅不具备独立地位，还需要依赖国家财政拨付的薪资生存，也就不可能为当事人或者公共利益与国家权力对抗，其本质上与现代律师制度设计的初衷截然相悖。

具体来说，这种背离包含两个层面：第一层面是与刑事诉讼中"平衡控辩力量"考量的背离。"国家能够将巨大的经济优势在刑事诉讼庭审过程中转化为相应的诉讼上的优势；拥有进行证据调查和聘请专家的极大资源；在辩诉交易中占据更有利的地位；享有几乎不受财政预算约束的法律咨询"❷，被告人面对强大的国家机器居于先天的不利地位。而律师辩护则构成了司法活动的重要环节，其与侦查权、审判权、检察权构成制衡，这种制度设置对于维护个人权利，发现案件真相以及维护社会公平正义具有重要意义。以国家主义来解释律师职业的公共性则将律师辩护权与公权力同质化了，"而这种同质性又必然产生权能的同构，律师的辩护权和代理权不再是律师的执业基本权利，而成为国家

❶ R. Dworkin. Law's Empire [M]. Cambridge: Harvard University Press, 1986: 93.

❷ 戴维·鲁本. 律师与正义：一个伦理学研究 [M]. 戴锐，译. 北京：中国政法大学出版社，2010: 58.

权力的派生"❶。第二层面则是对律师职业法治建构功能的抑制。律师的实践智慧对立法和司法会产生重要的正面价值，国家主义主导的立法和司法模式具有其不可避免的僵化性，因此也需要不同于体制内的声音来促进法律体制的改革与完善。律师对个案正义的追求往往能够起到促进制度反思的效用，如聂树斌案引发的对我国证据制度和刑讯逼供现象的广泛反思，孙志刚案件所引发的对强制收容制度的批判和废除。国家主义的公共性是无法解释律师职业在法治建设中的独特功能的，相反它还抑制了这一功能的充分发挥。律师职业公共性的发挥不仅能够抑制绝对权力的负面效应，还能够激发其正面价值。英国学者迈克尔·曼（Michael Mann）将权力区分为权威性（authoritative）权力和弥散性（diffused）权力。单一的国家权力往往代表了前者，它总是通过强制力来执行政策与法律。而"弥散性权力则是以一种更加本能的、无意识的、分散的方式分布于整个人口之中，导致体现权力关系但却未能得到明确控制的相似的社会实践。它典型地包含的不是命令和服从，而是一种理解，即这些实践是自然的、道德的或是从不言而喻的共同利益中产生的"❷。它是一种更加令人信服的权力形式。现代律师职业对法律生活的广泛参与，有助于破除对国家权力的刻板印象，构建一种弥散性的权力，使国家政策与法律能够更加有效地实施。这些都是国家主义公共性构造下的律师职业无法做到的。

---

❶ 张善燊. 中国律师制度专题研究 [M]. 长沙：湖南人民出版社，2007：73.
❷ 迈克尔·曼. 社会权力的来源（第一卷）[M]. 刘北成，李少军，译. 上海：上海人民出版社，2007：10.

（三）与现代律师职业的价值追求相矛盾

国家主义公共性还破坏了现代律师职业的内在伦理追求。尽管商业主义的兴起对律师职业的公共性造成了一定的冲击，但"许多公设辩护人、法律援助组织和公益人士仍然保持着高度的专业素养和奉献精神。经济报酬也许很低，但心理上他们是满足的。在这些执业领域的律师们，在代理和代表此司法体系中其他人不愿意代理的案件和当事人时能获得一种心理的满足感，他们也值得得到更好的经济援助，在实现这一援助的过程中，律师行业应当在游说议员立法、公众宣传方面发挥其应有的关键作用"❶。国家主义公共性则极大地削弱了现代律师职业律师履行公共责任的主动性，将其异化为一项强制义务，律师职业也异变为完成国家职能的工具。正如著名法学家安索尼·T. 克罗曼（Ansoni T. Kroman）所述："律师要负有为大众服务的责任——不仅要有意识地维护其委托人的利益，而且还要维护法规和制度的精髓、完整性，而这些法规和制度则是客户利益赖以存在的框架……他必须采取一种积极的态度去推动这些法律方面的完善，并且要时刻准备为它的发展和修补做出贡献。如果做不到这一点，律师实践就会失去其应有的职业地位，并且会退化为锤子和枪炮般的、缺乏道德荣誉感的工具。"❷ 国家科层制的结构使律师对每一个公民的道德责任感转化为一项项琐碎的任务，它模糊了律师行动与后果直接的联系。在国家主义公共性的架构下，律

---

❶ 德博拉·L. 罗德，小吉弗瑞·C. 海泽德. 律师职业伦理与行业管理［M］. 2 版. 许身健，等译. 北京：知识产权出版社，2015：51.

❷ 安索尼·T. 克罗曼. 迷失的律师：法律职业理想的衰落［M］. 田凤常，译. 北京：法律出版社，2010：375.

师职业悄然完成了从道德伦理向岗位责任的转变，在这种模式之下，兢兢业业地完成上级的任务才是最符合道德规范的。律师职业在国家主义公共性的庇护下，似乎总是保持着道德中立的姿态，然而这事实上是一种道德冷漠，缺乏反思和不负责任的体现。律师职业通过直接为委托人服务，参与他人生活，乃至追寻社会正义所获得的自豪感，被技术化地处理为国家职能中一个个分离的环节。律师们机械地完成每一个细节，在缺乏创造性、缺乏道德反思的工作中，是难以获得职业满足感和荣誉感的。

　　尽管现行《律师法》已经破除律师国家主义基本定位，但在某些具体制度上依然存在一定的公权力过度干涉的现象，这引发了不少问题。以我国法律援助的相关规定为例，2003 年出台的《法律援助条例》明确将法律援助界定为"政府责任"，由政府对其提供财政支持，并由司法行政机关监督执行。而法律援助律师的执业机构也并非律师事务所，而是由政府设立的法律援助机关，接受政府的指派和安排。❶ 由此可见，尽管早在 1996 年《律师法》就已经破除了律师职业的公职性，但是在律师公共性职能的履行方面，立法依然表现出相当程度的国家主义路径依

---

❶《法律援助条例》第 3 条规定："法律援助是政府的责任，县级以上人民政府应当采取积极措施推动法律援助工作，为法律援助提供财政支持，保障法律援助事业与经济、社会协调发展。法律援助经费应当专款专用，接受财政、审计部门的监督。"第 4 条规定："国务院司法行政部门监督管理全国的法律援助工作。县级以上地方各级人民政府司法行政部门监督管理本行政区域的法律援助工作。中华全国律师协会和地方律师协会应当按照律师协会章程对依据本条例实施的法律援助工作予以协助。"第 5 条规定："直辖市、设区的市或者县级人民政府司法行政部门根据需要确定本行政区域的法律援助机构。法律援助机构负责受理、审查法律援助申请，指派或者安排人员为符合本条例规定的公民提供法律援助。"这实际上形成了我国所特有的政府垄断型的法律援助体系，本书将在制度重构部分的第六章对这种体系进行详细分析、批判与重塑。

赖，政府的管理越是面面俱到，公共性就越片面，越难以取得实践上的良效，因此急需寻找一种非权力性基础的公共性。❶

在此，可能有人提出疑问，近年来我国实行的公职律师的改革实践是不是意味着一种向国家主义公共性的回归？这是不是为国家主义公共性瓦解的判断提供了反论？笔者认为当前公职律师改革实践中所诠释的律师职业公共性与上文所论及的人民律师制度和人民司法理念所诠释的国家主义公共性完全不同。一方面，公职律师的制度设置是为了弥补社会律师公共服务力有不逮之处，它没有构成对律师职业独立品性的威胁，更不是试图将整个律师职业纳入公职体系。在公职律师制度中，强调"公职"更多是为了发挥政府在组织和管理上的优势，而非取代律师职业在公益法律服务中的作用，事实上在国家介入公益法律服务的理论与实践中，如何保持律师职业的伦理特质以及其在法律服务中的独立性，一直是中西方学界和实务界热议的话题。另一方面，在目前的公职律师改革实践中，也并非复制人民律师制度的老路。2018 年 12 月司法部印发的《公职律师管理办法》（司发通〔2018〕131 号）第 4 条就规定了司法行政机关的监督、指导，所在单位的日常管理以及律师协会的行业自律的"三结合"的管理模式。由于公职律师公共服务的职能单一性，其肩负着比一般社会律师更多的限制，但也不同于公务员管理，比起服从公权力的科层化管理，公职律师则具有更高的自由度。很多地区的改革试点方案，也尝试将公职律师的管理与公务员管理区分

---

❶ 佐佐木毅，金泰昌. 社会科学中的公私问题 [M]. 刘荣，钱昕怡，译. 北京：人民出版社，2009：55－62.

开。如扬州市的改革试点就采用了社会律师转任的方式，由政府聘用社会律师完成公共法律事务，这种模式中政府作为客户而非管理者、控制者存在，公职律师并非公务员而是政府雇员，为政府提供法律服务。❶ 综上，目前我国公职律师的改革试点并非国家主义公共性模式的延续，恰恰相反，它是促进政府法治化运作，限制权力滥用，发挥律师职业法治建设功能，扩展其公共性的有益尝试。因此，公职律师制度的改革实践并不构成对本节论断的冲击。

第二节　职业主义论证路径的证伪

从词源上考察"公共性"，我们可以发现其来源于古希腊，并且要早于国家的概念，其并不必然与国家主义有关联。"公共性"一词有两个来源，一个来自希腊语"pubes"，它意味着一个成年人能够理解自我与他人之间的联系；另一个则来自希腊语"koinon"，意思是"关心"。❷ 从这种词源上来分析，"公共性"的古典含义应是：一个人不仅能与他人合作共事，而且能够关心他人。❸ 只是后来公共领域的概念几经变迁，在近代社会，公共领域完全被限制在国家政治领域，国家主义成为论证公共性的唯

---

❶ 李鑫. 中国特色公职律师制度的试点经验及其完善路径研究 [J]. 兰州大学学报（社会科学版），2018（1）：75 – 84.

❷ 谭清华. 从人的公共性到公共性的人：论人的公共性及其发展 [M]. 北京：中国社会科学出版社，2015：43.

❸ 乔治·费雷德里克森. 公共行政的精神 [M]. 张成福，刘霞，张璋，等译. 北京：中国人民大学出版社，2003：19.

一基础。但是，市场经济的推进使这种近代的意涵遭到了破坏，国家主义已经无法完全解释现代意义的公共性。它在实践与理论上均已无法成立，我国司法改革中试图发挥律师职业公共性职能的尝试也就不能再依赖于传统的国家主义所提供的理论资源，它必须寻求新的公共性基础。由此，我国不少学者主张借鉴现代西方律师职业改革中的做法，❶ 即一种职业主义公共性的进路，❷ 其核心观点是认为律师职业与医生、教师、僧侣等职业具有相同的属性，应当具备高尚的人格品性，强调他们"不仅是法律的代言人，还是人类灵魂的发言人。法律职业不应仅为一己之私而离群索居，而应为了回应人类内心的一种原始的渴望而产生和存续"❸。但这种职业主义的进路由于是西方的舶来品，而可能存在较大的本土化难题。进一步而言，即使脱离中国语境，在一般理论的意义上其可能也存在问题。下文将详细论述。

一、职业主义公共性形态的类型

职业主义公共性是以西方法律文化传统所孕育的职业精神为核心的，西方律师业被称为职业（profession），而不同于普通的

---

❶ 李学尧. 法律职业主义 [J]. 法学研究，2005 (5): 3 - 19; 刘治斌. 法律思维: 一种职业主义的视角 [J]. 法律科学（西北政法大学学报），2007 (5): 52 - 61; 司莉. 律师职业社会性的价值分析 [J]. 河南社会科学，2008 (5): 68 - 71.

❷ 此处所提及的职业主义是与西方法律传统相契合的，以法律职业精神为核心的概念，它偏向于主张公共性的实现依赖于律师的职业道德，强调律师职业的古典理想，其与资本大爆炸时代形成的后职业主义和商业化职业主义无关，后者往往着眼于对职业化的事实描述，而不能为律师职业的公共性提供理论资源，甚至有些观点实质是反公共性的。参见: 李学尧. 法律职业主义 [M]. 北京: 中国政法大学出版社，2007: 203 - 258.

❸ 罗伯特·N. 威尔金. 法律职业的精神 [M]. 王俊峰，译. 北京: 北京大学出版社，2013: 25.

行业（occupation），在西方文化中，被称为 profession 的社会群体一般拥有很高的社会地位并承担着严格的伦理责任。职业主义对律师职业公共性的证成主要依赖于传统赋予的律师特殊身份的确信，是长期积淀的法律文化培育了律师的公共性精神。考察西方律师业发展的历史，职业主义的证成方式主要有三种形态，即天职观念的形态、贵族精神的形态以及精英意识的形态，本小节将详细阐释。

（一）天职观念的形态

中世纪的欧洲教会法占据统治地位，而世俗权力的力量弱小，对律师职业公共性的证成倾向于采用"天职观念"的理念。这种观点认为律师职业是一种天职，受到上帝的呼召，因而必须回应上帝关怀众生的要求，对社会弱势群体进行热忱的帮助。西方律师业被称为职业（profession）以区分于普通行业（occupation），职业在当时往往指社会地位较高并承担伦理责任的行业，如医生、教师、律师等。从词源学上考察，"这个术语在拉丁语里的词根是'宣称（to profess）'，在欧洲文化里，其意思则是要求成员致力于维护共同认可的理念"❶。profession 最初就是指加入宗教团体的誓言，在中世纪很长一个时期，欧洲的律师均由僧侣担任，其在入职之前必须进行宗教性宣誓，即使到了中世纪晚期逐渐出现脱离僧侣身份的律师，他也依然需要宣誓为法律职业而献身。这些特性可以从中世纪教会法对穷人的救济规则观察到，罗马教会创建了西方第一个现代法律体系，即教会法，教皇格里高

---

❶ 德博拉·L. 罗德. 为了司法/正义：法律职业改革［M］. 张群，温珍奎，丁见民，译. 北京：中国政法大学出版社，2009：33.

利三世称其为"精神法",以区分封建"世俗法"的概念,并认为只有教会法履行上帝的命令,将关怀众生作为己任,而世俗法则只是在追逐利益而已。"在 16 世纪之前,罗马天主教会不仅通过教会法来调整西欧所有民族的圣礼、婚姻、教育和道德方面的生活,而且,在照顾那些处于贫困或出于其他物质需要之中的人们方面,他们也扮演了主要角色……在 16 世纪早期,罗马天主教的教会法规定全部教会收入至少要有 1/4 花费在穷人身上。"❶ 即使在新教改革后,管理、资助和实施慈善活动的主要责任,从教会以及神职人员转移到世俗权威的背景下,"天职观念"尽管不再占据主导作用,却依旧保持着潜在影响力。❷ 可见,律师对弱者的关怀,甚至律师作为职业(profession)的意义最初都是与宗教密切相关的。

在天职观念主导下的律师职业坚持"彼此相爱"的原则,并以此来处理与客户之间的关系,像爱邻人一样关怀自己的客户,律师职业公共性也在发自内心的关怀中得到彰显。有学者将当代律师职业危机的原因归结于对信仰的抛弃,并试图通过"呼召"或"天职"的宗教概念重构律师公共性。"正因为我们的思考没有从呼召论出发,所以自然被职业律师这种主流观点所羁绊,而或者渴望律师是社会工程师这种夸张的理想,或者贬低我们的工作只是一个养家糊口的饭碗罢了"❸,"如果律师视其工作为呼召的话,她就必定会正视工作中的道德问题。为公众服务的

---

❶ 哈罗德·J. 伯尔曼. 法律与革命:新教改革对西方法律传统的影响(第二卷)[M]. 瑜珵,苗文龙,译. 北京:法律出版社,2008:201.

❷ 下文提及的新教伦理对贵族精神的丰富和充实就是一例,此处不再赘述。

❸ 迈克尔·舒特. 执业伦理与美国法律的新生[M]. 赵雪纲,牛玥,等译. 北京:当代中国出版社,2014:98.

理想是她工作的动力。她关心的是正义，思虑的是她的工作究竟是促进了还是阻碍了正义的实现""天职赋予生命：它重振我们的信心，帮助我们将工作与我们内心深处、赋予生命意义的心灵价值连接起来"❶。天职的理念和上帝的呼召使西方律师职业蒙上了一层神秘的宗教色彩。

（二）贵族精神的形态

以贵族精神来证成律师职业公共性是西方律师界的惯常路径，这种精神最早可以追溯到古希腊时期，"'贵族'（本初的公民），就是'有神之人'，也就是具有权利的人。贵族的'人格'（面目），后来通过两个方面呈现：（1）血统家世，如来自神的后裔；（2）荣誉，即出类拔萃。在这个意义上，贵族就是本初的居民，也就是最早在空间中生活的一批人，他们认为自己是受神所眷顾的"❷。对于古希腊人来说，城邦是人类自我完善的道德共同体，长期依赖也是唯一被认可的政治组织形式，古希腊贵族阶层更是通过参与公共生活并表现出对城邦公共事务的关注和奉献精神来显示阶层的优越性，这种对公共领域的热衷阐释了贵族精神的核心内涵，即公共性。梭伦改革之后，古希腊建立了代理制度与诉讼制度，因而催生了大量类似于律师的"雄辩家"，这些雄辩家并没有职业化，而往往是知识渊博，善于言辞的贵族，他们以能够在法庭之上运用论辩能力帮助他人说服裁判者为荣，这种正义的商讨总是出于其身为贵族的荣誉和责任。这种贵

---

❶ 约瑟夫·阿莱格雷迪. 律师的天职：信仰和法律工作 [M]. 王军，译. 北京：当代中国出版社，2014：41，43.

❷ 洪涛. 逻各斯与空间：古代希腊政治哲学研究 [M]. 上海：上海人民出版社，1998：36-37.

族式的职业公共性，正是克罗曼所描述的律师政治家理想，他精辟地总结道："律师政治家不是没头脑的'现状'的维护者，而是本性上倾向于在不规则的现存秩序中发现价值，并能谨慎地使它们变得清晰些……我的目的一直是想表明实践智慧不仅仅是从目标到实现这一过程中的技术工具，实践智慧更是在对目的进行深思熟虑时表现出来的优点。"❶ 律师政治家是一群拥有高贵的身份，富于实践智慧，具备公共精神的人，不仅有渊博的知识和较高的智力，而且能够在思考之时足够沉着冷静，并对各种利益给予同等的同情心。尤尔根·哈贝马斯（Jürgen Habermas）就认为现代资本主义的公共领域实际上就是源于从宫廷分离出来的贵族社会，人的公共性的识别来自其身份的特殊性，而"贵族是权威，因为他是权威的化身；权威表现在他那有教养的个性当中，因此，他是一个公共领域里的人物，他的举动越有教养，他的声音越低沉洪亮，他整个的本质越有节操越有节制，他也就更完美无缺……他所拥有的其余一切，如能力，才华，产业，似乎都不过是附加品而已"❷。

这种贵族精神深刻地影响了西方律师业，16 世纪前后英国社会就秉持着一个信念："理想的世俗文职官员的教育应包括人文学科和法律，也应涉及端庄的行为方式、军事或骑术训练"❸，法律俨然成为贵族之学，17 世纪斯图亚特王朝还创设了一种更

❶ 安索尼·T. 克罗曼. 迷失的律师：法律职业理想的衰落 [M]. 田凤常，译. 北京：法律出版社，2010：160 - 161.

❷ 哈贝马斯. 公共领域的结构转型 [M]. 曹卫东，王晓珏，刘北城，等译. 上海：学林出版社，1999：12.

❸ 波雷斯特. 欧美早期的律师界 [M]. 傅再明，张文彪，译. 北京：中国政法大学出版社，1992：49.

为荣耀、更令人希冀的皇家律师阶层，现在其依然是英国法官的重要来源。❶ 不少学者也积极地倡导贵族精神以激励律师援助弱势群体，托克维尔就赞誉美国律师为"贵族阶层"，是"对民主的制衡"，埃德蒙·柏克（Edmund Burke）甚至提出"自然贵族"（natural aristocracy）的概念，以专指那些拥有公共关怀、注重责任、坚守正义的人，并认为他们是民族与国家的支柱。❷ 可以说，这种精神从律师职业萌生之日起就伴之左右，虽然在中世纪教会法占主导地位之时，宗教神学主导了律师职业，但随着宗教改革的开展，世俗权力的崛起，"使那些为了履行天职而进行的有组织的世俗劳动得到越来越多的道德重视和宗教认可"❸，律师职业又开始逐渐回到贵族精神主导的状态。但必须强调的是，由于受到漫长的教会法时期的影响，此时的贵族精神也与古希腊时期的概念有所区别，古希腊时期的贵族精神源于对城邦共同体的责任意识，"公民参与城邦共同体的公共事务，与其说是自觉意识到共同利益的存在，从而超越私人利益而作出的理性选择，还不如说这种公共性只是公民刚脱离血缘共同体后，在共同利益、宗教意识以及血缘共同体形成的共同命运感等综合因素制约下形成的"❹。而中世纪后期主导律师职业公共性的贵族精神，

---

❶ H. W. 埃尔曼. 比较法律文化 ［M］. 贺卫方，高鸿钧，译. 北京：清华大学出版社，2002：90 - 91.

❷ 埃德蒙·柏克. 自由与传统 ［M］. 蒋庆，王瑞昌，王天成，译. 北京：商务印书馆，2001：35.

❸ 马克斯·韦伯. 新教伦理与资本主义精神 ［M］. 马奇炎，陈婧，译. 北京：北京大学出版社，2012：79.

❹ 谭清华. 从人的公共性到公共性的人：论人的公共性及其发展 ［M］. 北京：中国社会科学出版社，2015：222.

由于受到新教伦理的影响，已经在一定程度上摆脱了神秘主义的束缚，具有现代理性的色彩。如哈罗德·J. 伯尔曼（Harold J. Berman）就曾有过评价："清教徒信仰的世界的改革是一项宗教的天职，由上帝命令。这种信仰加强了对公共精神和公民美德的强烈强调，这些是英国贵族制的议会和司法统治的一个标记，而且这些有助于给英国法提供其作为一种正义体系的合法性"，这种信仰体系对"对艰苦劳作、简朴、节俭、可信赖、纪律和天职的使命感"十分强调。❶ 可以说，经历了宗教改革的贵族精神的内涵相较古希腊时期更加丰富和充实了，它克服了天职观念主导下的部分不理性成分，如在救济穷人之时它摒弃了教会法时期无差别的援助，赋予贫穷救济神学意义之外的社会意义，这种济贫法是为"有尊严的穷人"设计的，他们遭遇的贫穷必定不能是因为自己的过错，它支持人们去过一种正直的值得赞扬的生活，而不是在游手好闲中得过且过。❷ 有学者总结道：这种"贵族精神大致体现为对公共利益的守护、对社会责任的担当、对专制统治的节制，以及对荣誉的追求、对道德的看重、对良知的维护"。❸ 它对于造就律师职业公共性具有深刻的意义。

（三）精英意识的形态

随着平等自由理念的浸染，宗教信仰完全成为个人私事，等

❶ 哈罗德·J. 伯尔曼. 法律与革命：西方法律传统的形成 [M]. 贺卫方，高鸿钧，夏勇，等译. 北京：法律出版社，2008：278.

❷ Cf. Frank Peter Lane. Poverty and Poor Relief in the German Church Orders of Johann Bugernhagen, 1485 – 1558 [M]. Columbus: Ohio State University Press, 1973: 155 – 156.

❸ 王佳，黄相怀. 西方政治法律传统中的贵族精神 [J]. 学术界，2011 (6): 129 – 134.

级制度下的贵族阶层也逐渐消亡，尽管天职观念和贵族精神在论证律师职业公共性的理论中仍有一席之地，但也缺乏现实基础了。当代资本主义经济条件下，可能更多地认为律师职业的公共性恰恰源于其高度的专业化的现实，即源于知识精英的身份。中世纪的许多行会组织均在资本主义生活模式的冲击下湮灭了，而律师职业作为"智识性的行会"（guilds of learning）则在近代成功地与早期的欧洲大学联合，逐渐从传统的学徒制培养转向法学院的系统教育。伴随着近代大学的发展，其学识和能力也得到了社会的承认和尊重。自然科学的充分发展极大地影响了法学，并在西方引起了一场深刻的法律科学化运动。依据伯尔曼的观点，西方法律科学人文主义法律科学经历了"怀疑论"的第一阶段和"原则化"的第二阶段，在西方法律科学的转型中就需要一个进一步的第三阶段来结出果实。它与旧的经院哲学的最显著区别就是，它不再依赖于经典文献和特定文本的注释，而是注重法律概念和原则的研究，它把罗马法和教会法整合到一起——还不止如此，整合进来的还有城市法、封建法和商法，形成了一个庞大而融贯的体系。而这种知识的复杂性造就了法律科学的品质，以至于需要教授专业知识，来明确表达、阐述它的意义。❶ 大陆法系的德国强调演绎逻辑、严格推理来实现法律的体系化，也客观上促成了作为知识精英的法学教授成为司法的重要力量，"在16世纪，出现了一个广泛流行的做法，就是把那些最为复杂的案件交给大学里的法律教授们，由他们作出判决。各领地、各城

---

❶ 哈罗德·J. 伯尔曼. 法律与革命：西方法律传统的形成 [M]. 贺卫方，高鸿钧，夏勇，等译. 北京：法律出版社，2008：112-137.

市的法院以及'帝国最高法院'，每当在适用法律遇到特别的困难时，就会把有关的全部案卷交到一个法学院，而那些法律教授们就会针对那个案件研究、讨论一番，并做出一份对法院具有拘束力的经过推理论证的判决。这一制度就称为 Aktenversendung，即'卷宗递送'"❶。这种法学教授广泛参与司法的模式，也造就了法律职业整体知识精英的印象，而这种高度专业化的劳动又与公民权利如此密切相关，以至于社会对律师职业提出了承担公共责任的要求。

由于律师协会入会收费、培训收费的限制，使早期律师职业的多数成员均为社会上层人士，这在很大程度上维系了作为精英的优越感，以及对唯利是图天生的厌恶。而西方律师协会对于维系追溯至古希腊时代的深厚法律传统具有十分重要的意义。如美国律师协会就对拥有 50 名以上律师的律师事务所做了如下规定，"所属律师把一年中可以向委托人收费的总时间（billable hours）的 3% 或 5% 作为 pro bono（即公益服务）时间，而这个时间也算作律师的工作时间，这样就从律师的工作时间中抽出了 300 多万个小时作为 pro bono 时间"❷，他们始终坚守着律师职业的公共性，并且深信这就是律师职业的生命和意义所在。工业革命之后，日趋复杂的社会结构使得新型问题不断滋生，这种现实促使法律知识变得更加专业化与体系化，相应地，律师也成为现代知识精英的代表，而法律知识又与其他技术化的科学知识颇为不同，它对于"社会秩序和社会公平来说至关重要：它要求只有律

---

❶ 哈罗德·J. 伯尔曼. 法律与革命：西方法律传统的形成 [M]. 贺卫方，高鸿钧，夏勇，等译. 北京：法律出版社，2008：73.

❷ 森际康友. 司法伦理 [M]. 于晓琪，沈军，译. 北京：商务印书馆，2010：200.

师才具有专业知识；公众需要律师来促进他们之间的相互交流，保护他们免受他人和政府的伤害；律师作为法律秩序的监护者，他们在国家中起着特殊的作用"❶。律师职业成为法律知识领域的精英阶层，也就必然要求其肩负维护公民权利甚至在必要情况下对抗国家机器的公共职能，而他们"对法律专业知识的学习和掌握使其在社会中获得特殊地位，并在一定程度上使得法律家成为特权化的知识阶层……相似的学习内容和工作方式使他们的心灵结合在一起，如同一种可以联合他们力量的共同利益"❷。这种知识精英的面目使律师排斥将其职业仅仅视为赚钱的手段，并厌恶对法律作纯粹工具意义的解读。他们更倾向自然法的观念，认为法律应当维护正义、关怀弱者，"一旦法律并没有将正义作为追求的目标，一旦构成正义核心的公平被公布的实在法蓄意否认，那么这样的法典不仅是'错误的法律'，而且也彻底丧失了其合法性"❸。而律师执业的过程正是一种践行正义的过程，它内含的自然法精神要求其关怀普通大众，并为之提供充分的法律援助。高度专业的知识体系赋予了律师职业知识精英的身份，而这一身份又证成了律师职业的公共性。职业主义所描绘的公共性形态与哈贝马斯所描绘的资本主义社会中的公共领域有暗合之处，他认为："作为普遍的、抽象的和永恒的规范总和——要想彻底地贯彻这些规范，就应当降低控制——'法律'当中蕴藏

❶ 布莱恩·Z. 塔玛纳哈. 法律工具主义：对法治的危害 [M]. 陈虎，杨洁，译. 北京：北京大学出版社，2016：195.

❷ A. De Tocqueville. Democracy in American（1835）vol. 1 [M]. trans. by H. Reeve, F. Bonen. New York：Vintage Books，1957：283.

❸ 戴维·鲁本. 律师与正义：一个伦理学研究 [M]. 戴锐，译. 北京：中国政法大学出版社，2010：41.

着一种集正确性与公正性于一体的合理性……和维护建立在个人意愿之上的统治奥秘一样，公共性应当贯彻一种建立在理性基础上的立法。"❶

本小节结束之际，必须强调，出于学术分析的需要，笔者作出了天职观念、贵族精神和精英意识的类型化区分，但是在西方的法律传统中它们并不是截然分离的形态，而是一脉相承的关系，它们共同构成了律师职业公共性的理论根基。尽管在当今的现实之中，强调律师职业作为法律知识精英的特殊性成为论证律师职业公共性的主要路径，但是西方长期形成的天职观念和贵族精神也依旧为律师职业的公共性行动提供着动力。

二、职业主义公共性的本土化难题

天职观念、贵族精神以及精英意识为西方律师职业公共性的论证奠定了基础，换句话说，以尊贵身份来佐证律师职业的公共性在西方法律文化传统中一直是有迹可循的。但是，在我国的法律传统中，不仅没有所谓天职观念、贵族精神抑或精英意识支撑着律师职业的公共性，甚至连律师职业公共性本身也长期不被认可。这种职业主义的进路必将在我国的制度实践中遭遇挫折，其主要表现为两点，即本土文化的不适性和组织性基础的缺失，下文将详细阐明。

（一）本土文化的不适性

现代商业主义的崛起，使律师职业公共性信念目前处于日益

---

❶ 哈贝马斯. 公共领域的结构转型 [M]. 曹卫东，王晓珏，刘北城，等译. 上海：学林出版社，1999：57.

动摇的境地，尽管律师们有丰厚的物质生活粉饰，这种信念仍然是一种触动他们核心职业自豪感的精神危机，法律沦为单纯的谋生工具，而律师职业在庞大的商业利益中迷失了。面对这种精神危机，西方律师职业改革迫在眉睫，而其中一个重要的方案就是恢复律师尊贵身份的职业认知，从西方法律文化传统中汲取理论资源。著名法学家庞德就是这种方案的支持者，他认为："法律职业是具有公共服务精神追求，并富有知识性艺术的人群，其作为一种生存手段虽然也很重要，但仅仅是附属的。"❶ 西方律师职业具有深厚的传统，最早甚至可以追溯到古希腊的"雄辩师"。他们往往与诸如贵族、教士、精英等尊贵的身份相联系，认为法律事业是与追寻社会正义的神圣使命相连接的。用以描述职业的"profession"一词，最初也是指加入宗教团体的"誓言"，虽然中世纪末期出现的许多非教士的律师并不做宗教性的宣誓，但是也必须庄严地宣告为法律职业献身，"那些即将成为律师的人必须当众宣告，愿意用其所精通的法律技能去推进正义"❷。可以说，公共性在西方律师职业产生之初就伴之左右。在这种精神的引领下，西方形成了以公共性为核心的现代法律职业主义理论，但随着法律的不断精细化与复杂化，技术性的过度扩张损害了公共性的展开，法律职业主义理论产生了异化，进而产生了以批判法律职业主义，反对公共性的所谓"后职业主义"理论，其中以"法律商业主义"为代表，认为律师仅仅是与其

---

❶ Roscoe Pound. The Lawyer from Antiquity to Modern Times［M］. Saint Paul：West publishing，1953：5.

❷ 约瑟夫·阿莱格雷迪. 律师的天职：信仰和法律工作［M］. 王军，译. 北京：当代中国出版社，2014：26.

他服务业无异的行业类型。我们可以看到西方的律师职业经历了"近代—现代—后现代"的发展过程。● 事实上作为后现代理论的"后职业主义"虽然是反公共性的,但是它本身也是对法治理论缺陷的一种反思,它并没有对西方积淀深厚的律师职业公共性造成根本的冲击,反而丰富了公共性的理论内涵。由此可见,职业主义公共性的进路在西方并非一个重新建构的过程,而是一种回归传统的做法,它在西方具有深厚的文化根基。可以这样说,商业主义虽然对西方律师职业造成了冲击,但是并没有使其与传统产生根本性的割裂。

中国律师职业的生成与发展都具有相当程度的特殊性,作为律师职业雏形的"讼师"行业因道德的诟病而无法受到认可。这一时期,主导中国法律的是所谓的礼法文化,它是以严苛的等级制和封建道德为根基的,在法律上则以"无讼""无争"为目标。讼师行业以助讼为生,常常鼓动诉讼甚至为了胜诉不择手段,这必将为礼法文化所排拒,成为官方所认定的道德败坏的下层文人。这种讼师文化一直妨碍着社会公众对律师职业的正确认知,以及现代律师职业公共性的树立,乃至为新中国成立初期律师职业的完全废止提供了依据。我国传统法律文化服务于皇权统治,与现代律师职业的基本精神相悖,这导致我国律师职业公共性无法直接从传统中汲取营养,20 世纪 80 年代匆匆建立的律师职业最初也多是服务于经济与政治目的。它事实上仍然依附于新中国成立以来长期政治实践所形成的政法文化,国家垄断了法律领域甚至私人生活。在司法模式方面,政法文化倡导以群众路

● 李学尧. 法律职业主义 [J]. 法学研究, 2005 (6): 3 – 19.

线、实事求是为核心的司法路线，这和职业主义所倡导的以司法职业化精英化为特点的专家司法路线，存在根本的不同。❶ 我国律师职业的发展至今也未完全摆脱政法文化影响，但是《律师法》的出台在制度层面已经否定了这种高度政治化的司法模式，同时也是对律师职业国家主义公共性的根本性割裂。我国律师职业还未来得及形成自己的职业追求就受到了市场化的冲击，以致现在律师职业的公共性更像流于说教的无根之萍。也许可以这样说，中国的律师职业还没有经过职业主义的熏陶就受到了"后职业主义"的挑战。这并非幸事，"后职业主义"在职业成熟的西方社会尚可构成一种反思，在中国却可能成为扼杀律师职业公共性的凶器。因此，我国所面临的不是恢复的问题，而是如何最大程度地避免商业主义的侵蚀，并重塑律师职业公共性的问题。依赖传统法律文化以及职业精神力量的职业主义公共性的进路，与我国传统的礼法文化不相适应，在面对职业危机的现实中，我国律师职业也许并没有能力照搬西方的职业主义的解决策略。

（二）组织性基础的缺失

职业主义本质上是依靠公共道德来维系职业的公共性，它通过职业共同体的力量来强化律师个体对职业精神的认同，要求律师秉持洁身自好的克己品性。西方法律传统中律师的共同体意识有效地将律师个体的德行转化为职业整体的公共性品质，其中作为律师共同体组织的律师协会功不可没。正如有学者所言："律师协会培养了一种职业身份认同感和职业团结感，也对执业行为

---

❶ 艾佳慧. 法官管理的中国范式及其限度（1937—2012）[J]. 东南大学学报（哲学社会科学版），2018（4）：91–103.

进行了有效的控制，并使法律职业在公众面前树立起了高尚、有担当的形象。"❶ 从形成过程考察，可以发现中西方律师协会存在巨大的差异，这也是西方律师协会可以担负起培育公共性的职能，中国律师协会却力有不逮的重要原因。从本质上来说，西方律师协会可以被称为"内生型律师组织"，指在公权力以法律的形式确立律师组织合法地位之前，社会之中已经产生了较为成熟的律师团体，而法律只是确认了这一事实，并进行制度上的管理和完善。事实上，远在欧洲律师界产生法定性律师组织之前，就已形成了自发性律师团体，这种自发性律师团体的内部成员具有高度的身份认同感与集体荣誉感。而"内生型律师组织"经历了自发性律师团体的历史过程，因此其内部始终沿袭着传统职业习惯和法律信仰，这也印证了涂尔干的论断，即现代西方的律师协会"其实是一种有组织的法人团体，不仅定期举行集会，还隶属于一种被选举出来的委员会，它的作用就是强化应用于群体的传统规范"❷。律师的私人德行借由律师团体转化为一种公共道德。随着律师团体的不断发展，律师协会更是凭借其自治的力量颁行了各种伦理规则，规范化地推进着律师职业公共性的发展。

然而，中国的律师协会是事后通过行政手段建构起来的，它可以被称为"建构型律师组织"，其并不具备与现代律师组织相协调的法律文化，也不具备足够强大的共同体意识。我国律师组

---

❶ 迪特里希·鲁施迈耶. 律师与社会：美德两国法律职业比较研究 [M]. 于霄，译. 上海：上海三联书店，2009：153.

❷ 埃米尔·涂尔干. 职业伦理与公民道德 [M]. 渠敬东，译. 北京：商务印书馆，2015：9.

织的历史可以追溯到民国时期的律师公会，1912 年 9 月 16 日，北洋政府颁布了中国历史上第一部关于律师制度的单行法《律师暂行章程》，标志着中国律师制度正式建立。该章程第六章专门规定了律师公会的内容，律师应在地方审判厅所在地设立律师公会，以该地方审判厅管辖区域范围之内的律师为会员，律师不加入律师公会不得执业。1921 年，各地方律师公会还组织成立了全国性的律师团体——"中华民国律师公会"。与"内生型律师组织"截然不同，在以法律的形式确立律师公会的相关制度时，社会并未形成自发性的、成熟的律师团体。而 1949 年以来的律师协会更是如此，1980 年制定的《律师暂行条例》仅仅是恢复了动乱时期被废止的人民律师制度，将律师定性为国家法律工作人员，律师协会的功能被限缩在"维护律师的合法权益，交流工作经验，促进律师工作的开展，增进国内外法律工作者的联系"等辅助性工作之上。此时的律师协会不仅是行政权力外部建构的结果，还享受着事业单位的待遇，可以取得国家财政的补贴，本质上构成了行政权力的一部分。它与律师个体构成了统治与被统治的结构，律师在情感上不可能认同这种组织，甚至可以说二者是对立的。这一点至少在三个层面可以得到印证：首先，在组织架构上，律师协会归属于司法行政机关管理，其领导人特别是地方律协往往由当地司法局的领导担任，作为会员的律师个体往往并不具有人事话语权；其次，在组织管理层面，律师协会的重大决策也往往由司法行政机关掌握，律师个体的参与权薄弱，如多数协会的律师会员费的使用去向并不向普通会员公开；最后，在组织功能层面，自治性的律师协会往往具备为律师群体发声甚至与公权力博弈的功能，这也是律师协会获得律师个体认同的关键要素，然而建构性的律师组织与公权力依然具有较强的同构性，这使其博弈能力大大减弱。由于同质情感的缺失，"建构型律师组织"很难维系律师职业内部的团结，也不可能将律师个人的德行转化为职业的共同追求，更不可能以共同体的意识去促进律师职业公共性的发展。因此，在组织性缺失的弱点下，目前我国律师职业公共性的展开很难达到职业主义所要求的那种公德意识。总而言之，职业主义公共性由于存在文化基础和组织基础的双重缺失，而遭遇了严重的本土化难题。

三、职业主义公共性的固有缺陷

上一小节论证了职业主义在我国的法律实践中，由于本土文化的不适性以及组织性基础的缺失，而难以达到理想的效果。即使搁置具体的实践条件，单纯地考察职业主义本身，可以发现在西方的语境下，职业主义也存在不少固有的缺陷，它所引导的公共性是不完善的。本节将具体阐明其偏向性建构困境、慈善性误读以及公共责任虚伪性的批评。

（一）偏向性建构困境

"公共性是通过'行动'和'语言'的方式建构起来的。这就意味着，事实上存在着两种基本形态的'公共性'：建构在'行动'基础之上的实践形态的公共性和建构在'语言'基础之上的言语形态的公共性。"❶ 具体到律师职业，其公共性也同样包含两个层面：第一层面是行动领域的公益法律服务的提供；第

---

❶ 唐文玉. 社会组织的公共性与政府角色［M］. 北京：社会科学文献出版社，2017：33.

二层面则是言语领域的法治建设的意见反馈。职业主义在这两个层面的公共性建构上，严重偏向了行动领域，而基本忽视了言语领域的重要性。正如上文所述，职业主义的公共性强调私人道德在律师职业公共性中的重要性，它关注的是律师本身作为值得尊敬的职业而对弱者进行的公益性的法律帮助。这种帮助往往局限于个案中特定的当事人，而难以对法治全局产生正面的效应。美国律师协会《律师执业行为示范规则》的序言中提到："独立的律师职业是保证政府依法办事的一支重要力量""在美国历史上，在每一项重大的公共事业的前沿，都能看到这些受职业精神鼓励的律师的身影。他们在提供公益法律援助、保护个人自由和以独立力量制约政府滥用权力上的努力，成为世界各国律师行业的楷模"❶。这就表明律师职业的公共性不仅具备对社会公众输送法律服务的面向，而且具备为政治国家输送意见反馈的面向，而正是这种在整合个案的实践基础上形成的立法和司法意见才真正构成了法治建设的强大推动力。

律师言论对法律运作的积极反馈和权力机关对律师言论的积极回应构成了良好的循环系统。美国学者迈尔文·艾隆·艾森伯格（Melvin Aron Eisenberg）就认为，律师职业在法院和社会之间起到了协调作用，而法院则必须对律师的言论进行回应，这种"回应性原理承担了两项职能：一是作为批判性反馈机制的基础，一是通过提供对司法责任的测度标准加强法院的合法性……律师言论主要出现在两个基本的舞台上。一个是特定案件的舞台。这

---

❶ 德博拉·L. 罗德，小吉弗瑞·C. 海泽德. 律师职业伦理与行业管理［M］. 2 版. 许身健，等译. 北京：知识产权出版社，2015：5－6.

个舞台上律师言论通过辩护状、言辞辩论以及决定是否可信服的主张或辩护来发生影响。第二个舞台是作为整体的律师界。进入这个更为广阔的舞台是在某一个特定案件已经宣判之后。在这个舞台上，律师言论主要通过已公布的判决理由的批判性评价而发生影响。"❶ 因此，律师的言论至少在两个方面对法治建设构成了推动力。在第一个舞台上，通过公开透明的充分对抗营造着当事人作为平等法律主体的形象，法庭上的律师辩论不仅有利于发现案件事实，厘清法律争点，而且在很大程度上将法律程序仪式化，强化了一般公众对司法的信心；在第二个舞台上，律师通过反思法院判决、国家立法，从法律实践层面弥补了法律僵化性、滞后性的固有弱点，能够及时发现法律与社会脱节的现象，为我国司法改革提供现实的指引。正如著名法学家梅因所说："在改革型社会，社会需求和主张要或近或远将法律甩在身后。法律几乎要追得上，但总被拉开差距。法是稳定的，而改革型社会在不断进步。一个民族的幸福感取决于他们缩小前述差距的敏捷度。"❷ 律师在言语层面的公共性毫无疑问将为缩小社会与法律之间的差距作出贡献，而职业主义对这一层面的忽视显然是令人遗憾的重大缺陷。

（二）慈善性误读

前面论证了职业主义在公共性建构上很大程度上偏向了行动领域，而忽视了言语领域的重要性。即使抛开这一问题，在行动

---

❶ 迈尔文·艾隆·艾森伯格. 普通法的本质［M］. 张曙光，张小平，张舍光，等译. 北京：法律出版社，2004：16.

❷ 亨利·萨姆纳·梅因. 古代法：与社会远古即现代观念的联系［M］. 郭亮，译. 北京：法律出版社，2016：13－14.

领域内部，职业主义对公益法律服务也存在误读。具体而言，即职业主义基础下的公益法律服务依赖于律师个体的道德内驱力，而将公益法律服务完全视为一项慈善事业了。吴光升教授通过观察美国 20 世纪 60 年代以前的公益法律援助实践，得出了其慈善性的结论：一是，其依赖于律师个人的行动，而且基本上无偿的；二是，即使有报酬也基本上为象征性的，价格十分低廉；三是，支持公益活动的资金基本来源于慈善捐赠。❶ 本节将论证这种慈善性的认知是错误的，它引发了诸多理论与实践上的困境。

首先，慈善性的认知忽略了受援助方的主体性，将援助双方置于人格不对等的状态之中。在法治国家，"获得辩护是一种权利，而并非律师或慈善家基于冲动而赠予的礼物"❷，公益法律服务不是律师高尚品德的体现，而应是公民寻求正义的必需品。它是对法律资源支配能力事实不平等的纠偏，意在保障全体公民平等地使用法律资源、享受法治成果，是宪法平等权在法律实践领域的重要体现。但慈善性的认知则悄然地塑造着律师高人一等的形象，他们家长主义的作风往往将自己的价值观强加到被援助方，忽视了被援助方自身的需求。美国学者伊丽莎白·S. 安德森（Elizabeth S. Anderson）在论及平等（equality）之时区分了怜悯（pity）和同情（compassion）的概念，❸ 前者是具有轻视性的，它的产生基于施与者与被施与者状况之间的比较，其特征性

---

❶ 吴光升. 被追诉人的法律援助获得权 [J]. 国家检察官学院学报，2018（4）：14 – 31.

❷ Richard L. Abel. American Lawyers [M]. New York：Oxford University Press，1989：131.

❸ Elizabeth S. Anderson. What Is the Point of Equality? [J]. Ethics，1999（2）：287 – 337.

判断不是"他过得差"而是"他比我过得差";而后者则是建立在尊重之上的,是基于对缓解苦难的责任以及对个体内在状况的意识,它寻求的是消除任何地方的苦难,而拒绝对受苦难者作出人格上的评价。怜悯与同情都能够驱动个人去做出仁爱的行为,但怜悯是基于对弱势方的优越性意识。慈善性认知事实上就是被这种怜悯的情感所主导的,在这种认知下被援助方被客体化,律师没有对被援助方给予应有的尊重。

其次,慈善性认知将导致公益法律服务中国家责任的逃逸。在慈善性认知下,律师业认为公益法律服务是与私利完全无关的利他行为,是律师职业赠予社会的一件礼物。由此,英国事务律师协会曾一度拒绝政府对援助行为的财政支持,其认为这会破坏法律援助背后崇高的道德愿景,削弱个体身为律师的使命感和荣誉感。但是,随着法治化进程的不断深入,公民使用法律的频率和范围都在不断扩展,单靠律师业的力量已难以覆盖社会的法律服务需求,国家的支援已是必然的选择,但慈善性的认知无疑为这种做法增加了障碍。它使得国家站到了律师的对立面,使公益法律服务完全成为律师群体的慈善事业,而其中的国家责任也悄然消解了,国家甚至可以借助这种慈善性误读推卸其作为公民代理人的责任。有学者就曾作出如此论断:"由于'公'(官)不想对弱者承担责任,便把责任甩给了名为'民营'的经济理论。这样一来,虽然确保了自身(官)利益,但实际上只是把公的责任全部推给了个人。"❶ 国家责任的逃逸使得公益法律服务难

---

❶ 佐佐木毅,金泰昌. 社会科学中的公私问题 [M]. 刘荣,钱昕怡,译. 北京:人民出版社,2009:86 – 87.

以义务化，强制服务的概念也颇难成立。美国法律职业改革中曾试图引入强制服务，即要求律师每年抽出 40 个小时专门用于公益服务，但这在当时遭遇了强烈的反对，其中最经典的论调即认为强制服务观念贬低了服务本身的伦理意义并且侵犯了律师自身的权利。❶ 然而，这种非组织化的公益法律服务容易陷入无效化，律师在商业利益与公益服务之间往往倾向于前者，1919 年美国波士顿的一项调查显示，只有约 10% 的律师在进行公益法律服务，其他地区该比例甚至更低，仅为 2% ～ 3%。❷ 慈善性认知下的公益法律服务无法稳定地供给，也无法满足公民对法律资源日益增长的需求。

最后，慈善性的理念实际上依然寄希望于一种宗教性质的神秘力量。考察法律上慈善的理念，可以追溯到教会法时期对穷人的救济。这一时期，罗马教廷承担起救济穷人的任务（当然也包括神职人员所提供的法律服务），这种服务是基于上帝的旨意，而对他人所进行的关怀。宗教改革之后，路德神学等新教对慈善的救济活动进行了改造："第一，它更多地强调整个社会——从王侯到公民——帮助需要帮助之人的责任，而较少地强调教会权威的责任；第二，它把确定、管理和实施济贫的道德责任主要放在地方政治权威上；第三，它把懒惰和贪婪之罪和包括乞讨和流浪在内的各种形式的贫穷联系起来，因而对这种罪更

---

❶ 德博拉·L. 罗德，小杰弗瑞·C. 海泽德. 律师的职业责任与规制［M］. 王进喜，译. 北京：中国政法大学出版社，2013：130.

❷ Robert Granfield, Lynn Mather. Pro Bono, Public Good and legal Profession：An Introduction［M］//R. Granfield, L. Mather. Private Lawyers and the Public Interest：The Evolving Role of Pro Bono in the American Legal Profession. New York：Oxford University Press, 2009：1 – 25.

缺少容忍。"❶ 但并未触及其思想的神学根基，其与基督教的博爱思想具有紧密的联系，将律师职业的公共性完全隔绝在了与正义无关的慈善领域，这种理念缺乏对合法性的认知，缺乏对自身责任的意识。因此，当神学基础衰落之时，其必将面临信仰危机。

（三）公共责任的虚伪性

职业主义将原子化的律师个体整合进共同体之中，并培养他们的身份认同和共同体精神的信仰，它要求律师职业遵循一套特定的伦理规则，回应法律传统对公共性的呼唤。本质上，职业主义为律师职业的公共性奠定了意识形态的基础，它强调的是人的道德情感，尽管披上了公共利益的外衣，但是依旧无法摆脱其"个人主义"的内核。因此，一旦受到私人利益的侵蚀，这种精神就会遭遇危机。职业主义公共性的形态几经变迁，但是其依旧延续着可追溯至古希腊的古典职业精神。阿伦特就曾经指出社会私人领域的兴起将会导致古典公共领域的衰落，即私人利益利用公共领域追逐和实现自我利益，❷ 商业主义的兴起无疑使公共性落入了"个人主义"的陷阱，公共性似乎成为追逐私人利益的工具。这恰恰也是职业主义的公共性遭遇"后职业主义"理论家激烈批评的重要原因，如著名法学家理查德·埃贝尔（Richard Abel）就直接质疑律师职业伦理规则的现实有效性，甚至认为律师职业所做出的法律援助以及其他公益性的努力，并非

---

❶ 哈罗德·J. 伯尔曼. 法律与革命：西方法律传统的形成 [M]. 贺卫方，高鸿钧，夏勇，等译. 北京：法律出版社，2008：201.
❷ 谭清华. 从人的公共性到公共性的人：论人的公共性及其发展 [M]. 北京：中国社会科学出版社，2015：222-223.

一种善举，也不是公共性的体现，而仅仅是一种自我利益驱动的市场行为。他们利用国家或其他组织提供的支持，使穷人也能产生法律服务的需求，以此来扩大市场，在公益的活动中，律师职业不仅毫发未损，还收获了利他主义的名声。❶ 波斯纳所倡导的法律经济分析方法也反对职业主义，他认为"法律市场日益增长的竞争特点使律师们感到自己就像小本生意人，而不再是当年骄傲的职业者，而在这一职业中进入领导地位的才能——以销售（寻求客户）为例——是商业竞争才能，而不是职业精神才能""经济变化已经改造了这一职业，正朝着竞争性企业发展"❷，而职业主义则掩盖了律师职业的逐利性，实际上是一种"虚伪"的公共性。正如在第一章提到的，这种"后职业主义"的论调并没有颠覆公共性本身，但是它确实对以职业主义证成公共性的路径造成了致命的打击。

现代市场经济的不断推进，不可避免地造成了律师职业商业化的现实。尽管这种商业主义的冲击没有导致西方深厚的法律职业传统的根本性失落，但是职业主义所倡导的排斥商业性的论调，也难以成立了。在现代社会，尽管未必可以说律师职业以赚钱为目的，但是律师职业作为谋生工具的作用确实不可忽视。我国就有学者认为，律师职业出现商业性的倾向是职业社会性、社会经济发展以及市场分工的发展的原因综合导致的必然结果，当今律师职业的规制也应当抛弃对商业性的偏见，在承认商业性现

---

❶ Richard Abel. Why Does the ABA Promulgate Ethical Rules［J］. Texas Law Review, 1981（4）：115 – 124；Richard Abel. The Contradictions of Legal Professionalism［M］//Richard L. Abel，Philip S. C. Lewis. Lawyers in Society：The Common Law World. Berkeley：University of California Press，1988：215.

❷ 波斯纳. 超越法律［M］. 苏力，译. 北京：中国政法大学出版社，2001：74，78.

实的基础上防范律师职业过度商业化的危机。❶ 另外，职业主义对商业性完全排斥的态度，事实上也忽视了适度的商业手段有助于律师职业发展甚至公共性运行的作用。最典型的事例就是美国律师协会对广告的长期否弃，他们认为："如果允许律师像商人一样做广告，就相当于承认客户可以充分判断不同律师事务所所提供的服务质量。一方面，广告会使客户相对集中地服从于对法律职业所产生的控制力影响，这与维持法律职业技术的高标准是不一致的；另一方面，那些不诚实的广告会在很大程度上损害无知者以及支付能力较弱的人群。"❷ 在著名的 Bates v. State Bar of Arizona 一案后，美国律师广告才逐渐被重新认可。在该判例中，法官认为广告和"真正的职业精神"的衰退的任何关联是被"严重歪曲的"。因为"职业精神"经常是公众印象的一个委婉的说法，法院指出，律师广告的失败可能被公众视为律师怠于为社区服务，是一种职业上的失败。法院在详述这一问题时，还指出："对这个职业的犬儒主义的批评是因为它长久公开避开了广告而允许律师组建他的社会关系去发展潜在的当事人而产生的。"❸ 实际上，律师业的广告能够弥补律师职业与客户之间的信息鸿沟，更好地推进律师职业融入公众群体，这对于律师职业参与公共生活，展开公益活动也大有裨益。职业主义一方面对商

---

❶ 司莉 . 律师职业商业性若干问题探讨 [J]. 求索，2008（8）：162 – 164.

❷ 迪特里希·鲁施迈耶 . 律师与社会：美德两国法律职业比较研究 [M]. 于霄，译 . 上海：上海三联书店，2009：135.

❸ Bates, 443 U. S. at 368, 97S. Ct. at 2701；Bates, 443 U. S. at 370, 97S. Ct. at 2702；Bates, 443 U. S. at 371, 97S. Ct. at 2702, 转引自：蒙罗·H. 弗里德曼，阿贝·史密斯 . 律师职业道德的底线 [M]. 3 版 . 王卫东，译 . 北京：北京大学出版社，2009：363.

业性持回避态度，认为律师应当是追寻更高价值的职业，而不以金钱为目的；另一方面又以各种理由维持着律师职业的垄断地位，使律师成为社会的高收入群体。这种矛盾的说法更加强化了律师职业虚伪的公共性形象，使律师职业陷入"个人主义"的批评之中。

　　本节结束之前，需要澄清一点。上文中提出了职业主义的种种弱点，但绝不意味着，律师不需要遵循职业道德，不需要具备为社会正义献身的高尚情怀，笔者在此仅仅是说它作为律师职业的公共性的论证路径存在问题，这种建立在道德劝诫基础上的职业主义同建立在国家强制基础之上的国家主义一样都依赖于区别于社会公众的公共身份来证成其公共性，它们均把律师的逐利性与公共性视为水火不容的两端，这将无法充分地发挥职业本该具备的广泛的公共性。而契约主义也许能够吸取它们的优点，克服其弱点以提供更好的方案，下文将详细阐明。

第三章

契约主义的证成

本章首先将通过内部对比的方式阐明笔者所支持的契约主义是如何证成律师职业公共性的，其次将通过外部对比的方式阐明契约主义的论证方式相对于国家主义、职业主义的优势，最后将阐明契约主义与我国司法改革实践的契合性，以过渡到中国语境之中的律师职业公共性的重构。

第一节　契约主义对律师职业公共性的论证

虽然西方国家在职业主义进路上存在一定的传统文化基础，但即使在那里，回归这种传统也变得不太现实了。因为整个社会已经从身份社会转向了契约社会，正如梅因所说："迄今为止，所有改革型社会的进程都是一场从身份到契约的运动。"❶ 中国传统儒家政治与社会思想将家族看作典范型的治理模式，这意味着国家层次之上存在一种隐喻性的"政治家族"的观念，但这种家长主义的模型已经颇难为律师职业公共性提供支撑。现代法律文化中，契约构成了私人领域秩序的主要范式，投射到公共领域便是一种假定的"社会契约"。❷ 契约主义可能为研究律师职业公共性提供了一个崭新的思路，而在司法改革的进程中，我们也许只能在契约社会中重新寻找律师职业公共性的论证路径。契约主义将律师职业的公共性归结于契约义务，但古典契约理论和现代契约理论对它的理解亦有所差异，笔者将详细地阐明古典契约理论在论证律师职业公共性方面的不足，并指出以"公平"为核心的现代契约理论才是笔者所坚持的契约主义论证路径。

一、契约主义的第一种形式：古典契约理论的检讨

虽然有个别西方学者曾使用契约主义来解释律师职业的公共性，但都是将其笼统地归结于形成共同体的古典社会契约之中，这种理论是在解释共同体过程中的附带产物，忽略了律师职业公共性的独特意涵及其实践过程的复杂性。

（一）古典契约理论的内涵

古典契约理论最早可以追溯到古希腊的伊壁鸠鲁，他曾指出国家起源于个人之间的契约，这从马克思对伊壁鸠鲁的《格言集》所作的摘录可以得到验证："自然法是一种求得互不伤害和

---

❶ 亨利·萨姆纳·梅因. 古代法：与社会远古即现代观念的联系［M］. 郭亮，译. 北京：法律出版社，2016：91.
❷ 络德睦. 法律东方主义：中国、美国与现代法［M］. 魏磊杰，译. 北京：中国政法大学出版社，2016：69.

都不受害的［对双方］有利的契约……是每一次在一些国家内为了不损害他人和不受他人损害而制定的契约。"❶ 这也奠定了古典契约理论"国家理论"的基本定位，它的主要目标就在于阐明国家的起源并且论证国家的合法性问题。古典契约理论经历了漫长的发展历程，在 17—18 世纪到达顶峰，成为当时政治哲学的主流。古典契约理论通常将国家状态的前一阶段视为"自然状态"，在自然状态中人人都拥有追求自己利益的自由，但这种自由往往会导致一种人人互相争斗的无序状态，"这种人人相互为战的战争状态还会产生一种结果，那便是没有任何事情是不正义的。对与错的观念、正义和不正义的观念那里根本不存在。没有共同权力的地方就没有法律，没有法律的地方就没有不正义。暴力和欺骗在战争中是两种最重要的德行"❷。因此，古典契约理论要求人们依据自然法的要求达成契约，用理性约束自己的欲望，放弃自然权利进入一种社会状态。这种契约的核心内容就是每一个人都同意将自己的自然权利转让给一个公共机构（国家），并且服从这个公共机构所拥有的公共权力。

但是，这种古典契约理论存在两个固有的缺陷。第一，它将社会契约的基础建立在自然权利和自然法的形而上学的概念之上。洛克就认为，公共性实际就是来源于上帝的自然法，而"上帝确实委派政府来限制人们的偏私和暴力"❸。而卢梭所谓的

---

❶ 马克思，恩格斯. 马克思恩格斯全集（第 40 卷）［M］. 北京：人民出版社，1972：36.

❷ Thomas Hobbes. Leviathan［M］. trans by J. C. A. Gaskin. New York：Oxford University Press，1996：82 – 86.

❸ John Locke. Second Treatise of Government［M］. Indianapolis：Hackett Publishing Company，1997：12.

"公意"实际上也是源于自然法的理念，他写道："事物之所以是好的且有秩序的，都是由于事物的本性所使然，与人类的约定无关。一切正义都来自上帝；正义的根源唯有上帝而已。"❶ 立基于形而上学的古典契约理论往往缺乏实践的根基，因此在实证主义和功利主义兴起之后，古典契约理论迅速衰落了，姚大志教授就曾作出过论断："契约主义并不一定要以这种形而上学为基础。契约主义与自然法和自然权利的关联是外在的和偶然的，而不是内在的和必然的。也就是说，没有自然法理论和自然权利概念，没有形而上学基础，甚至没有哲学基础，契约主义仍然可以存在。"❷（这就是下文将要阐述的现代契约理论。）第二，它将契约主义仅仅狭隘地理解为一项证成国家合法性的工具，因而忽视了其在社会生活中的广泛作用。这两个缺陷将在其阐释律师职业公共性之时明显地表现出来。

（二）古典契约理论对律师职业公共性的论证

西方曾有学者使用契约主义的方法来论证律师职业的公共性，但实质上持有的均是上文所描述的古典契约理论。如美国著名律师职业伦理领域的学者鲁本就作出过这样的论断："没有社会和国家，律师有利可图的垄断就不会存在；他进行的垄断以及他所垄断的产品都是社会的产物。社会小心翼翼地根据律师型塑了律师的零售产品……其有权把提供一定的劳动作为获得垄断的条件，以实现垄断的合法目的"，同时"国家将法律体系所能带来的好处赋予了那些能够用得起它的人，而其成本则由那些用不

---

❶ Rousseau. The Social Contract ［M］//Michael Lessnoff. Social Contract Theory. New York：New York University Press，1990：73.

❷ 姚大志. 公平与契约主义［J］. 哲学动态，2017（5）：79-85.

起它的人来负担……因此它与律师（以及他的有钱的当事人）一同来承担主要责任，因为穷人并没有有意义地接近正义的机会并且因此而处境更糟"❶，而康斯坦丁（Constantinides）更明确地指出："律师职业伦理规则对公共责任的强调就是（职业与公权力）的社会契约的一个重要元素。"❷ 分析上面的观点，我们可以作出评价：鲁本将律师职业的公共性完全立基于洛克意义上的古典社会契约，即一种要进入一种特殊社会或建立一种特殊政体的契约，这种解释完全忽视了律师职业与国家、社会互动过程的复杂性，也没有对律师职业践行正义提供指引，具有较大的局限性。康斯坦丁虽然注意到了职业与国家可能存在的契约关系，但是忽略了社会在其中的作用，使其契约的体系缺乏完整性。

由此我们可以总结出古典契约理论解释的两个典型特征：第一，它将律师职业的公共责任归结于人人所享有"自由且平等"的自然权利，也就是说律师职业的公共责任仅仅是自然权利的派生；第二，它认为律师职业公共性实际上是一种对共同体的义务，其构成了共同体理想的一部分。

（三）古典契约论证理论的不足

契约主义认为律师职业的公共性源于契约义务，但古典契约理论对这种契约义务的理解是有缺陷的，即它将契约义务理解为一种消极的对共同体义务。具体来说，一方面，它将律师职业的

❶ 戴维·鲁本. 律师与正义：一个伦理学研究 [M]. 戴锐，译. 北京：中国政法大学出版社，2010：262，227－228.

❷ Criton A. Constantinides. Professional Ethics Codes in Court：Redefining the Social Contract between the Public and the Professions [J]. Ga. L. Rev.，1991：1327－1373.

公共责任视为对公民平等权的维护，将这种义务完全视为权利的派生物，就忽视了公共责任的内在善。在这种理解下，律师职业的公共性不过是一种被动的利他行为，其认为"权利在本质上是对抗的，如我们所知，主张一种权利就是主张权利持有者的利益，这是把另一个人置于一种义务之下的充分理由。义务的目的就是保护权利持有者的利益，受制于这种义务的人妨碍了权利持有者的利益……义务是羁绊，它们总是为了他人的利益，并且往往不利于具有此义务的人的。这不应该被认为是个偶然。在实践推理中，义务的作用恰恰是被看作是使一个人的活动受制于另一个人的意愿或利益"❶。在这种权利派生的观点之下，律师职业的公共责任也只是被理解为他人利益的自我牺牲行为。另一方面，古典契约理论将律师职业公共性视为一种对共同体的义务，也就是说律师职业的公共性事实上只是来源于自然状态向国家（社会）状态过渡时所形成的社会契约而已，它不过是国家或社会职能的延伸，而自己并不具备独立证成自身公共性的能力。因此，其只是模糊地将律师职业的公共性归结于共同体应当履行的职责，而忽略了律师职业与社会、国家广泛的互动过程，没有清楚地阐明正义践行过程的复杂性，缺乏对实践的关怀。至此我们可以了解，古典契约理论实际同样具有国家主义和职业主义论证模式的缺陷，尽管古典契约理论相对于前两种理论，更进一步阐明了共同体公共性形成原因，但是它依然无法从根本上破除国家主义和职业主义的弱点。

---

❶ 约瑟夫·拉兹. 公共领域中的伦理学［M］. 葛四友，译. 南京：江苏人民出版社，2013：40，51.

古典契约理论的解释方案之所以有种种不足，究其根源就在于其缺乏对公平原则的重视。古典契约所阐明的"一致同意"理论只是不同力量的个人或群体之间相互妥协所达成的协议，建立在精致的利益衡量之上，理论上它无法破除强势群体对弱势群体专制统治的危险，这从霍布斯的社会契约理论中可见一斑，他关注的只是共同体的稳定和统一，至于法律等其他要素仅仅在维护秩序的目的范畴下才具有价值。姚大志教授认为：古典契约理论所提及的"协议是在类似于现实社会的条件下经过谈判和讨价还价达成的。由于当事人在谈判过程中拥有不同的地位和优势，所以这些具有优势地位的人们要想达成对自己有利的协议，就会利用自己的优势进行讨价还价，甚至不惜进行诱骗、威胁或恐吓，以迫使对方接受对其不利的契约。而处于不利地位的一方之所以接受这种不公平的契约，仅仅是两害相权取其轻"❶。在古典契约阐释下的律师职业公共性的价值不在于追求正义和更好的生活，而仅仅是维持共同体的一项工具而已，缺乏对公平关注的古典契约理论难以发挥契约主义的真正力量。

二、契约主义的第二种形式：现代契约理论的重释

本部分将阐明一种更加完善的契约主义的版本，即现代契约理论。它将更加关注公平原则，更加关注律师职业公共性的独特意涵及正义践行的复杂过程，而不是仅仅笼统地将其归结于形成共同体的古典契约。

---

❶ 姚大志．公平与契约主义［J］．哲学动态，2017（5）：79–85．

（一）现代契约理论及其对古典契约理论的完善

正如上节所述，古典契约理论具有种种缺陷，因此 18 世纪之后，随着实证主义和功利主义哲学的兴起而迅速衰落。直到 20 世纪著名政治哲学家罗尔斯重新阐释契约主义理念，并将其作为获取正义原则的重要方法。与古典契约理论相比，罗尔斯"并不把原初契约设想为一种要进入一种特殊社会或建立一种特殊整体的契约，而毋宁说我们要把握这样一条指导线索：原初契约的目标正是适用于社会基本结构的正义原则。这些原则是那些想要促进他们自己的利益的自由和有理性的人们将在一种平等的最初状态中接受的，以此来确定他们联合的基本条件。这些原则将调节所有进一步的契约，指定各种可行的社会合作和政府形式。这种看待正义原则的方式我将称之为'公平的正义'"❶。也就是罗尔斯所阐述的现代契约理论，并不依赖于自然状态到国家状态过程中种种经由妥协而形成的社会契约，而是一种选择正义原则的过程，这种正义的原则是每一个在原初状态下的人都可以接受的，因此避免了强势阶层垄断立约，确保了契约的公平性。这种"原初状态……应被理解为一种达到某种确定正义观的纯粹假设的状态。这一处境（situation）的一些基本特征是：没有一个人知道他在社会中的地位——无论是阶级地位还是社会出身，也没有人知道他在先天的资质、能力、智力、体力等方面的运气。我甚至假定各方并不知道他们特定的善的观念或他们的特殊心理倾向。正义的原则就是在一种无知之幕（veil of ignorance）

---

❶ 约翰·罗尔斯. 正义论 [M]. 何怀宏，何包钢，廖申白，译. 北京：中国社会科学出版社，2009：9.

后选择的"❶，而"契约论术语的优点是它表达了这样一个观点：即可以把正义原则作为将被有理性的人们选择的原则来理解，正义观可以用这种方式得到解释和证明。正义论是合理选择理论（the theory of rational choice）的一部分，也许是它最有意义的一部分。而且正义的原则处理的是分享社会合作所带来的利益时的冲突要求，它们适用于若干个人或若干团体之间的关系"❷。

相较于古典契约理论，现代契约理论至少有三个优点：第一，现代契约理论关注的是社会的应然状态，它是经由逻辑假设的逐渐推演。古典契约理论将契约理论建立在历史的假设之上，它是一个不完全假设，虽然是想象，但也是基于历史事实的想象。因此，当历史不能重现时，它就可能遭到致命打击。大卫·休谟（David Hume）就认为，尽管我们可以认为社会起源于原始契约，但是这并不能构成对未来义务的证明，"政府产生方式（起源于人们的同意或契约）与为什么我们应该（或者不应该）服从它是两个完全不同的问题……原始契约仅仅是指最初确定政治权威时的一种自动默认；但仅仅是这种默认并不能代表对于服从未来的特定承诺"❸。而现代契约理论则是建立在逻辑的假设之上，正义原则是"无知之幕"之后的理性选择，因此，历史事实的批评不会对现代契约理论造成影响。古典契约理论所阐释的是一种"假想契约"，它关注的是实然问题，即在特定的历史

---

❶ 约翰·罗尔斯. 正义论 [M]. 何怀宏, 何包钢, 廖申白, 译. 北京: 中国社会科学出版社, 2009: 10.

❷ 约翰·罗尔斯. 正义论 [M]. 何怀宏, 何包钢, 廖申白, 译. 北京: 中国社会科学出版社, 2009: 13.

❸ 迈克尔·莱斯诺尔. 社会契约论 [M]. 刘训练, 李丽红, 张红梅, 译. 南京: 江苏人民出版社, 2012: 103.

假设条件之下，人们可能同意的是什么。而与之相对的，现代契约理论所坚持的是一种"理想契约"，它关注的是应然问题，即一个拥有基本善的人在原初状态中应当选择的契约，即在理想状态下人们应当同意什么。比起在自然状态下精细的利益计算，现代契约理论更加关注社会的应然状态。

第二，现代契约理论关注程序，更加关注达致正义的方法与实践。古典契约理论建立在自然法和自然权利的基础之上，这种基础依赖于"上帝"等超自然物的论证，而往往陷入理论性的说教，缺乏实践上的动力。可以说，它仅关注"实质正义"，从一开始就将正义归结为无可辩驳的自然法。人们的交往行为仅仅是对自然法的践行，而现代契约论则更加关注达致正义原则的程序，它实质上没有对正义的先在定义，而仅仅规定了一种达致正义的方法。在现代契约理论中，人们复杂的交往行为获得了全新的意义，它不仅是一种践行正义的方式，而且它本身也为正义提供了证明。更进一步说，契约主义作为一种方法成为构造社会交往的主要方式，它不仅为道德义务作出了理论说明，更为人类的交往行为提供了实践性的指引。

第三，也是最重要的一点，现代契约理论是一种以"公平"为核心的理论，它兼具利己与利他属性。古典契约理论实质上建立在高度个人主义的基础之上，它将契约义务理解为一种利己性的选择，从霍布斯到卢梭，各位古典契约论者都将社会契约的形成建立在对人类利己本性的假设之上，他们都是为了利己的目的才建立了社会契约。著名学者高蒂尔（Gauthier. D）曾批评，这种利己本性的假设忽略了人类的社会性，因而社会交往本身丧失了意义，它变成了仅仅为实现个人利益的工具。● 现代契约理论回避了这一批评，它认为社会契约不仅仅是对个人利益作出的承诺，它认可立约他方的利益，并且在实现自身利益的同时也促进了他人的利益，如罗尔斯所确立的正义原则就很明显地包含了扶助弱者的义务。在现代契约理论中，社会交往的过程也不仅是实现个人利益的工具，而且是实现社会正义的主要路径。"就自我利益问题而言，社会契约论走的是一条中间道路，概括为一点就是，既然自我利益被认为是订立契约的动机，那么，它就得诉诸个人的自我利益（而当然不会乞灵于自我节制）。但它主张的合法性标准（the standard of legitimacy）不是任何人的一己私利，而是一个（假想的）契约，它能够增进或调和所有相关者的利益。因此，这一理论不仅诉诸自我利益，而且还诉诸对其同伴之利益应有的关心。它试图寻求所有人同等合法利益的平衡。"❷ 简而言之，比起利益，现代契约理论更加关注的是公平问题。

（二）契约主义证成框架的现代版本

现在我们开始详细描述现代契约理论是如何证成律师职业的公共性的。笔者认为，比较完善的契约主义基础应当具有三层结构，其中包括原初契约 A、主契约 a 和两个子契约 a1、a2。原始契约 A 确立了以公平原则为核心公共性的实质，并对契约义务提出了全新的理解；主契约 a 确立了政治国家与公民社会两分的状

● Gauthier D. The Social Contract as Ideology [J]. Philosophy & Public Affairs, 1977, 6 (2): 130 – 164.

❷ 迈克尔·莱斯诺尔. 社会契约论 [M]. 刘训练，李丽红，张红梅，译. 南京：江苏人民出版社，2012：138.

态，为律师职业公共性创造了发挥作用的空间；子契约 a1、a2
描述了律师职业践行正义的过程，为其提供具体的指引。

1. 第一层：原初契约 A

罗尔斯所描述的原初契约 A 是"无知之幕"之下的理性选
择，它强调契约主义的公平精神，而这也是律师职业公共性得以
在契约主义框架下论证的基本前提。这种公平原则最初是由哈特
（Hart）在其论文《存在自然权利吗?》中提出的，当时表述为相
互限制的原则："如果一些人根据某些规则从事某种共同事业，
并由此而限制了他们的自由，那么那些根据要求服从这种限制的
人就有权利要求那些因他们的服从而受益的人作出同样的服
从。"❶ 罗尔斯在《正义论》中将其称作公平原则，并表述为：
"如果一群人根据一些规则从事一项正义而互利的合作事业，并
因此而以种种产生所有人的利益来说必要的方式限制了自己的自
由，那么这些服从了这些限制的人就有权利要求那些从他们的服
从中受益的人作出同样的服从。"❷ 原初契约 A 认为法治建设事
业使得每一个公民都受到法律限制的同时，又赋予了律师职业必
要的特权地位，因此公平原则为其附加了公共责任，以确保这项
正义而互利的合作事业，"根据公平原则每一个参加一项正义而
互利的合作实践的人都有义务承担公平的一份负担。这种义务是
对这种事业中参与合作的其他人所负的义务，因为这正是相互合
作使得任何一个享用这种实践的利益成为可能……那些参与这种

❶ H. L. A Hart. Are there Any Natural Rights? [J]. Philosophical Review, 1955（2）:
175 – 191.

❷ 约翰·罗尔斯. 正义论 [M]. 何怀宏，何包钢，廖申白，译. 北京：中国社会
科学出版社，2009：86.

实践的人因而彼此之间享有权利，又负有义务；有权利要求他人承担他们那份负担，有义务承担自己那份负担"❶。

尽管与古典契约理论相同，现代契约理论也将律师职业的公共性归结于契约义务，但是它对这种契约义务提出了全新的理解。如上文所述，古典契约理论将契约义务视为自然权利的派生，是一种对共同体的消极服从的义务，而现代契约理论将契约义务视为对正义的追求以及对自身福利的义务，这被英国著名法学家约瑟夫·拉兹（Joseph Raz）称为"自涉义务"。他认为："存在着自涉义务，即出于主体自己福利的义务。不仅如此，义务可以是内在地善的，并且它们的存在对于有价值的活动与关系的存在可能是不可或缺的，它们的存在创造了有价值的机遇，即构成了有价值的选项。没有它们，我们受到的要关注他人利益的这种约束较少。但要不是由于它们的存在，我们的生活将相当贫乏。"❷ 也就是说，律师职业的公共性不仅具有利他性，也是实现自身社会与职业价值的重要媒介。同时，契约主义的公平原则也标识了一种互惠型的正义践行模式，这相较于诉诸同情或其他道德情感的实践模式都更具有优越性。罗尔斯在其《正义论》中就曾这样评价："在一个由公平的正义调节的社会体系中，对他人的善的认同，以及对他人的活动的欣赏，把他作为我们的善的一个因素，可能发展得相当有力。但是，这种发展之所以可能，仅仅是因为正义原则中已经隐含着互惠性，由于这些原则表达稳定的确信，人们将发展一种牢固的自我价值感，它构成了人

---

❶ 毛兴贵. 政治义务：证成与反驳 [M]. 南京：江苏人民出版社，2007：119.
❷ 约瑟夫·拉兹. 公共领域中的伦理学 [M]. 葛四友，译. 南京：江苏人民出版社，2013：43.

类之爱的基础。由于功利原则直接诉诸同情能力作为不具有互惠性质的正义行为的基础，它就不仅比公平的正义要求更多的东西，而且依赖于更脆弱，更缺少共同性的倾向。"❶

2. 第二层：主契约 a

在契约主义的论证框架下，律师职业的公共性是在与其他主体（政治国家和公民社会）的互惠性交换中获得与实现的。主契约 a 是在公民社会与政治国家之间建立起来，在民主的状态中，公民将管理权统一交给国家，选举出公共的管理机构（政府），而作为交换，国家则负有维护社会秩序以及公民权利的责任，同时公民社会也保留了对不履行责任之政府的批评权和反抗权。这种主契约为律师职业的公共性提供了前提条件，即国家与社会的两分状态，律师职业则在政治国家与公民社会的交换过程中担负着整合和中介的作用，它使得二者的交换过程更具有效率与活力。换言之，如果没有政治国家与公民社会的两分状态，律师职业的公共性就没有存在的空间，因为在一方垄断公共性的局面下，其他主体是不可能有插足的余地的。任何社会中心理论（society - centered theories）和国家中心理论（state - centered theories）都是片面的，只有"注意国家和社会彼此之间分组整合以及合纵连横等互动过程，以及国家同试图控制、影响的社会群体之间的互动过程"❷，并考虑这种动态过程改变规则的可能性，才能真正理解律师职业的公共性，创造其发挥作用的空间。

---

❶ 约翰·罗尔斯. 正义论 [M]. 何怀宏，何包钢，廖申白，译. 北京：中国社会科学出版社，2009：395 - 396.

❷ 米格代尔. 社会中的国家：国家与社会如何相互改变与相互构成 [M]. 李杨，郭一聪，译. 南京：江苏人民出版社，2013：24.

3. 第三层：子契约 a1、a2

笔者将使用两个子契约描述律师职业是如何在与政治国家和公民社会的互动过程中践行正义，即律师职业与政治国家的契约（a1）以及律师职业与公民社会的契约（a2）。契约 a1 可以这样表述，政治国家与律师职业分享了其部分社会管理的权力，使其拥有了自治性的地位，作为交换，律师职业则承诺协助国家治理社会，培育公民的守法意识，维护司法公正的理念和形象，防止权力滥用并完善国家法治。契约 a1 主要涉及的是律师职业"反思"型的正义。契约 a2 则可以这样表述，公民社会赋予律师职业市场垄断的地位，使其获得了与一般行业相比的高额利润，作为交换，律师职业承诺向公民社会提供高质量的公益法律服务，坚持正义的理念，保护社会弱势群体，确保社会每一个公民都能平等地享有法律资源。与契约 a1 的重点不同，契约 a2 主要涉及的是"服务"型的正义。契约 a1、a2 共同构成了律师职业正义践行的基本模式。这样原初契约 a、主契约 a 和子契约 a1、a2 为律师职业的公共性提供了一个完整的理论模型，这一模型大致可以用图 2 来表示。

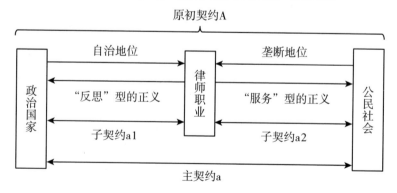

图 2　契约范式下的律师正义模型

现在，我们可以再来进一步探讨三个层次的契约在证成律师职业公共性各自发生的作用。也许它们可以与德沃金所提出的三阶段解释模型相对应，他将解释作出了三个阶段的解析性区分（analytical distinction）："首先必定有一个'前解释'（'preinterpretive'）阶段，在这个阶段，被看作提供了实践之初步内容的规则和准则得到确认……其次，必须有一个解释（interpretive）阶段。在这个阶段，解释者为前解释阶段所确认之实践的主要组成部分，选定某个总体的证成（some gerneral justification）。它由这种普遍形态的实践为何值得追求（要是它值得追求的话）的论证构成。这个证成无需符合长期存在的实践的每个方面或特征，但其符合程度必须足以使解释者能够将自己看成在解释那个实践，而不是在创造一个新的实践。最后必定有一个后解释或改造（postinterpretive or reforming）阶段。在这个阶段，他调整自己对实践'真正'要求什么的感悟，以便更好地服务于他在解释阶段接受的证成。"❶ 相应地，我们也可以将原初契约 A 视为对律师职业公共性前解释阶段，它确定了对契约义务的全新理解，赋予律师职业公共性解读为对公平正义的追求；主契约 a 则将律师职业公共性的实现置于政治国家与公民社会的互动过程之中，确立了多元的正义践行模式，它阐释了律师公共性在二元结构中发挥的重要作用，为律师职业公共性提供了总体性的证成；子契约 a1 和 a2 则描绘了律师职业在与政治国家以及公民社会互动过程中践行正义的具体过程，确立了律师职业的中介作用，是一个后

---

❶ 罗纳德·德沃金. 法律帝国［M］. 许杨勇，译. 上海：上海三联书店，2016：53－54.

解释的阶段，它厘定了律师职业在正义践行中的具体定位。

至此，我们可以总结道：原初契约 A、主契约 a、子契约 a1 和 a2 构成了对律师职业公共性的完整说明，它们从理论到实践充实着契约主义论证框架中的每一个环节。具体而言，原初契约 A 阐明了公共性的理论实质，它将律师职业的公共性定位为一项正义而互利事业的一环。主契约 a 和子契约 a1、a2 则具体描绘了互惠型公共性实践模式，其中主契约 a 强调了国家与社会两分的实践条件，解释了契约主义公共性的多元化实践面向，而子契约 a1 和 a2 则具体说明了律师职业在公共性实践过程中的定位，即律师职业如何在与政治国家与公民社会的互动过程中追寻正义的问题。

第二节　契约主义相对于国家主义和职业主义的优势

上节通过对契约主义内部两种理论（古典契约理论和现代契约理论）的分析比较，阐明了笔者所要坚持的契约主义论证模式。本节，我们将重新回到国家主义和职业主义的命题，通过外部的比较分析，详细阐明契约主义是如何克服它们的缺陷的。本节通过分析国家主义和职业主义面临困境的根源，有针对性地论证契约主义是如何从根源上克服这些困境的，它相对于国家主义和职业主义具有独特优势。

一、国家主义和职业主义失败的根源

第二章对国家主义和职业主义的证伪主要是基于现实观察，以描述的方法阐释了二者的缺陷，本部分将进一步探讨国家主义和职业主义失败的深层次原因。上文详细阐述了国家主义与职业主义在论证律师职业公共性之时，各自遇到的困境，尽管他们的论证方式和表现形态存在巨大的差异，但是其遭遇失败的根源存在同质性。国家主义认为，公共性的证成依赖律师职业的公职身份，它将律师等同于国家公务员，律师职业的公共性仅仅是国家公共性的一部分，其公共性实践就是一项执行国家任务的公职行为；职业主义则认为，公共性的证成依赖于律师的职业身份，它将律师职业与医生、教师置于同等的社会价值层，因此也必须遵守一套特殊的伦理规则，其公共性实践是履行职业伦理规范之必需。二者似乎都认为公共性来源于其特定的身份。这种身份论的认识使国家主义在哲学上遵循了一套狭隘的实用观，律师对正义的践行沦为国家管理的工具；职业主义则在哲学上具备浓厚的形而上学倾向，坚守着传统赋予的职业共同体的伦理属性。在实践上，二者则都存在凭借公共身份展开公共性的路径依赖，是一种施与型的公共性实践模式。严格意义上来说，本小节是第一章的总结与深化，出于行文的考虑，安排在此处以便更清晰地展现契约主义在理论基础、实践基础等方面对国家主义和职业主义的超越。

（一）公共性本质的片面理解

身份论的认知将律师职业公共性的本质理解为一种对共同体的忠诚，这将把对公共性的理解引向两个极端：一端是国家主

义，它将律师职业公共性视为对国家共同体利益的维护，而律师职业仅仅是辅助国家公共职能的工具而已；另一端则是职业主义，它将律师职业公共性视为对职业共同体文化的守护，以至于公共性的展开仅仅依靠道德说教，缺乏坚实的根基。本节试图脱离国家主义和职业主义论证方式的表象，挖掘二者背后依循的理论基础，以期揭示其所阐释的公共性的实质。

1. 政治实用性：作为"利益"的公共性

上文详细阐述了国家主义对律师职业公共性的证成，即其将律师职业纳入公职体系中，在人民司法的制度框架之下，其自然获得了"为人民服务"的公共性意涵，律师职业的公共性被等同于国家的公共性。论述到这里，可以进一步追问，这种国家的公共性又是如何被证明的呢？笔者认为，它是通过利益衡量的方法来证明自身公共性，即其假设了公共利益的优先性或者更具体地来说，它认为集体利益应当优先于个人利益。律师职业公共性实质就是国家利益的延伸，其核心就是律师作为公职体系中的一员应当以维护国家利益为己任，甚至不惜牺牲个人利益。国家主义所阐发的公共性实际上是利益指向的，它将公共性的责任理解为对公共秩序的维护，国家利益导向下律师正义的践行仅仅被视为一项公共行政行为，成为国家的管理手段。公共行政行为作为现代性的典型产物，受到了培根的"技术理性"的深刻影响，它所显示的公共性是以"利益"为核心的公共性，其实质就是"寻求摆脱个人实践活动的偶然性，要求个人完全按照规则，有计划地、系统地使自己的行为纳入一致性的秩序之中，以理性的禁欲主义摆脱感性冲动的支配，使个人的整个生活都受超验伦理目的的控制"❶。它将公共性的实践狭隘地整合进了"公共（国家）利益优先于个人利益"的僵化信条，通过这种方式"一项事关人类终极关怀和充满着复杂道德考量的伟大实践被简化为一种模式化与标准化的道德原则的论证过程"❷，直接导致了一种缺乏道德反思、缺乏个体主动性的实践模式。

国家主义主导下的公共性实践是一种国家利益优先的公共行政行为，而律师职业仅仅充当履行国家责任的技术人才，律师职业的公共性也经由"维护社会秩序"这一目的获得证成。这从最典型的法律援助行为中可见一斑，国家主义主导下的援助主要是出于国家治理的需要，受国家利益的驱动。一个政府想要维系社会秩序的稳定，单纯的外在强制是不可靠的，它需要树立公众对法律和司法的信心，完善诉讼程序并保障审判公正。司法公信力是社会稳定的重要因素，公众只有在相信司法公正的条件下，才能够最大程度地避免私力救济导致的无序状态。"让人民群众在个案中感受公平正义"已经成为我国司法改革的核心理念，而公民获得法律援助是彰显司法公正最直接的方式，政府支持的法律援助是国家重塑公正的司法形象的重要举措。而在这一援助体系中，律师个体的援助行为只是在协助国家治理，完成政府所指派的任务而已。由此，律师职业的公益行为悄然地从对贫困的关怀转变为维持社会秩序之必需，律师职业的公共性变成了一个与道德无关的政治概念，它被理解为利益权衡的产物。著名经济学

❶ 尹树广. 现代性理论的批判维度及其问题 [J]. 山东大学学报（哲学社会科学版），2003（3）：15-20.
❷ 刘晶. 西方实践哲学视阈下的公共行政实践泛技术化之省察 [J]. 社会科学研究，2013（1）：35-41.

家阿马蒂亚·森（Amartya Sen）称为"经济简化法"，并认为其"不仅会损害我们对世界的认识，也将倾向于破坏我们公开声称消除贫困的公共责任的基础"❶。

2. 道德形而上学：作为"良善"的公共性

如果说国家主义指向的是形而下的实用哲学而将公共性理解为"公共利益优先于个人利益"的信条，职业主义则恰恰相反，它强调的是公共性的形而上学的属性。具体来说，职业主义认为律师职业的公共性来源于神法、自然法或理性精神等超越实体法的形而上领域，其本质上是人类情感的延伸，因此赋予了公共性不可侵犯的道德属性。正如上文所提到的，这种形而上的证成分为三种形式：第一，在教会法统治时期，律师职业被视为天职，其公共性的属性就是源自上帝的呼召，完成上帝赋予的使命；第二，可追溯至古希腊时期以及文艺复兴后的西方律师职业，他们被视为自然贵族，深受自然法的熏陶和影响，认为世界具备超越实体法的存在，它真正规范着人们行为，要求人们行善，这种自然法构成了律师职业公共性的源泉；第三，随着科学的发展，人类的自主性得到很大的提升，理性精神被作为证成律师职业公共性的新方式，它将获得法律帮助视为保障人类尊严的重要环节，它强调了律师职业作为社会精英对弱者的道德关怀。无论是从神法、自然法或理性精神层面去解释律师职业的公共性，都不可避免地将公共性带入了一个神秘的领域，它源于先在的哲学假设抑或传统文化，而将其视为一个不可辩驳的固有属性。然而，这可

---

❶ 阿马蒂亚·森. 身份与暴力：命运的幻象［M］. 李风华，陈昌升，袁德良，译. 北京：中国人民大学出版社，2014：114.

能并不具备说服力，尤其是市场经济模式对工作伦理的冲击，已经使源自形而上领域的信仰脆弱不堪，不顾及这一客观事实而试图通过道德说教宣扬公共性是无法得到律师职业真正支持的。

形而上学将公共性视为一种"良善"，即人类美好的道德情感，它总是假定人类是仁慈的，律师职业公益行为也被认为是利他主义的自我牺牲行为。"他们的慷慨是无限的，每一个人和他的同胞一样，不关心他自己的利益。再一次，这种延伸的仁慈使得正义不必要。因为所有人都愿意提供满足所有人需要的东西。"❶ 这种解读将律师职业公益行动的理由完全归结于特定的善良信念，而缺乏法律层面的正当性分析。善良信念主导下的公共性，始终被局限在与法律无关的道德领域，是律师职业高尚道德情操的必然要求。这就很大程度上排除了法律规制甚至国家支持的可能性，使律师职业变成了一个自我封闭的精英群体。

国家主义将律师职业公共性视为公共利益的实现问题，似乎律师的公共性只有在实现特定的共同体利益（国家利益）的情形下才是有意义的，而律师的道德理想则毫无必要，它将律师的公益法律服务仅仅视为法律外部规制的结果。而职业主义则相反，将律师职业的公共性视为一种善良的品性，它认为律师职业的公益法律服务行为更多的是源于信仰。行文至此，我们可以看出国家主义和职业主义对公共性本质的理解明显地走向了两个极端：前者过于关注公共性的实用价值，而忽略了其伦理意蕴；后者则过于强调公共性的伦理特质，而忽略了其现实的

---

❶ 玛莎·C.纳斯鲍姆.正义的前沿 [M].朱慧玲，译.北京：中国人民大学出版社，2016：33.

效用。二者都割裂了律师公共性的效用价值和伦理价值，因而都失之片面。一个好的公共性论证理论应当可以连接其效用价值和伦理价值。

（二）公共性实践的"施与型"依赖

无论是国家主义还是职业主义所阐明的公共性实践似乎也都依赖于公共身份的界定，西方曾有学者对这种依赖于成员身份的证成模式作出了批判，首先，这种证成方式错误地将法律义务等同于家庭义务，将国家与家庭做了不恰当的类比；其次，它误将对义务的认知（义务感）等同于义务的存在；最后，它过于强调对共同体的忠诚，而缺乏对共同体的反思和批判。❶ 而这种依赖身份的证成模式，在实践上具有明显的基于上层身份向下层的施与性质，这种"施与型"的公共性也可以详细分解为三个部分：伦理上的家长主义倾向；认知上的公私对立形态；结构上的单向输入模式。而这种身份论也是国家主义和职业主义进路走向失败的根源，本小节将详细阐明。

1. 伦理上的家长主义倾向

国家主义和职业主义的公共性与特定的共同体紧密相连，这种公共精神实际就是共同体内高阶层群体对低阶层群体的关怀，它被视为对共同体的责任。而这种共同体其实就是传统家庭的变体，由它衍生出的公共精神尽管在形式上有所变化，但实质上依

---

❶ Richard Dagger. Membership, Fair Play, and Political Obligation [J]. Political Studies, 2000 (48)：104 – 117. 该文主要是论证政治义务的证成模式，笔者认为其中有部分论点可以被借鉴到律师职业公共性的论证中，尤其是可以适用到公共责任具体展开，后面提到的施与型实践模式的三个弱点，除第二点无法完全对应，其余两点都与该文指出的成员身份证成模式的缺陷相契合。

然具有浓厚的家长主义色彩。更具体而言，国家主义的公共性就是高阶层的"官"对"民"的关怀，职业主义的公共性则是社会的精英阶层对弱势群体的关怀，它们在公共性实施主体和受益主体之间确立了等级化的强弱关系。这种家长主义作风在医生职业中最明显，而对于律师职业家长主义伦理范式的理解，也常常使用医生职业作为类比。家长主义是指为了被干涉者的幸福、福祉、利益等而对其行动自由进行的干涉，而这种利他性则为该行为提供了辩护。❶ 从词源学上来看，家长主义（paternalism）一词来源于拉丁语 pater，就是指父亲般的行为，本身来讲它就把施与方置于"家长"这一较高的等级位置上。在医疗行业中，有学者就将医生和患者的这种关系直接称为"父子互动型"。❷ 在《希波克拉底誓言》中他们庄严地宣誓："我要竭尽全力，采取我认为有利于病人的医疗措施，不能给病人带来痛苦与危害。"传统的医患关系中，医生竭尽全力帮助患者，而病人则全权听从医生的指示，他们彼此之间都是充分信任的，这是一种典型的家长主义伦理范式。但在一段时期，医生和医学家的所作所为摧毁了这一信任，社会开始普遍反思这种家长主义的危害，并且开始在医疗实践中强调患者同意的重要性。随着市场经济的发展，医患关系被以一种更加经济化的视角来理解，而传统家长主义的失落，使得医生职业遭遇严重的信任危机。医闹事件就是这种信任危机的具体表现，片面强调患者同意也造成了一些负面的影响。

---

❶ Gerald Dworkin, S. Gorovitz, et al. Paternalism in Moral Problems in Medicine ［M］. NJ：Prentice – Hall, 1976：185.

❷ Katz, Jay. The Silent World of Doctor and Patient ［M］. Baltimore：Johns Hopkins University Press, 1984：100.

2007 年，北京一孕妇因家属拒绝签字而导致死亡❶，不少人批评医生和医院的不作为，使得医疗家长主义的论题重新被关注。但是，多数学者也绝不赞同一种强的家长主义，而只是支持一种弱意义上的家长主义，❷ 即这种家长主义并非对自主意识的篡夺，而只是在对自主能力不足的患者的一种帮助行为。❸

家长主义在医疗行为中有其合理性，除医学知识的高度专业性，更重要的还源于医疗行为本身的特殊性，医生的行为直接关系到患者的身体健康甚至生命，错误选择往往不可逆且代价重大，而处于病痛状态的患者也往往处于一种自主能力不足的状态，这时医生基于其专业知识以及关怀病人的角度，做出家长主义的裁决具有其现实的合理性。但是，律师职业则不能做这种类比，因为法律自身就是以平等的理念作为其核心价值的，它不能事先假定当事人自主能力不足，而作为法律服务相对方的错误选择也往往并不会造成如医疗行业中的不可逆的代价。事实上，也有学者支持律师执业中的弱家长主义模式，这是"一种情境性的、临时性的家长作风，以确定特定的选择是否与个人的核心忠信和关注相一致。例如，David Luban 教授主张，家长作风在这种情况下就是正当的，即用来保护委托人的长远价值的客观利益

---

❶ 深度透视：男子拒签字致产妇死亡 [EB/OL]. [2025 - 03 - 20]. https：//news. cctv. com/special/C20132/01/.

❷ 杰拉德·德沃金区分了强的家长主义和弱的家长主义，并认为强的家长主义无视相对方的意愿而进行的干涉，而弱的家长主义则是对弥补当事人自主能力的不足，协助其达成目标。Gerald Dworkin, S. Gorovitz, et al. Paternalism in Moral Problems in Medicine [M]. NJ: Prentice - Hall, 1976: 185.

❸ 朱伟. 医疗家长主义在何种程度上得到辩护？[J]. 伦理学研究, 2018 (2): 59 - 65；肖健. 医疗家长主义合理性辨析：从广州华侨医院产妇拒剖案切入 [J]. 道德与文明, 2013 (1): 115 - 120.

（例如金钱和自由），防止其临时起意或一时兴起。然而，如果表面上违背委托人的客观利益的选择根植于他们所深信的价值观，则家长作风便没有正当性"❶。虽然这种行为模式有其积极的意义，但是以家长主义冠名并为其提供理论依据，塑造了律师职业高人一等的错误印象。实际上，家长主义尤其是法律家长主义在理论上本身有其固有的缺陷，我国有学者指出，首先，法律家长主义预设了国家作为立法权威的正当性，而忽略了普通公众的自治能力在法治中扮演的重要角色，因而难以达到保护权利的目标；其次，法律家长主义本质上是一种道德理论，其难以被整合进教义学的框架之中。❷ 具体到律师职业，家长主义主导的关怀行为一方面否弃了客户对于法律服务的参与，不利于真正实现客户利益；另一方面，其对律师公益服务的指导依旧流于道德说教，而缺乏规范的指引，不能为律师职业的公共性提供制度层面的正当性说明。

2. 认知上的公私对立形态

尽管国家主义与职业主义在塑造律师职业公共性上具有诸多不同，但是它们所面临的困境可能是源于同样的认识论误区，即均认为律师因具备公共身份而理所应当地与私利隔绝，律师职业公共性的实现只能依靠抑制自身的逐利性。更具体而言，国家主义认为律师具备公职身份而不应当追寻私利，作为公务人员的律

---

❶ 德博拉・L. 罗德，小杰弗瑞・C. 海泽德. 律师的职业责任与规制［M］. 王进喜，译. 北京：中国政法大学出版社，2013：76.

❷ 张帆. 法律家长主义的两个谬误［J］. 法律科学（西北政法大学学报），2017（4）：3 - 12.

师本身就是公益性质的。而职业主义对律师营利性或者商业性的认知则更复杂些，它并不像国家主义一般完全否弃律师的营利行为，但同样认为律师具备职业（profession）身份而不应当追寻私利。在职业主义的理论框架下，律师取得的可观利益至多在条件意义上与其公共性发生了关联，即当律师职业不用为金钱发愁之时，他们就可以更加全身心地投入公共事业之中。在美国，被誉为"人民的律师"并成为联邦大法官的布兰代斯曾提出，律师从事私人开业行为就是为了能够使自己不用再为生计烦忧，从而可以全身心地投入公益事业之中，也就是说，律师们从事高收益的业务只是使其安心投入公共生活的手段，扶助弱者、追寻正义才是律师的本职。❶ 总之，它们均认为公私是截然对立的关系，律师要实现其公共性必然要舍弃其私人利益。

这种公私对立的认知，很大程度上削弱了律师职业参与公共生活的积极性，造成整个公共法律生活的不活跃，也是引起上述种种困境的根本性原因。事实上，交往网络在一个社会中绝不可能是一元的，现代的公共空间显然已经超越了国家及政府的范围。也就是说，政府和国家要独占公共空间几乎不可能了，同时，依靠私人道德进行的公共性活动由于无法在法律上实现体系化与规模化，亦有较大的局限。从公与私的思想史角度，我们可以认为国家主义属于公一元论的思想，它往往导致个人尊严丧失或者他者意识薄弱的公共性意识欠缺。而职业主义则属于公私二元论，"它通过在公共领域中追求自由主义而避免了公一元论

---

❶ Alpheus Thomas Mason. Brandeis：A Free Man's Life［M］. New York：Viking Press，1946：640.

的专制主义，但是由于它更多的是在私的领域里讨论经济、宗教、家庭生活等而往往忽视其公共性问题，从而导致单方面追求个人主义的弊端"[1]。由此，国家主义和职业主义其实都错误地诠释了律师职业的公共性，韩国哲学家金泰昌精辟地指出这是一种"痛苦的公共性"[2]，是律师只有舍弃自身的利益才能实现的公共性，这种公共性往往无法得到律师职业真正的支持，而总是流于观念论。因此，迫切需要有一种新的公共性连接国家与社会，建立起公与私之间的联系，使公共性的实现不再是舍弃私利的痛苦历程。

3. 结构上的单向输入模式

国家主义和职业主义对律师职业的公共性证成需要依赖于特定的身份，这种意义的公共性不具有独立发挥作用的可能性，其错置了律师职业在公共生活中的角色，而仅仅将其视为公共服务输出的工具。具体来说，国家主义将律师职业的公共服务视为国家的一种职能，律师职业只是如同技术官僚一般忠实地完成任务；职业主义则将律师职业的公共服务视为社会对弱者的一种慈善性关怀，律师只是作为专业人员提供特定的技术服务。可见，国家主义和职业主义都未将律师职业的公共性作为一种独立的形态，而认为其只是依附于政治国家和市民社会而已，律师职业本身不是承担公共责任的主体，而仅仅是公共服务的执行载体。这两种模式都是依靠其他主体（政治国家或市民社会）对律师职

---

[1] 佐佐木毅，金泰昌. 公与私的思想史 [M]. 刘文柱，译. 北京：人民出版社，2009：29.

[2] 佐佐木毅，金泰昌. 社会科学中的公私问题 [M]. 刘荣，钱昕怡，译. 北京：人民出版社，2009：269.

业单向输入公共性，再由律师通过公益法律服务输送给公民个体，如图3、图4所示。

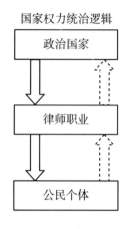

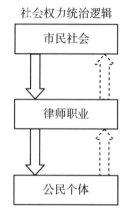

图3 "国家主义"模型　　**图4 "职业主义"模型**

正如图3、图4所示，实际上，国家主义和职业主义看似存在重大的差异，但是二者都遵循了一套自上而下的统治逻辑，它们都单向地指向了公民个体，公民个体却没有反馈的渠道，极端一些说，这种公共性可能只是国家和社会将自己的理想强加给公民，是国家和社会的自我满足而已。日本学者今田高俊就曾指出，这种公共性"要从外部给行为注入社会规范来调整关系……这使得我们无法从人们的相互行为中内在地引导出公共性。即便可以从外部注入公共性，但也不能成为行为内在地发生公共性概念的契机"❶。国家与社会对律师职业提出的公共性要求似乎也只是法律强制抑或道德说教。前者利用国家的权威推动公共性的

---

❶ 佐佐木毅，金泰昌. 社会科学中的公私问题［M］. 刘荣，钱昕怡，译. 北京：人民出版社，2009：48.

展开，从而形成了一种缺乏合意的义务观；后者则凭借道德传统鼓动公益行为的实施，强调职业内在的高尚情怀。但不管如何，律师职业在公共性的实现中都不具备主体性的地位，这种论证方式是难以说服律师职业主动承担公共责任的。

受科学技术和市场经济的影响，律师执业行为愈益技术化，市场专业分工愈益精细化，传统信仰逐渐衰落，律师职业只能凭借其技术精英的身份来维系其公共性的形象，公共性被狭隘地理解为通过法律技术输出来履行社会责任，缺乏对国家和社会问题的反思。❶ 著名学者赫伯特·马库塞（Herbert Marcuse）称这种现象为技术的合理性取代了正当性的反思：发达工业社会对科学技术的强调，使包括职业在内的各种组织成为统治的材料，"随着这项谋划的展开，它就形成话语和行为、精神文化和物质文化的整个范围，在技术的媒介作用中，文化、政治、经济被包容进无所不在的制度之中，这一制度吞没或拒斥一切历史替代性选择，这一制度的生产效率和增长潜力稳定了社会，并把技术的进步包容在统治框架内。技术的合理性取代了政治的合理性"❷。在公共性单向的输入模式中，律师也被改造成了缺乏否定性思维的单向度的人，他们只是完成国家和社会所赋予的职责，但是缺乏反思职责正当性的意识。律师职业公共性中最重要的批判性思维，对主流意识的反叛，以及对既定法律制度缺陷的反思都在技术性的操作过程中被消弭了，技术主义的泛滥构造了

---

❶ 也就是上文在分析职业主义中所提出的，它仅仅注重了"实践"上的公共性，而忽略了"言语"上的公共性，尤其是参与公共生活的批判性话语。

❷ 赫伯特·马库塞. 单向度的人：发达工业社会意识形态研究 [M]. 刘继，译. 上海：上海译文出版社，2006：8.

一个没有反对派的僵化社会。"技术的进步扩展到整个统治和协调制度，创造出种种生活（和权力）的形式，这些生活形式似乎调和着反对这一制度的力量，并击败和拒斥以摆脱劳役和统治、获得自由的历史前景下所提出的任何抗议。"❶ 这种公共性的单向输入模式不仅仅是片面的，甚至可能是充满极权主义危险的。

二、契约主义论证路径的相对优势

上一节提到的国家主义和职业主义失败的根源，总结来看有理论基础和实践基础两个层次：第一，二者都存在对公共性的片面理解，国家主义认为律师职业公共性就是对公共利益的维护，以实用的态度看待公共性问题。而职业主义则将公共性视为一种道德信仰，站在形而上的位置观察公共性。第二，二者都秉持着"施与型"的公共性实践模式，因而忽略了公共性应有的尊重、交往以及反思等要素。本节也将从这两个层次论证契约主义对国家主义和职业主义的超越。

（一）理论优势：公共性本质的新阐释

原初契约 A 将律师职业的公共性视为一项正义的事业，这种正义的属性包含两个层面，即形而上地对公平的永恒追求、形而下地对责任的确实履行。这是对公共性本质全新的阐释，将原本被割裂的律师职业公共行为的道德属性和效用价值重新关联起来。契约主义所阐释的公共性是在社会交换的过程中实现的，

---

❶ 赫伯特·马库塞. 单向度的人：发达工业社会意识形态研究 [M]. 刘继，译. 上海：上海译文出版社，2006：4.

"社会交换是居于外在收益的纯粹计算和内在情感的纯粹表达之间的中间情况。提供利益可能成为伙伴之间的纽带，也可能造成对他人的优越性，这取决于相互性。交往中的共同利益和冲突性利益"，"与严格的经济交换不同，因为没有明确指明的义务发生在社会交换之中，并且社会交换既需要信任，也会促进信任"❶。因此，契约主义能够有效地破除传统理论对公共性本质的两极化理解，将公共性建立在公平原则之上，并以实质责任理论重释律师职业的公共责任，真正将公共性的道德属性和效用价值连接起来。

1. 公共性的形而上属性：作为"公平"的公共性

对于公共性的形而上学的说明，职业主义采取了一种追求"善"的态度，也就是说，律师职业之所以具备公共性是因为这在道德上是好的，是值得追求的。但这种理论无法回答律师职业承担公共责任的正当性问题，仅仅通过"善"的说明也许可以构成对律师公共责任的道德提倡，却难以构成在法律上要求律师履行公共责任的依据。尤其是在商业主义崛起，信仰普遍衰落的现代社会，我们更加难以依赖"善"的说明来期待律师的公益行动，我们需要重释公共性的形而上学属性，使律师职业公共性获得正当性的说明。契约主义就提供了公平原则来取代"善"，这是更具说服力的阐释。契约精神的实质就是以公平原则为核心的，正如罗尔斯所说的"我们要把握这样一条指导线索：原初契约的目标正是适用于社会基本结构的正义原则。这些原则

---

❶ 彼得·M. 布劳. 社会生活中的交换与权力［M］. 李国武，译. 北京：商务印书馆，2012：22，44.

是那些想要促进他们自己的利益的自由和有理性的人们将在一种平等的最初状态中接受的，以此来确定他们联合的基本条件。这些原则将调节所有进一步的契约，指定各种可行的社会合作和政府形式。这种看待正义原则的方式我将称之为'公平的正义'"❶。

通过公平原则来证成律师职业的公共性将是一个更有说服力的方式。因为比起其他理论对于"律师职业为什么应当承担公共责任"问题的关注，公平原则更加关注的是"我们为什么有权要求律师职业承担公共责任"，它所阐释的律师职业公共性才能够切实地落实到"职责"的层面上，而职业主义等其他道德理论至多阐释了一种空洞的"自然义务"。首先，律师职业公共性是对其不应得的补偿机制，将公益法律帮助塑造为回馈社会的行为。在法治社会中，几乎一切纠纷都渐渐地被转化为法律问题，这就使律师帮助从"高档消费品"变成了"生活必需品"，现代法律生活中的许多事务不得不依赖于律师的帮助。但"仅仅因为一个人通过他更多的天生才能或者其他'幸运'碰巧能够对社会做出更大的贡献，他就从社会中得到更多的回报这是不公平的"❷，律师职业的高额利益在某种程度上是现代社会与国家所赋予的独特优势，是体制所带来的"运气"，而并非其自然应得。这种事实上的不平等需要补偿才能证成其本身的正当性，正如罗尔斯所述："'应得'是一种法律正义上的权利（entitlement）"

---

❶ 约翰·罗尔斯. 正义论［M］. 何怀宏，何包钢，廖申白，译. 北京：中国社会科学出版社，2009：9.

❷ Alan Zaitchik. On Deserving to Deserve［J］. Philosophy & Public Affairs. 1977（4）：370 - 338.

"由于出身和天赋的不平等是不应得的，这些不平等就多少应给予某种补偿……为了平等对待所有人，提供真正的同等机会，社会必须更多地关注那些天赋较低和出生于较不利的社会地位的人们。"❶ 具体到律师职业，可以说公共性就是对其不应得高额利益的回馈，律师只有通过进行公益活动，努力践行正义并争取法律资源的平等分配，才能为其利益获得正当性的依据。

其次，律师职业公共性是弱者保护原则的必然要求。罗尔斯摒弃了保护弱者的需求来源于同情或怜悯之道德情感的理论，而将其立基于公平原则之下。在契约主义的制度安排下，弱者自身就具有寻求保护的权利。因为作为法治国家中的公民不能由于天赋、财富等不可控的因素而在裁判中处于不利地位，公平的正义原则要求对不应得的不平等进行补偿，因此赋予公民获得法律救济的权利，事实上就是提供了任何人平等接近正义的机会。国家主义和职业主义的论证则仅仅关注了律师承担的义务，而忽视了处于另一端的权利问题。"政府与其他公共权威典型性地具有义务保护共同体内的共同善，因为这种义务派生于政府要服务于其主体的基本功能，他们的义务是对于作为整体的共同体，而不是对于任何个体的权利持有者，类似地，个人很有可能具有义务来承担他们要提供与保护的共同善的份额，这份义务也是基于其存在一般会给共同体的成员带来利益。"❷ 公平原则既关注了义务层面，也考虑到了权利的层面，即获得律师帮助本身就是公平原

❶ 约翰·罗尔斯.正义论［M］.何怀宏，何包钢，廖申白，译.北京：中国社会科学出版社，2009：79，77.
❷ 约瑟夫·拉兹.公共领域中的伦理学［M］.葛四友，译.南京：江苏人民出版社，2013：43.

则所赋予的一项权利。正如德沃金所言："保护权利的制度是建立在这样的信念之上的，即上述做法极其不公平，这种不公平是如此之重大，因此在社会政策和社会效益上为防止这种不公平而付出额外的代价是值得的。"❶ 相对于其他理论，契约主义更加完整地诠释了律师职业的公共性。

2. 公共性的形而下属性：作为"责任"的公共性

正如上文所提到的，遵循实用哲学的国家主义与遵循道德形而上学的职业主义都狭隘地阐释了律师职业的公共责任。更进一步分析，我们可以认为二者所阐释的不过是一种可归属的责任，对此著名哲学家托马斯·斯坎伦（Thomas M. Scanlon）精辟地区分了责任的两种概念，即作为可归属性的责任和实质责任。前者是指"当我们问一个人是否在第一种意义上对一个特定行为负责时，我们所问的是，这个人是否由于其如此行动而受到恰当的赞扬或指责"，后者则是指，在对某个后果负责时"那个人不能抱怨那个结果所产生的负担或义务……（可归属性）责任标准依赖于确定一个特定行为是否反映了那个行为者的判断敏感态度对于对一个行为者的道德评价来说的重要性。（实质）责任标准很大程度上来自让他们的行为和发生在他们身上的事，并且依赖于反映他们的选择以及其他反应对于行为者自身的重要性"❷。由此可见，国家主义和职业主义均事先确立了一套法律或道德规范以要求律师履行公共责任，而忽略在其中职业本身选择的重要价

❶ 罗纳德·德沃金. 认真对待权利 [M]. 信春鹰，吴玉章，译. 上海：上海三联书店，2008：266.
❷ 托马斯·斯坎伦. 我们彼此负有什么义务 [M]. 陈代东，杨伟清，杨选，等译. 北京：人民出版社，2008：318 - 319.

值，因而都是被外在赋予的，即斯坎伦所说的可归属的责任。而契约主义将律师职业的公共性建立在律师职业、政治国家、公民社会三者之间的社会交换系统之上，它更加关注公共性证成中律师职业自身的选择，在社会契约的层面上，履行公共责任不仅是律师职业审慎选择的结果，也是实现其职业价值最好的方式，契约主义所阐释的责任是一种实质责任。

从两个层面可以判断实质责任相对于可归属性责任的优越性。其一，实质责任相对于可归属性责任在实践态度上具备了主动性的特征，实质责任更关注的是律师职业自身的选择，其责任是建立在内在理由之上的。伯纳德·威廉斯（Bernard Williams）曾对内在理由和外在理由作出过区分，"某人有理由做某事"可以有两种解释：第一种解释，是指某人有某种动机而做某事对促进这一动机或价值具有深刻的意义，如果没有这个条件，这一判断就不成立；第二种解释，则是指某人有理由做某事，不管做某事是否有利于促进其特定的动机或价值。威廉姆斯称前者为外在理由，而后者为内在理由。❶ "根据内在理由的实践慎思体现了行动者对其行为和态度的责任感，对责任感的这种自我意识是重要的，因为它其实就是实践合理性的最小的实质条件。这个责任感是对一个人的实践慎思的责任感"❷，这就是契约主义对律师职业履行公共责任之理由的阐释，它将公共性的证成建立在律师职业自身审慎思考基础上的一致同意，而这种同意也构成了律师职业公益行动的内在理由，它对责任说明不仅仅局限于特定的规

❶ 伯纳德·威廉斯. 道德运气 [M]. 徐向东，译. 上海：上海译文出版社，2007：144－161.
❷ 徐向东. 道德哲学与实践理性 [M]. 北京：商务印书馆，2006：261.

范，而是作出了更充分和有说服力的阐释，正如斯坎伦所说的："达成一致意见的社会惯例在保持一致意见的义务之起源上可能起的三种作用。第一，它可能作为一种机制，显示我们的意图和对我们所处境况的理解。第二，它可以作为一种动机的来源，并由此作为对其他人将要做的事之期望的根据。第三，一种惯例的道德立场在产生保持特殊的一致意见的义务上可以起一种至关重要的作用。也就是说，这些特殊的义务可以被视为出自一种更为一般地遵守那种惯例之规定的义务。"❶ 外在理由并非律师职业的自身选择，它仅仅是外在的法律或道德准则赋予的，因此也往往无法使律师具备主动履行的责任感。

其二，实质责任相对于可归属性责任，也深化了公共性的内涵。具体而言，这种责任不仅局限于公共法律生活的参与，也构成了对律师职业甚至政府合法性的证明。"那些较有特权的人们将负起把他们更紧地束缚于一种正义制度的职责"❷，公民获得平等法律救济机会的权利，不仅是纸面上被规定的权利，更是一种赋予法律自身以权威的权利，因为基于社会契约，个体正是因为法律可以提供平等的保护，才放弃了私力救济。"法律权利的平等确实蕴含着获得法律救济的机会，并且按照必要性要求的观点，这也从而蕴含着获得法律援助的机会"，而"拒绝给某人以法律援助就是否认他在法律面前的平等性，而否认某人在法律面前的平等性就等于宣布我们政府丧

---

❶ 托马斯·斯坎伦. 我们彼此负有什么义务 [M]. 陈代东，杨伟清，杨选，等译. 北京：人民出版社，2008：347.
❷ 约翰·罗尔斯. 正义论 [M]. 何怀宏，何包钢，廖申白，译. 北京：中国社会科学出版社，2009：89.

失了合法性"❶。这种责任是源于社会契约的责任，它的"范围
远远超出我们一般认为的道德的范围。我们对于我们的社会秩序
运行方式的整体态度，以及我们对决定不同个人相关地位的方式
同意与否，这些都与我们关于责任的观点紧密相连……'责任'
这个概念的意义远远大于'强制'，其中最重要的或许就在于它
在指导个人自由地作出决定中发挥作用"❷。这种责任观既有效
地包容了职业公共性之匡扶正义的道德属性，又论证了外部规制
和国家支持的合理性，更好地诠释了公共性应有的价值。

（二）实践优势：互惠型公共性模式的确立

主契约 a 和子契约 a1、a2 描述了一种互惠型公共性模式，
从而破解了国家主义和职业主义在公共性实践模式上存在的"施
与型"依赖。"施与型"公共性模式主要表现为：伦理层面的家
长主义范式，认知层面的公私对立观念以及结构上的单向输入形
态。与"施与型"不同，契约主义倡导的互惠型实践模式认为，
公共性存在于政治国家、律师职业、公民社会的社会交换过程
中，这种模式提供了一种更为完善且更具活力的公共性实践，它
使得每个人都充分参与到公共生活中且因此而获益。下文将详细
阐明，互惠型模式是如何克服"施与型"模式的缺陷的。

1. 对家长主义伦理范式的破解

公共性行为的解释不必使用家长主义这种颇具争议的原理，
而使用契约主义的模式来塑造，将其归于比经济合同更高阶的社

---

❶ 戴维·鲁本. 律师与正义：一个伦理学研究 [M]. 戴锐，译. 北京：中国政法
大学出版社，2010：235，230.

❷ 弗里德里希·奥古斯特·冯·哈耶克. 自由宪章 [M]. 杨玉生，冯兴元，陈茅，
等译. 北京：中国社会科学出版社，2012：114.

会契约领域，则更能关注到弱者的尊严问题，同时也可以彰显律师职业的独立价值。一方面，家长式的关怀始终指向一种强者对弱者的责任观，接受法律帮助方往往被迫接受其作为弱者的设定而陷入一种不对等的定位，在这种模式中受帮助方仅仅作为家长式关怀的对象，是难有尊严可言的。契约主义则将律师和受帮助方的关系塑造为人格对等的主体，摒弃了家长式的强弱关系。社会契约的模型将"每个人的利益都被包罗在一种互利互惠的结构之中，这种在人人努力的制度中的公共肯定支持着人们的自尊……按照契约论的解释，把人作为自在的目的对待意味着至少要按照他们将在一个平等的原初状态中同意的原则来对待他们。因为，在这种状态中，人们作为把自己视为目的人有着平等的代表权，他们接受的原则将被合理地设计以保护他们的人格要求。这样的契约论就确定了一种人们将被作为目的而不仅作为手段对待的意义"❶。契约性理念下的公益法律帮助行为是实现平等法律救济权利的手段，根植于每一个公民平等的人格权之中，因此公益法律帮助不是律师高高在上的慈善性的施舍，也不是被动性的指派任务，它具有证明律师职业本身存在正当性的价值。契约性理念将律师与被援助方塑造为相互尊重的平等主体，他们之间不再是狭隘的经济合同关系，而是一种更具有价值追求的伦理关系。在这种关系中，律师热忱服务，维护公民的合法权益，公民也给予律师相应的尊重和信任，使律师获得工作的满足感和自豪感。

---

❶ 约翰·罗尔斯. 正义论［M］. 何怀宏，何包钢，廖申白，译. 北京：中国社会科学出版社，2009：139.

另一方面，家长式义务的证成始终指向一个特定的权威（社会权威或国家权威），它"是由权威（比如法律）所施加的义务，目的是保护其主体。就像所有作为权威产物的权利与义务一样，这些义务也引起了特殊的考虑，无论它们的证成是什么，由于它们并不是对自身义务，而是归因于权威的义务（如国家），这些义务产生于它的统治权"❶。在这种义务的模式中，律师职业仅仅作为一个工具在运行，它将公共性理解为政府服务或者社会服务的延伸，而忽略了律师职业在其中的内在价值。而契约主义则将律师职业、政治国家、公民社会置于平等的地位之上，律师职业的公共性不是政治国家、公民社会赋予的，而是内在于三者之间的交换过程中。在互惠型的实践模式中，公共性被理解为直接关乎律师职业正当性证成的属性，公益法律帮助行为是职业内在价值之所在。正如邱联恭所言："律师系为社会全体利益而存在，必须回应社会上一般人之具体需求，负有将自己所具备的高度学识、技能运用于社会公益之职责"❷，戈登亦认为："虽然律师的法律服务被售卖给客户，但他们个人职业信念却不能买卖……客户只能有限地购买律师的忠诚，因为律师职业人格的一部分必须贡献给公益事业。"❸ 契约主义指向了这种理解：律师职业公共性不是外在赋予的，而是其内在价值的必然要求。这将更有助于激发律师的职业荣誉感与公共服务的热情。

❶　约瑟夫·拉兹. 公共领域中的伦理学 [M]. 葛四友，译. 南京：江苏人民出版社，2013：39.
❷　邱联恭. 司法之现代化与程序法 [M]. 台北：三民书局，1992：184.
❸　R. M. Gordon. The independence of lawyers [J]. Boston University Law Review, 1988 (13)：1 – 83.

2. 从公私对立到"活私开公"

国家主义与契约主义将公共性视为与私人性完全相对立的属性，因而忽视了二者密切的内在联系。国家主义当然是完全地否定律师职业追求私人利益的正当性，职业主义虽然认可律师取得高额商业利益，但也只是将其作为律师进行更高级公共活动的手段（条件），即认为律师优越的经济地位将有助于其空出足够的时间追求更高的职业价值。这实际上并未认真对待私人利益和公益服务之间的交换关系。在职业主义的模式中，私人利益依旧是被排斥的对象。国家主义和职业主义对待商业性的态度具有细节上的差异，但本质上都将私人性视为与公共性相悖的因素。国家主义对私人性采取了完全排斥的态度，职业主义也只是将私人性视为实现公共性的一个非必要的条件。与前两者截然不同，契约主义将商业性视为公共性的一个构成性的要素，这就突破了公私对立的认知局限。

契约主义重塑了律师职业逐利性与公共性之间的关系，使二者不再是非此即彼的选择难题。律师职业公共性的实现恰恰就是在律师的私人利益和社会/国家的公共利益之间的社会交换过程中实现的，是一种互惠型的实践模式。具体而言，国家与社会赋予律师自治和垄断两个方面的利益，作为交换，律师职业回报以"反思"和"服务"两个层面的正义实践以确保法治的实现。从这一层面上来讲，律师职业获得的利益不仅不会与其公共性产生矛盾，而且成为其进行公益行动的理由。换句话说，没有这些利益的存在，国家与社会就无权要求律师职业追求正义。另一层面上分析，律师职业的公益行为也正当化了律师所获得的高额利益。这样，契约主义事实上就破除了公私对立的认知误区，它重塑了律师职业私人性与公共性的关系，即律师职业的高额利益构成了其公共性的理由，同时律师职业的公共性也为其高额利益提供了正当性依据。契约主义认为重视私人性和个人利益才是激发公共性的良策，这与金泰昌教授所描绘的"新公共性"概念也不谋而合，即"是要扬弃过去那种被两极分化的价值论、道德论的序列都被固定化了的公私观，成为'公'和'私'的媒介""所谓'公共'，是'公'的部分和'私'的部分，一边相互纠缠，一边进化。因此，没有'私'就没有'公'。'公'和'私'并不是分开的，而是'私'在忠实地实现自我的同时，从中开拓出一种在某种意义上的'同时实现体'，或者某种意义上的另一个维度"。❶ 这种新的公共性主张"活私开公"，即通过激活"私"来开拓"公"，具体到律师职业，即要求连接律师职业的逐利性与公共性，激发律师职业参与公共生活的积极性，扩展公共空间的范围。

契约主义所塑造的新公共性具有一种更加积极的姿态，它激发了律师职业参与公益法律服务的主动性。传统理论认为，律师职业的公共性是与"营利性"完全绝缘的，早在 1915 年，当时的美国律师协会会长就断言："法律是一种职业，而不是一种交易；法律包含更多的应该是实现成功，而不是赚取金钱。"❷ 这其实是违背人类利己本性的，这种公共性缺乏足够的激励，而主要依赖律师的"克己"来实现。具体而言，国家主义将律师的

---

❶ 佐佐木毅，金泰昌. 社会科学中的公私问题［M］. 刘荣，钱昕怡，译. 北京：人民出版社，2009：171，169.

❷ 布莱恩·Z. 塔玛纳哈. 法律工具主义：对法治的危害［M］. 陈虎，杨洁，译. 北京：北京大学出版社，2016：195.

公益法律服务视为一项强制义务，在这种语境下，律师通常将公益法律服务视为国家分配的任务而采取"应付式"的态度，往往无法保证服务质量；职业主义则将律师的公益法律服务整合到职业道德之下，在这种语境下，律师则把公益法律服务视为一项恼人的道德劝诫，往往能逃则逃，甚至心生嫌恶。正如上文所述，契约主义重塑了律师逐利性和公共性的和谐关系，律师进行公益法律服务不仅不与其获取的高额利益相矛盾，还成为证成其利益正当性的重要环节。它不单是一个利他行为，也是一个利己行为，关系到律师职业价值的自我实现。正如有日本学者的评论："国家主导的政府管理型公共性和市民公论或市民运动所担负的市民联动型公共性。无论是哪一种，它的前提都是除了'私'以外还有个'公'，占统治地位的观念认为要参与公共性行为就必须超越私心……这种观念没有搞活'私'开放'公'的'活私开公'思想"，而"正是因为有了营利才会有乐趣去想下次去做什么社会活动会得到利益……有钱，人才会聚起来，思想可以通过金钱扩散"❶。

3. 从单向输入模式到双向沟通模式

国家主义和职业主义将律师职业公共性视为政府服务和社会服务的延伸，这是一种自上而下的"权威主义公共性"的理解，它由特定的权威通过自上而下的构建模式形成公共性的结构，正如前言图3、图4所描绘的，这是一种国家权力统治抑或社会权

---

❶ 佐佐木毅，金泰昌. 中间团体开创的公共性［M］. 王伟，译. 北京：人民出版社，2009：4，19. 该引文前半句为今田高俊教授的阐述，后半句为薮野祐三教授的观点。其中所提到的政府管理型公共性和市民联动型公共性，笔者认为正好对应本书所提出的国家主义和职业主义。

力统治的模型，律师职业在其中并不具备独立的价值，它仅仅作为输出公共服务的工具存在。这种公共性实践，本书将其称为单向输入模式，这显然低估了律师职业在其中的作用，将公共性的内涵狭隘化了。国家主义倾向于将律师职业公共性视作一个国家权力范畴的概念，它必须经由政治国家的媒介才能发挥作用。而职业主义则倾向于将律师职业公共性视作一个社会权力的范畴，它必须经由公民社会的媒介才可运作。更进一步讲，在国家主义的视域，律师职业的公共性是由其国家属性得到证成，而职业主义走向另一端，认为律师职业的公共性是由其社会属性得到证成。我国就有学者认为律师职业的公共责任事实上就是源于其社会属性，"我国律师的定位经历了从国家的身份到社会人的转变，这一变化不仅拓宽了律师服务领域，即达致社会的各个层面，而且改变了律师提供责任的方式，律师对社会的公共利益承担一定的责任"❶，律师应当维护正义而不仅仅是为了商业利益。但正如上文所述，这两种观点均有较大的局限性，它们都将国家与社会人为地割裂开来。

在互惠型的实践模式中，律师职业的公共性并非简单地被归结于国家或者社会，它处于国家与社会中间领域，在国家、社会的双向联系中实现其公共性。正如有学者所总结的："律师在国家建立的规范秩序和社会各种不同利益和发展中充当了调和与媒介的作用。如果认为社会是一个系统，律师对这个系统最主要的贡献就在于'整合'：它协助规范各社会集团之间的关系；为这些关系创造新的形式，从而使旧形式适应新环境；为个人与组织

❶ 程滔. 法律援助的责任主体 [J]. 国家检察官学院学报，2018 (4)：3-13.

冲突提供解决的渠道。"❶ 契约主义对于这种公共性显然更具有解释力，图 2 展现的交换系统即契约主义模型构成了律师职业公共性的法理基础，它既为"我们为什么有权要求律师职业具备公共性"提供了理论上的回应，也为律师职业公共性的现实运作提供了实践上的指引。在这种模式中，律师职业不仅是公共服务的输出装置，而且是一个成熟的自下而上的反馈媒介，其公共性不是一种狭隘的单向输入，而是在双向沟通中实现的。契约主义将公共性置于一个广阔的社会互动过程中，它不再依靠个体行为或共同体行为这种静态的模式来获得自身的意义，而是通过沟通不同主体来实现自己的价值。法律援助在契约性理念下获得更广泛的意义，这种意义借由律师职业与政治国家、公民社会的双重契约实现，在这种契约模式下，律师需要帮助公民实现权利，同时承担着协助国家进行公共管理的义务，他在政治国家与公民社会中承担中介的作用。

首先，从政治国家到公民社会的方向上，法律援助培育了公民尤其是社会弱势群体的法治意识。律师职业为公民提供了广泛的法律救济机会，这也就大大降低了他们通过非法手段寻求救济的可能性。同时也增强了公民对法律普遍性和司法公正性的信心，使公民的守法意识更为稳固。这主要表现为上文所述的"服务"型正义。其次，从公民社会到政治国家的方向上，公共性传递了社会弱势群体的呼声，推动了社会正义的实现。公共性价值不仅仅局限于个案的正义，其更大的意义在于律师职业可以通过

---

❶ 迪特里希·鲁施迈耶. 律师与社会：美德两国法律职业比较研究 [M]. 于霄，译. 上海：上海三联书店，2009：179.

代理社会弱势群体，呼吁社会关注被忽视的权利，谋求公共政策和政府行为的改变。这主要表现为"反思"型的正义，具体来说，即契约主义在法律领域塑造了成熟的异见输出系统。"对于一个意见，因其在各种机会的竞斗中未被驳倒故假定其为真确，这是一回事；为了不许对它进行驳辩而假定其为真确，这是另一回事……我们之所以可以为行动之故而假定一个异见的真确性，正是以有反对它和批驳它的完全自由为条件"❶。可见，异见的自由表达可以有效地避免谬误，保障理性观点的输出。在国家治理中，政府往往倾向于以宏观的视角看待问题，往往会形成公权力的思维惯性，容易将问题简单化而忽视法律实践中的现实困境，律师的异见能够恰当地约束公权力的无度扩张，为政府提供丰富的法律实践经验，避免错误决策。律师职业正是通过这种政治化的公益法律实践，努力改善法律，推动实现社会正义的目标。律师异见在具体的裁判领域也发挥重要的作用。美国著名法学家桑斯坦通过大量的实证调查证明了法官在很大程度上也是从众者，他们往往受到"先例型流瀑"（precedential cascades）影响，即法官共同体中形成的所谓共识劫持了法官的个人判断，而这常常与社会现实脱节而导致谬误的发生。律师的对抗性陈述则对于避免这种谬误意义重大，他为法官提供了不同的视角。尽管异见对于社会具有很强的正面价值，但是并不意味着异见可以无限制地输出，真正对社会有意义的是理性的异见，而任由异见的输出则会导致桑斯坦所谓"群体极化"现象的产生，即社会公众的不满往往会因为他人同样的不满，而被推向更加极端的立场

❶ 约翰·密尔. 论自由 [M]. 许宝骙，译. 北京：商务印书馆，1959：22－23.

之上。❶ 这种"群体极化"现象如果没有一个合适的转化途径很容易演变为非理性的暴力行动，律师职业作为国家与社会之间的公共阶层就充当了缓冲角色，它有效地整合了社会一般公众的异见，并将它们转变为成熟的法律意见。这也契合了托克维尔对美国律师的描述，他认为律师职业是民主的平衡器，它有效地抑制了多数人暴政，以其特有的保守的性情防范着一般公众的激情与浮躁。❷

在美国，律师职业经常以集团诉讼作为法律援助的手段来推进社会正义的实现，"激进的律师正是以集团诉讼为媒介为福利权、种族配额、学校公车、公共住房、监狱重新建设以及学校体制和其他机构的重新建设而战斗"❸。如果只是局限于传统理论所描绘的"施与型"公共性实践中，这是不可能实现的。只有在互惠型的实践模式中，置于社会互动过程之中的公益行动才能发挥律师职业公共性的最大价值，才能成为律师自我实现，发现工作意义的媒介，正如德国著名社会学家诺贝特·埃利亚斯（Norbert Elias）所言："这个'自我'，这个'最大的个性'乃形成于诸多需求的某种连续性的交织过程，形成于某种持续的要求和满足、某种互动性的索取和付出。"❹

----

❶ 关于"先例型流瀑"和"群体极化"的具体论述，可参见：凯斯·R. 桑斯坦. 社会因何要异见 [M]. 支振锋，译. 北京：中国政法大学出版社，2016：58 - 59，112 - 114.

❷ 托克维尔. 论美国的民主（上卷）[M]. 董果良，译. 北京：商务印书馆，1987：332 - 342.

❸ 戴维·鲁本. 律师与正义：一个伦理学研究 [M]. 戴锐，译. 北京：中国政法大学出版社，2010：275.

❹ 诺贝特·埃利亚斯. 个体的社会 [M]. 翟三江，陆兴华，译. 南京：译林出版社，2003：39.

第三节　契约主义的本土适应性

上文在分析职业主义进路之时，论及其本土化的难题。有人可能有疑问：契约主义是否存在同样的问题，即尽管它有种种优势，但是否与我国的司法改革趋势相符合？是否能够与我国当前的律师制度相衔接？笔者认为，从律师制度的变迁来看，我国律师职业确实是沿着契约主义的道路进行建构的。按照契约主义的观点，律师职业将公共性作为交换的条件就是国家与社会赋予的自治地位和垄断地位，考察中国律师职业的发展，可以发现律师业正是向着这一方向进行改革的。本节试图阐明契约主义的论证路径是符合我国司法改革的逻辑与实践的，为过渡到下文具体的制度建构扫清前提性障碍。

一、我国律师职业垄断地位的逐渐确立

美国著名职业社会学家拉尔森和埃贝尔曾提出著名的市场控制理论，他们认为法律职业的职业化过程事实上就是以一个垄断市场为目标的职业计划，它的一个核心特征就是对行业准入的严格控制，笔者将从律师职业资格和法律服务市场两个方面来证明，我国律师职业事实上就是在逐步地强化律师职业的专业性并确立其法律市场垄断的地位。

一方面，考察我国历次司法考试制度改革的参考条件，发现这些要求呈上升的趋势。1996 年司法部出台的《律师资格全国统一考试办法》对参考人员的学历要求仅为专科及以上，并且考

试合格后可以直接申领律师资格证。2001 年最高人民法院、最高人民检察院以及司法部联合出台的《国家司法考试实施办法（试行）》，不仅将学历要求提升至本科，还规定申领律师资格证需要 1 年的律所实习期。2018 年 4 月 28 日，司法部颁布的《国家统一法律职业资格考试实施办法》，更是将参考条件定为：具备全日制普通高等学校法学类本科学历并获得学士及以上学位，或者全日制普通高等非法学类本科及以上学历并获得法律硕士、法学硕士及以上学位或获得其他相应学位且从事法律工作三年以上。值得强调的是，2018 年是司法改革之后，实施国家统一法律职业资格考试的第一年，它在考试形式上也有所变化。司法考试曾经施行的一考制，变成了如今的两考制，即考生只有在客观题考试合格之后，才能够参加主观题部分的考试，这在一定程度上克服了部分考生仅仅凭借短时间强记通过考试的情形，这种参考条件和考试形式的变化反映了对律师法学教育背景和专业能力的强调。

另一方面，从法律服务市场的角度，随着律师职业化的逐步深入，它逐渐排除了其他的服务主体，形成对市场的垄断之势。改革开放初期，我国经济迅猛发展的同时，社会法律服务的需求开始暴涨。而刚起步的律师职业无法满足这种需求，此时，社会上出现了很多隶属于司法行政机关的法律服务所，这些服务所的工作人员也自称"律师"，他们与律师事务所的律师分享着法律服务的市场，这一时期律师职业其实完全没有实现垄断。1996年《律师法》颁布之后，律师职业化改革逐渐提上日程，其规定没有取得律师执业证书的人不得以律师名义执业，不得为牟取经济利益从事诉讼代理或者辩护业务，而冒充律师从事法律服务的，由公安机关责令停止非法执业，没收违法所得，可以并处5000元以下罚款、15日以下拘留。现行《律师法》也延续了这一思路，其中第13条规定："没有取得律师执业证书的人员，不得以律师名义从事法律服务业务；除法律另有规定外，不得从事诉讼代理或者辩护业务。"这就从立法层面确立了律师对法律服务市场的垄断地位。由此可见，契约主义的解释在垄断地位这一条件上与我国律师职业的现状是相吻合的。

二、我国律师职业自治地位的逐渐形成

在自治地位方面，尽管我国律师协会尚未确立自治性地位，但分析我国律师协会与司法行政机关的权力对比，可以知道我国律师业经历了自治权不断扩张，而国家对其控制权逐渐削弱的过程。1980年《律师暂行条例》规定律师执行职务的工作机构是法律顾问处。法律顾问处是事业单位，受国家司法行政机关的组织领导和业务监督。此时的律师协会仅仅具有组织律师交流、维护律师合法权益的职能。1996年《律师法》则确立了司法行政机关监督指导和律师协会行业管理相结合的"两结合"管理模式，司法行政机关只具有宏观意义上的监督指导权，具体的行业管理权则归属律师协会。2007年修订的《律师法》第46条又新增了律师协会两项权力：第3项，制定行业规范和惩戒规则；第6项，对律师事务所实施奖励和惩戒。作为律师管理权最核心的惩戒权开始转移到律师协会，律师职业的自治权进一步扩张。可见，我国律师业的发展就是依循着契约主义的思路逐渐确立其垄断地位和自治地位的，契约主义可以为我国律师职业的公共性提供坚实的法理基础。

行文至此，本书已经通过比较分析的方法，对契约主义作为律师职业公共性的法理基础作出了完整的论述，它以更有说服力的方式回应了"律师职业为什么要具备公共性，具备何种公共性"的问题，并切实为律师职业公共性的实践提供了方案。更进一步分析，我们可以大致归纳出契约主义解释之下律师职业公共性的四个基本面向，即公平、中介、独立、多元。公平面向，是指律师职业不依附于任何特殊的身份来证成其公共性，而是内生于律师职业正当性的深层逻辑之中，它直接与公平原则与实质责任紧密相关。正如上文所述，契约主义所描绘的义务是一种自涉义务，它是一种出于自身福利需求并具备内在善的义务，而不是一种利他主义的牺牲。中介面向，是指国家与律师分享部分社会管理权，相应地也赋予律师职业在公共价值实现过程中所特有的整合性作用，它沟通了政治国家与公民社会，建立了国家权力与公民权利在法治层面上的有效联结。独立面向，是指社会赋予律师职业垄断地位，其实也就要求律师职业在面对特殊利益之时保持超然的独立地位，能够不依附于任何利益作出符合社会正义的判断。多元面向，是指律师职业公共性实现方式的多元性，律师职业与政治国家以及公民社会构成合作共赢的关系，并且在互动的过程中实现更广泛的公共价值。❶

"社会和国家将其他行业所没有的职业特权，包括自治、社会地位、社会声誉和市场垄断等赋予他们；作为回报，法律职业

---

❶ 契约主义所阐明的律师职业公共性的四个基本面向与下文将要论及的制度建构部分密切相关，其中公平面向从法律原则层面要求律师帮助权的宪法定位向基本权利转型（本书第四章）；中介面向与独立面向从法律规则层面要求律师协会确立自治组织的定位，律师职业确立自由职业的定位（本书第五章）；多元面向则从法律实践层面要求法律援助的实现方式走向多元化（本书第六章）。

遵循一套高标准的伦理规范、对公共福祉承担天然的义务和责任、提供高质量的法律服务等。这就是所谓的职业与社会或国家之间的社会契约理论。"❶ 它可能从三个层面对我国律师职业公共性进行重塑：首先，契约主义对律师职业公共性提出了全新的理解，将其确立为正义而互利事业的一环，揭示了契约主义公共性的公平面向，它从法律原则层面重塑了我国律师职业的公共性，也就是律师帮助权的宪法定位问题；其次，契约主义描绘了律师职业在这项互利正义事业中发挥作用的方式，揭示了律师职业公共性的中介面向和独立面向，它从法律规则层面重塑了我国律师职业的公共性，即律师协会与律师职业在《律师法》的应然定位问题；最后，契约主义确立了律师职业参与这项互利正义事业的实践模式，揭示了契约主义公共性实践的多元面向，它从法律实践层面重塑了我国律师职业的公共性，即法律援助的多元实践方式。下文，笔者将在契约主义理论的指引下分别从法律原则、法律规则、法律实践三个层面对我国律师职业公共性进行制度重构。

---

❶ 李学尧. 法律职业主义［M］. 北京：中国政法大学出版社，2007：127.

第四章

法律原则层面上契约主义对律师职业的重构

契约主义将整个律师职业公共性的论证框架涵射在公平原则的框架之下，它对律师职业公共性的本质作出了新的阐释，既不将其视为利益权衡的结果，也不将其视为道德理想，而将它解释为一项正义的合作事业。契约主义将律师职业公共性的契约义务视为公平原则的要求，它与平等权及人格权紧密相连，这在法律原则的层面决定了作为律师职业公共性制度根基的律师帮助权在宪法中也应当被视为一项与人的尊严紧密相关的宪法基本权利。我国《宪法》第130条规定："被告人有权获得辩护"，这种辩护权包括当事人自我辩护的权利，也包含获得律师协助辩护的权利，这就将获得律师帮助权以宪法的形式确立下来。但是该条出现在"国家机构"的相关章节中，被置于"人民法院审理案件，除法律规定的特别情况外，一律公开进行"，即

"司法公开原则"的要求之后，根据体系性的解释，当前宪法是
将律师帮助权视为一项司法原则的。这种司法原则的定位与契约
主义对公共性的解释相悖，它事实上仅仅是把律师帮助作为实现
法庭目标的工具，而没有将其作为公民基本权利的内在要求。司
法原则的定位将律师帮助行为的意义严重狭隘化了，它劣化为辅
助法庭的行为，律师职业通过维护当事人合法权利寻求正义的伦
理价值被悄然消解了。虽然司法原则的定位在历史上具有一定的
合理性，但是已经不能契合当今时代对国家以及律师职业提出的
要求。本章将详细阐明律师帮助权的宪法基本权利定位，为律师
帮助权提供更准确的解释。❶

第一节　作为司法原则的律师帮助权

本节将考察作为一项司法原则的律师帮助权的制度发展史，
阐明它是如何与司法权力紧密关联，尽管这曾经发挥过正面的作
用，在现代社会却已经成为切实保护公民权利的障碍。

一、一个制度史考察

考察我国律师帮助权宪法定位的制度史，可以发现从 1954
年颁布首部《宪法》以来（除了 1975 年《宪法》对律师帮助权
短暂的废止），我国就一直将获得律师帮助权定位为一项司法原

---

❶ 本章第二节、第三节包含部分已发表内容，并有所改动，参见：蒋超. 我国律师
性质的流变与重塑——"从本位主义"到"自由职业"[J]. 安徽大学学报（哲
学社会科学版），2018（2）：130 – 137.

则，作为庭审程序的一环。这代表了一种对于律师职业工具性的认知，也就是说，法律援助依旧被视为一种国家行为，而律师只是完成国家责任的手段而已。律师帮助权的司法原则定位，是与特定历史时期国家与社会对于法律的工具性认知密切相关的，其与中华人民共和国成立早期实施的人民律师制度以及改革开放初期的律师定位是相契合的，但是与20世纪90年代后我国实施的现代律师制度则产生了偏离。

民国时期出现的现代律师职业由于没有与传统讼师行业严格地区分开来，因此背负着沉重的道德污名，而新中国成立后由于政治和经济体制的彻底变革，尚不成熟的现代律师业被冠以"黑律师"受到了取缔，并迅速由人民律师制度所取代。人民律师制度的改革始于1954年，司法部发布《关于试验法院组织中几个问题的通知》，指定北京、沈阳等几个大城市试点人民律师制度，而随后9月颁行的《中华人民共和国宪法》第76条就规定："人民法院审理案件，除法律规定的特别情况外，一律公开进行。被告人有权获得辩护"，将获得辩护权视为与司法公开并立的一项司法原则，而辩护权包括自我辩护权与律师帮助权，因此借由这一条款律师帮助权也获得了司法原则的定位。1954年《宪法》诞生于旧律师制度被否定而新人民律师制度正在建立的过程中，因此它所阐明的律师帮助权应当是置于人民律师制度框架下的理解，律师已经不再具备市场身份，而是一名国家法律工作者。律师在帮助被告人进行辩护之时，也不是基于合同或者慈善的动机，而应当被解释为国家公职行为。律师帮助仅仅是为法庭审理顺利展开而施行的辅助手段，在人民律师制度的框架之下，辩护权是公权力的衍生，它被视为国家的恩赐，仅仅在其对国家有利的情况下才是有意义的。

　　人民律师制度并未持续太久，在艰难的探索时期，我国一度废止了律师制度，直至改革开放以后才开始恢复。1980 年颁行的《律师暂行条例》实际上是对新中国成立初人民律师制度的延续，之后的 1982 年《宪法》以及历次修订也依然将律师帮助权视为一项司法原则。在《律师法》颁布之前，这种定位是具有其合理性的，因为律师就是国家公职人员，因而律师对当事人的帮助也被认为是执行司法行政机构指派的行政行为。司法原则的定位本质上是国家主义政治传统的延续，是注重司法权力的特定时期的产物。

二、司法原则定位的历史意义

　　从历史上去考察，司法原则的定位事实上是国家主义政治传统的延续，它与人民律师的制度传统是相契合的。尽管在现代律师制度的背景之下，它存在诸多问题，但是在当时的历史上它依然存在一些现实的合理性。新中国成立初期由于废除了旧法统，我国急需建立新的社会主义法律体系。尽管从理论上来说，经由社会需要逐渐孕育出规则的所谓"社会建构主义"的路径具有更加稳固的基础，但是显然百废待兴的中国没有办法等待这一过程。因此，这一时期我国通过"国家建构主义"的路径迅速建立了自己的法律体系。而具体到获得律师帮助权，由于社会律师发展的不成熟，尤其是新中国成立初期又被冠以"黑律师"的名称加以取缔，使得国家难以依靠律师来保障公民权利，因此将律师纳入公权体系，并将律师帮助作为司法权力的延伸就成了理所当然的选择。

这种制度设置一定程度上克服了源自西方的律师职业制度的本土不适应性。一方面,它弥合了现代律师文化与讼师文化的断裂。虽然清末立宪,我国就已经在法律层面确立了律师职业的现代标识,但是一般的社会公众根本无法区分讼师与律师。而所谓的律师职业也没有形成自己独有的执业方法,往往沿用着讼师的谋略与技巧,这种技巧被美国西北大学教授梅利莎表述为:"聪明和狡诈的才智,包含了谋划、哄骗、预测、欺诈、理解人类行为以及躲避危险的实践能力。"❶ 他们经常在手段上突破法律的限制,而仅仅追求事件的解决。在官本位的传统社会中,一般社会公众比起依靠不成熟的律师行业,也更倾向于期待政府的公正裁判。这种认知在新中国成立初期依旧十分强烈,因此在这一时期将获得律师帮助权视为司法原则,作为司法权力的延伸,并且将律师职业纳入公职体系,不仅是保障公民权利的需要,也对洗刷律师职业在讼师时代积累的道德污名具有积极的意义。另一方面,1982 年《宪法》将获得律师帮助权视为司法原则也与当时高度组织化实践所形成的"政法文化"有关,这种文化的典型特征是法律问题与政治问题不分,而法律与公权力本身就是一个同构关系。20 世纪 70 年代末,律师职业重登历史舞台,在很大程度上也是在彰显国家重视法治的决心,颇具政治上的象征意义。在这一时期,公众认知的职业与公权力密切相关,它应当被整合进政府所领导的单位体制之中。因此,在这一时期确立获得律师帮助权为司法原则,将律师帮助视为司法权力的延伸,对于

---

❶ 梅利莎·麦柯丽. 社会权力与法律文化:中华帝国晚期的讼师 [M]. 明辉,译. 北京:北京大学出版社,2012:313.

重塑律师的地位并最终促使其顺利过渡到现代律师业具有积极的意义。但这种定位在现代律师制度建立之后则丧失了合理性，当律师作为独立的辩护人出现在法律舞台上时，他就成为公民权利的守护者，而不是完成法庭程序的工具。下节将详细论述司法原则定位与基本权利定位的异质性，揭示基本权利对于司法原则的超越。

第二节　司法原则与基本权利的异质性

上文从历史描述的角度分析了获得律师帮助权司法原则定位的形成，以及在特定背景下的现实合理性。但是在当今社会，人民律师制度已经不复存在，国家法治建设也逐渐从单一的"国家建构主义"转向国家与社会的共享共治。司法原则的定位在这一背景下已经不足以完成它的使命，因此笔者认为获得律师帮助权需要由司法原则转向基本权利的定位。本节将从三个层面来探讨二者的异质性。

一、权利来源的异质性

司法原则的定位始终将获得律师帮助权视为因社会治理需要而建构的一项权利，它是国家权力从外部建构起来的，因此与公权力具有天然的亲缘性。它更多将获得律师帮助权视为一项政府的恩赐，而不是一项源自尊严的基本人权。从实践中进行考察，我们就可以发现，目前我国的法律援助工作主要由法律援助中心负责，现实之中法律援助中心往往设置在司法行政机关内部，从宏观管理到具体事务都受到公权力的限制，这也就导致在援助工作面对公权力之时，必然无法保证自身独立性，甚至成为所谓的"第二公诉人"。这种司法原则的定位实质指向一种国家管理利益，即设置获得律师帮助权能够有效地宣传法治，塑造公众对司法权力的信心。相对于作为基本权利的获得律师帮助权，它不具有稳固性，因为权利的有无主要取决于国家管理的需要。有学者认为，尽管获得律师帮助权被置于司法原则的定位，但是它依然能够发挥保障人权的作用。❶ 笔者部分认同此观点，但是依然坚持认为将获得律师帮助权在宪法中明确定位为基本权利具有必要性，因为司法原则定位下的获得律师帮助权仅仅构成了对人权的外部保障功能，它是一项保障人权的外部制度设置。而基本权利的定位将获得律师帮助权自身就作为人权，则可以发挥对于人权的内部保障功能，其不以国家的意志为转移，并以限制公权力的规范运行为己任，是一项更稳固的权利形态。

作为基本权利的律师帮助权不仅能切实地保障公民的个案利益，而且关乎律师职业乃至政府存在之正当性的权利。契约主义将律师帮助行为整合到公平原则之下，在它的指引下，我们可以推断律师帮助权不仅是刑事诉讼中的一个重要环节，而且是政府对每一个公民的庄严承诺，是一项宪法基本权利。而司法原则的定位将律师帮助行为的意义严重狭隘化了，它劣化为辅助法庭的行为，律师职业通过维护当事人合法权利寻求正义的伦理价值被悄然消解了。获得法律帮助对应着公民获得平等法律救济机会的

---

❶ 尹晓红. 获得辩护权是被追诉人的基本权利：对《宪法》第 125 条"获得辩护"的法解释 [J]. 法学，2012（3）：63 – 69.

权利，而这种权利不是仅仅是纸面上被规定的权利，更是一种赋予法律自身以权威的权利，因为基于社会契约，个体正是因为法律可以提供平等的保护，才放弃了私力救济。"法律权利的平等确实蕴含着获得法律救济的机会，并且按照必要性要求的观点，这也从而蕴含着获得法律援助的机会"，而"拒绝给某人以法律援助就是否认他在法律面前的平等性，否认某人在法律面前的平等性就等于宣布我们政府丧失了合法性"❶。在契约主义的理解之下，公民获得律师帮助的权利不仅是隐藏在法律文本之中的权利（textual right），而且是一种隐藏在赋予法律以权威的政治架构中的权利（legitimation rights）。❷ 经典的宪法学理论认为，基本权利的一个重要功能即它的防御权功能。它"是公民基本权利的一项权能，指公民可以要求国家不侵犯基本权利所保障的利益，当国家侵犯该利益时，公民可以直接依据基本权利的规定请求停止侵害"❸。而获得律师帮助权的设置恰恰就是为了限制公权力肆意干涉公民权利，保障控辩双方的平等不仅仅是实现法庭目的所需，更重要的是人格尊严权的内在要求，因为这才真正地将每一个被追诉人视为一个主体去尊重，使他们在法治社会中都有足够的能力去追寻公平正义，而不仅仅是法律所针对的客体。

另外，这种权利来源的异质性也造成了获得律师帮助权利保护范围的差异。我国宪法规定，被告人有权获得辩护，也就将这种权利的主体限制在"被告人"，而这种称谓仅仅在法庭审判中

---

❶ 戴维·鲁本. 律师与正义：一个伦理学研究［M］. 戴锐，译. 北京：中国政法大学出版社，2010：230.
❷ 戴维·鲁本. 律师与正义：一个伦理学研究［M］. 戴锐，译. 北京：中国政法大学出版社，2010：230.
❸ 张翔. 基本权利的规范建构［M］. 北京. 法律出版社，2017：114.

才成立，因此从文本上也可以认为目前我国宪法所确立的获得律师帮助权，仅仅局限在刑事审判阶段。姑且不论在重大民事案件中，当事人获得律师帮助的权利，即使在刑事诉讼中，仅仅局限于审判阶段的律师帮助也无法确保有效的辩护。一个有效的辩护应当是贯穿整个诉讼程序的，但是目前司法原则的定位难以实现这一目标。

二、帮助模式的异质性

司法原则下的律师行为模式背后依循的是一种实用主义的哲学，其背后指向的是一种工具性的善，即考量行为是否对实现某种善具有价值，而不去考察行为自身的正当性。由于实用主义哲学的影响，司法原则定位的律师更加惯用利益的话语，它遵循了司法利益至上的原则，律师在实施法律援助之时更多是在执行司法任务；相对地，基本权利定位下的律师则多使用权利话语，以维护委托人合法权利为最优先目标，甚至不惜与公权力发生对抗。具体而言，司法原则的定位将律师的法律援助行动视为国家利益主导的政府行为，实施援助主要是出于国家治理的需要。一个政府想要维系社会秩序的稳定，单纯的外在强制是不可靠的，它需要树立公众对法律和司法的信心，完善诉讼程序并保障审判公正。司法公信力是社会稳定的重要因素，公众只有在相信司法公正的条件下，才能够最大限度地避免私力救济导致的无序状态。"让人民群众在个案中感受公平正义"已经成为我国司法改革的核心理念，而公民获得法律援助是彰显司法公正的一种直接方式，政府支持的法律援助是国家重塑公正的司法形象的重要举措之一。这种定位将律师帮助行为视作考量国家管理之政策利益的政府行为，而律师个体的援助行为只是在协助国家治理，完成政府所指派的任务而已。

基本权利下的律师行为模式则遵循着义务论的哲学逻辑，其背后指向的是内在性的善，即"因其自身"而是善，这种模式强调了律师对执业行为本身的反思和审慎的态度。❶ 德沃金认为："在法律真正是什么或者正义真正要求什么，与以某种方式表达或思考会有如何的益处这两者间的区分，对我们是至关重要的……实用主义者则要求我们抛弃这个区别。"❷ 因此，基本权利的定位对律师法律援助行为提出完全不同的理解，它是公民平等权和人格权的内在要求，也是律师践行社会正义、实现职业价值的重要渠道。进一步分析，司法原则指引下的律师惯用的是利益话语，而基本权利指引下的律师则往往使用权利话语。"权利包括利益，而利益不能代替权利，利益只是权利的诸多要素之一，权利和利益是不能等同的。"❸ 在律师执业中利益的话语是一种实然的描述，而权利话语则是一种应然的评价，而"从下面两个方面来看权利都优于利益，即权利制约利益和权利不是以功利和社会效果为基础，而是以其正当性的演化与利益无关的道德原则为基础。作为王牌（trumps），权利对他人利益、社会利益和多数人的意志施加限制"❹，权利话语本身就包含着对律师执

---

❶ 关于工具善和内在善的表述，可参见：David McNaughton. Piers Rawling: On Defending Deontology ［J］. View issue TOC, 1998（11）：37－54.

❷ 罗纳德·德沃金. 身披法袍的正义 ［M］. 周林刚，翟志勇，译. 北京：北京大学出版社，2014：40.

❸ 马玲. 利益不是权利：从我国《宪法》第51条说起 ［J］. 法律科学，2009（5）：74－84.

❹ 夏勇. 公法（第1卷）［M］. 北京：法律出版社，1999：105.

业行为正当性的引导和约束。司法原则下的律师是特殊利益指向的，它的功能被局限于个案之中局部或特殊利益的维护，律师职业的公共性意义无法得到彰显。而基本权利指引下的律师则以追求普遍正义为己任，相较作为实现特殊利益的工具，其更强调自身社会价值的实现。

三、双边关系的异质性

无论是作为司法原则的律师帮助权，还是作为基本权利的律师帮助权都是与平等的命题相关的，但是它们可能对应着两种不同意义的平等。前者主要是指分配意义上的平等，它要求法律资源的平等分配，以及对穷人的法律救济。这事实上已经预设了一个歧视性的前提，即凡是接受法律援助者皆是社会上能力较差的群体。为获得援助，被援助方将不得不陷入自我贬低的境况，这从一开始就没有将援助方和受援助方置于平等的地位。分配意义上的平等主义实质本身就常规地包含着不平等的对待；后者则是道德意义上的平等，即将每个公民作为有尊严的道德主体平等地对待，所有的行动主体都应当得到法律的平等尊重。"契约论的正义观念一般地比其他政治原则更坚定地支持着公民的自尊。在公共讲坛上，每个人都由于一种至上的平等而受到尊重；每个人也都拥有在一种被认为公平的最初状态中会被承认的同等的权利。"● 司法原则所诠释的律师与委托人之间的双边关系是主客体之间的关系，它是建立在强弱、尊卑的对比之上的，它实际上

● 约翰·罗尔斯. 正义论 [M]. 何怀宏，何包钢，廖申白，译. 北京：中国社会科学出版社，2009：424.

是依然在强调通过一种具有倾向性的分配来达到实质平等。基本权利所诠释的双边关系则是主体之间的关系，它将律师帮助视为基本权利的要求，而不是出于社会治理的国家建构。契约主义将律师职业公共性置于公平的交换关系之中，实际上就塑造了互相尊重的良性关系，它所诠释的双边关系是一种信赖、合作的主体间关系。

可见，契约主义所揭示的公平面向更倾向于道德意义上的平等，它凸显了公民人格尊严上的平等价值，"人格尊严要求被告人拥有这样一个辩护人"❶。美国联邦最高法院就遵循着原初契约的指引把律师帮助权称作"作为保障生命和自由的基本人权的第六修正案所含的一个安全阀""防止专断和不公正地剥夺人权的一座保护闸"❷。总之，在契约主义的基础上，律师帮助权应当是一项宪法基本权利，而不仅仅是一项司法原则。

第三节　从司法原则走向基本权利的路径

从司法原则到基本权利的转向，一方面，指向了一种律师执业观念的变革，它要求律师执业不仅仅是对法律规则的机械适用，更是一种对法律自身的正当性及其背后的法律援助的关注。"仅仅是一种意识，就能够有效地帮助法科学生和律师免受工具

---

❶　戴维·鲁本. 律师与正义：一个伦理学研究［M］. 戴锐，译. 北京：中国政法大学出版社，2010：177.

❷　詹姆斯·J. 汤姆科维兹. 美国宪法上的律师帮助权［M］. 李伟，译. 北京：中国政法大学出版社，2016：30.

主义和物本主义法律思想的荼毒。"❶ 另一方面,则指向了一种对有效辩护的强调,它要求律师的帮助不应仅仅是具备形式或程序的意义,更应当具备实质的效用。本节前两部分的内容,即法学教育的转型与职业伦理的构建部分,主要是一种观念的变革,而第三部分关于有效辩护的内容,则是一种制度上的重构。

一、法学教育的转型

获得律师帮助权基本权利之定性要求法学教育从单纯的技术训练转向思想的启蒙。有美国学者指出:"美国法律教育巧妙地表达了一种理念:法律仅仅是一种工具,而律师则是社会工程师。因此,对信仰的冷漠成了学生的一项准则。"❷ 而中国的法学教育亦有此种问题,多数法学院并未设置司法伦理的课程,不少院校的法学教育甚至以帮助学生通过司法考试为主要任务,法学院异变为司法考试辅导班抑或司法技术的训练营。这种狭隘的法学教育造成的最直接的恶果就是,法律工具主义思想的泛滥以及律师社会责任感的缺失。"法学教育不应只局限于传授知识和专门的技术。它还应包括灌输谨慎的、关心公益的性格品德"❸,这种教育"并不是单纯指培养更多的专业人才让国民更便捷地获得司法服务,而是培养出能够真正提供值得信赖的司法服务的法

---

❶ 迈克尔·舒特. 执业伦理与美国法律的新生 [M]. 赵雪纲,牛玥,等译. 北京:当代中国出版社,2014:130.
❷ 迈克尔·舒特. 执业伦理与美国法律的新生 [M]. 赵雪纲,牛玥,等译. 北京:当代中国出版社,2014:10.
❸ 安索尼·T. 克罗曼. 迷失的律师:法律职业理想的衰落 [M]. 田凤常,译. 北京:法律出版社,2010:153.

律人才"❶。

　　在司法考试实施初期，学界和实务界曾经掀起过关于司法考试与法学教育之间关系的大讨论。有些学者认为法学教育以司法考试为导向具有其合理性，❷ 但更多的学者认为法学教育与司法考试应该呈现一定程度的分离态势，司法考试考察的是法学教育的成果，而非法学教育为司法考试而存在。❸ 我国司法考试被称为"中华第一考"，试题新颖，具有思辨性，且多反映了法学界的前沿学术成果，因此一定程度上司法考试可以成为法学教育的试金石。但是经过多年常规教育的法学学生无法比过仅经过几个月培训的无法学基础考生，在考试层面"博士生不如硕士生，硕士生不如本科生"的现象确实存在。有学者认为这是现行法学教育需要反思的地方，但是笔者怀疑这更多的可能不是由于法学教育本身的缺陷，否则就无法解释为什么这种现象普遍存在于各大高校，甚至公认为教育水平较高的名校。司法考试的试题设置与考察形式可能是更需要反思的地方，我国司法考试依然存在客观题远远多于主观题，记忆性试题远超理解性试题以及重书面考察忽视实务考察的面向，这客观上也为不少突击备考的考生创造了机会。现行司法考试改革将考试门槛大大提高，并且将原来的一考制转变为两考制，更多地关注主观题的考察，其实就是克服前述缺陷的一个尝试。尽管司法考试对于法学教育有一定的借鉴意

---

❶　森际康友. 司法伦理［M］. 于晓琪，沈军，译. 北京：商务印书馆，2010：1.

❷　周祥，齐文远. 法学教育以司法考试为导向的合理性：以司法考试刑法卷为例［J］. 法学，2009（4）：93 - 102.

❸　朱立恒. 法学教育与司法考试是互动还是冲突［J］. 理论月刊，2007（12）：107 - 111；何士青. 司法考试与法学教育：兼评司法考试与法学教育的关系［J］. 湖北大学学报（哲学社会科学版），2004（1）：77 - 81.

义，但是一切以考试为纲的法学教育存在巨大的缺陷，最明显的问题就是对公益实践和职业道德的忽视。正如上文所说的，一切以司法考试为指引的法学教育至多培养出为社会提供法律服务的专业技术人才，但是一个良好的法学教育不仅是传授技术，而且是要培养出真正值得信赖，能够为法治建设乃至社会正义作出贡献的司法人才。

二、职业伦理的构建

律师基本权利之定性要求其职业伦理从角色道德转向关怀伦理（ethic of care），司法原则定位下的律师帮助权遵循的是一种角色道德，具体来说就是在法律援助行为中扮演着司法官员的角色，忠实地完成国家赋予的任务。这种国家权力介入的形态，严重损害了律师辩护的独立性，不利于律师职业在与公权力对抗之时保持中立的姿态并维护委托人的合法权利。同时，由于这种伦理观是一种特殊道德，秉持着道德相对主义而忽视了其普遍性。它使律师与客户之间的关系沦为不平等的主客体关系，而基本权利的定位指向一种关怀伦理，比起法律的机械适用，更加关注权利背后的正当性基础，其真正将委托人作为平等的主体予以尊重。"律师和客户在道德方面可以相互学习。为了实践这一伦理，他们必须承认自己不是'道德孤岛'，承认真正的互动和道德对话是非常必要的。这不是角色扮演，而是人与人的关系，在这一模式中，律师和客户都是真心地相互爱着自己的邻人。"❶ 依循

---

❶ 迈克尔·舒特. 执业伦理与美国法律的新生 [M]. 赵雪纲，牛玥，等译. 北京：当代中国出版社，2014：240.

这一模式，美国的律师职业伦理规则已经发生了相应的改变，如
1986 年，美国律师协会律师职业委员会就律师职业伦理定义道：
"律师致力于客户利益和公共利益"，示范规则 2.1 也规定"律
师提供建议的时候，律师不应只参考法律，还应思考可能与客户
情况相关的道德、经济、社会和政治因素"，这表明律师与客户
并非简单的法律意义上的合同关系，而是具有更加丰富的伦理意
蕴，根本上来说关怀伦理"反对只是基于为当事人服务以及关注
这种服务底线的传统职业观"❶。关怀伦理还指向律师职业关注
法律原则的执业方式，比起机械地运用法律规则，它更多地思考
法律背后的深层次逻辑，在这种关怀伦理的指引下，律师职业
"不论身处何种位置，即使他们对于具体的法律解读、法律适用
可能存有不同的意见，律师们都投身到法治事业。他们的职业和
生计也依赖于其献身的法律原则和法律程序"❷。

三、实质辩护标准的确立

司法原则所关注的获得律师帮助权主要是从程序意义上去讨
论的，它忽略了律师帮助在实现公民权利中的实质价值，而往往
流于形式。在刑事诉讼中，被追诉人要面对的是强大的公权机
构，不仅资源能力有限，还往往处于高度紧张和被控制的状态，
辩护人的出现就是要弥补这种控辩的不平衡，发现真实，保护被
追诉人的权利。辩护人的出现事实上并非一件令人惊奇的事，因

---

❶ 戴维·鲁本. 律师与正义：一个伦理学研究 [M]. 戴锐，译. 北京：中国政法
大学出版社，2010：12.
❷ 德博拉·L. 罗德，小吉弗瑞·C. 海泽德. 律师职业伦理与行业管理 [M]. 2 版.
许身健，等译. 北京：知识产权出版社，2015：50.

为随着法律程序本身以一种高级形式加以阐释时，那种通晓司法过程并能对普通的人们说明这些程序的顾问和专家的发展就成为必不可少的事情。❶ 而"辩护制度的价值就在于使个人能力提高到某种阶段，能够借别人的眼睛透视真实，能在人情、法理范围内尽量变得大公无私并摆脱偏见的羁绊"❷。一个完整而充分的辩护是获得律师帮助权的核心，它既要求程序上的保障，也要有实质上的标准。正如我国有学者指出的："有效辩护是指辩护律师提出的正确的辩护意见或主张被司法机关接受或采纳，在实体上或程序上作出了对被追诉人的合法权益产生了实质影响而不是仅仅具有形式意义。"❸

具体到实质辩护的标准问题，王兆鹏将其分解为三点：充分及自由之沟通；审判中的实质、有效的辩护；侦查中之实质、平等的保护。首先，就是保障辩护人和被追诉人毫无障碍地充分、自由沟通。这是律师权的基础，律师在会见当事人之时，应当享有不被监听的权利，只有这样当事人才能毫无顾虑地向律师吐露真实，不用担心今日的陈述变成未来的不利证据，如果不能确保这种充分而自由的沟通，而使被追诉人始终处于恐惧之中，这种辩护的效果就会越糟糕。其次，在审判阶段律师应当尽心竭力地为被追诉人服务，争取对其有利的审判结果，并应当保留被追诉人以未受实质、有效辩护为理由上诉的权利。有效辩护的标准不在于提高律师的执业水平，而是确保能产生公平正义的审判结

---

❶ 尹晓红. 我国被追诉人获得辩护辩护权之保障 [M]. 北京：中国政法大学出版社，2013：29.

❷ 熊秋红. 论刑事辩护制度之理论基础（下）[J]. 政法论坛，1997（2）：51–58.

❸ 尹晓红. 我国被追诉人获得辩护辩护权之保障 [M]. 北京：中国政法大学出版社，2013：29.

果。王兆鹏认为："无效辩护应当同时具备二要件：行为瑕疵。被告必须具体指出辩护人之辩护行为有瑕疵，致未发挥辩护人应有功能。结果不利。瑕疵行为严重至审判已不公正，审判结果亦不可信。"❶ 最后，是指在侦查阶段犯罪嫌疑人具有获得律师协助的实质权利，他有权在与辩护人会见之后再作陈述或为重大决定，并且如若在侦查阶段的一些强制处分措施可能导致作出非真实、非任意、非明智的陈述或重大决定时，犯罪嫌疑人应享有实质的辩护权利。按照我国学者的观点，一个有效的辩护的内容应当包括："在整个诉讼过程中享有充分地获得辩护的权利，应当允许其聘请合格的、能够有效履行辩护职责的律师为其辩护，并保障律师的一系列权利；设立法律援助制度，为无力聘请律师的人提供免费的法律援助。即有效辩护的标准为获得'律师'、'完整'而'充分'的辩护。"❷

本章末尾，必须强调的是，律师帮助权从司法原则向基本权利的转变，并不是要否认律师帮助权的设置对于社会治理的重要工具意义，而是要表明基本权利的定位突破了工具主义的桎梏，能够更好地揭示律师帮助权的实质。同时，它强化了公民权利意识，比起单纯的国家建构，基本权利定位更能得到公民的理解与支持，其对于增强司法公信力乃至推进社会治理等重要的工具性价值，具有深刻的正面意义。

---

❶ 王兆鹏. 辩护权与诘问权［M］. 武汉：华中科技大学出版社，2010：82.
❷ 尹晓红. 我国被追诉人获得辩护辩护权之保障［M］. 北京：中国政法大学出版社，2013：36.

第五章

法律规则层面上契约主义
对律师职业的重构

在法律规则层面，契约主义对于律师职业的重构主要体现在对于律师职业组织和律师职业性质两个方面的法律定位上。现行《律师法》对律师协会和律师职业的法律定位阻碍了律师职业公共性实践的展开，因此契约主义要求在法律规则层面重塑二者的法律定位以充分实现律师职业的公共性价值。一方面，契约主义赋予了律师职业自治地位，与律师职业分享了部分社会管理权。这就要求律师职业在政治国家与公民社会之间发挥中介性的作用，它承担着缓解权力与权利之间的紧张关系，整合各方利益以维护法治秩序的重任，其"在社会结构中的地位是一种'间质'（interstitial）；是立法机关、行政机关和普通公众的缓冲期（buffer）……西方法治社会中的法律职业是维系整个政治和法秩序的基本支点之一，发挥着秩序正统性的再生产功能"❶。这不是凭借单个律师的行动便可以达成的，它需要一个组织化律师职业群体在国家与社会的互动过程中发挥整合性的作用，也就是说，要实现律师职业动态的、互动的公共性实践形态，有必要建立一个有力的律师组织。考察我国律师职业的现状，目前我国的律师职业化代表的律师协会在一定程度上仍受到司法行政机构的钳制，更大程度上是一个自律组织，缺乏力量的律师协会必然会成为律师职业公共性发挥的障碍。另一方面，契约主义又赋予律师市场垄断的地位，实际就是要求律师不被特定的利益（国家利益或客户利益）所左右，成为不依附于任何利益的自由职业，将律师职业纳入法治建设事业中来。本章试图从组织定位和职业性质两个方面详细阐述律师职业公共性的重塑问题。

第一节　律师职业组织法律定位的重构❷

2016 年 11 月 29 日，司法部发布《关于进一步加强律师协会建设的意见》，指出律师协会是承担特殊职能的行业协会，发挥着党和政府联系广大律师的桥梁纽带作用。律师协会将律师个体的力量整合为律师职业群体的智慧，可以为国家的法治建设提供法律实践层面的宝贵经验，而我国"自律组织"的定位则极大地贬低了律师协会的功能，具有诸多局限性，其已经无法契合

---

❶ 李学尧. 法律职业主义 [M]. 北京：中国政法大学出版社，2007：70.
❷ 本节曾以《通往依法自治之路——我国律师协会定位的检视与重塑》发表于《法制与社会发展》2018 年第 3 期，收入本书时有所删改。

时代进步与改革精神。

一、历史之困：“建构型律师组织”的先天不足

根据律师组织产生方式的差异，可以将其分为“内生型律师组织”和“建构型律师组织”。所谓“内生型律师组织”是指在公权力以法律的形式确立律师组织合法地位之前，社会之中已经产生了较为成熟的律师团体，而法律只是确认了这一事实，并进行制度上的管理和完善。相对地，“建构型律师组织”则是指在公权力以法律形式建立律师组织之前，社会之中尚未形成成熟的律师团体，甚至没有与现代律师组织相协调的法律文化。这类律师组织并非自发结成，而是经由行政权力从外部建构起来的。我国律师协会属于“建构型律师组织”。下文将通过与“内生型律师组织”比较的方式，从历史的维度探明“建构型律师组织”的先天性缺陷，而由于产生方式的差异，两类律师组织的发展进路也并不相同。

（一）同质情感缺失

同质情感是团体自发形成的意识基础，其对维系团体生命，凝结团体的力量起到至关重要的作用。事实上，远在欧洲律师界产生法定性律师组织之前，其就已经形成了自发性律师团体，“19世纪早期团体中自尊意识已十分明显”“每当有大量的律师并形成一个群体时，一般说来，他们必定组成严密的团体，他们中每个人都带着强烈的利益和荣誉意识。这些团体组织规范着职业行为，调解成员个人与外部机构的纠纷。律师们都踊跃参加他们组织的会议，有时会场上相当活跃……个人被组合进团体中，律师把他们当成‘代理社团’或者‘辩护人协会’的一部分，

他们的自身利益、抱负、家族传统以及特有的爱憎情感促使他们联合起来维护他们职业团体的荣誉和尊严"❶。"内生型律师组织"经历了自发性律师团体的历史过程，因此其内部始终沿袭着传统职业习惯和法律信仰，这也印证了涂尔干的论断，即现代西方的律师协会"其实是一种有组织的法人团体，不仅定期举行集会，还隶属于一种被选举出来的委员会，它的作用就是强化应用于群体的传统规范"❷。

而"建构型律师组织"在产生之初，这种同质情感则相对淡漠，因为它并非经由自发性律师团体的历史演进，而是由行政权力从外部建构起来的。我国律师组织的历史可以追溯到民国时期的律师公会，1912 年 9 月 16 日，北洋政府颁布了中国历史上第一部关于律师制度的单行法《律师暂行章程》，标志着中国律师制度正式建立。该章程第六章专门规定了律师公会的内容，律师应在地方审判厅所在地设立律师公会，以该地方审判厅管辖区域范围之内的律师为会员，律师不加入律师公会不得执业。1921年，各地方律师公会还组织成立了全国性的律师团体——"中华民国律师公会"。与"内生型律师组织"截然不同，在以法律的形式确立律师公会的相关制度时，社会并未形成自发性的、成熟的律师团体。根据 1982 年施行的《律师暂行条例》，律师协会的功能被限缩在"维护律师的合法权益，交流工作经验，促进律师工作的开展，增进国内外法律工作者的联系"等辅助性工作之

---

❶　波雷斯特. 欧美早期的律师界［M］. 傅再明，张文彪，译. 北京：中国政法大学出版社，1992：114，129.

❷　埃米尔·涂尔干. 职业伦理与公民道德［M］. 渠敬东，译. 北京：商务印书馆，2015：9.

上。此时的律师协会还享受着事业单位的待遇，可以取得国家财政的补贴，本质上构成了行政权力的一部分，与律师个体构成了管理与被管理的结构。由于同质情感的缺失，"建构型律师组织"很难维系律师职业内部的团结。

（二）新旧文化断裂

"内生型律师组织"是建立在较为成熟法律职业文化之上的，社会对法律职业普遍具有极高的认可度，其遵循了精英主义的培养模式，而律师在大规模组织化之前便成了备受尊崇，并具有荣誉感的职业。❶ "法律职业者，无论像在英国或美国那样具有特色地称作法律家，还是像大多数其他欧洲国家那样称作法学家，都在一种具有高级学问的独立的机构中接受专门的培训，这种学问被认为是法律学问，这种机构具有自己的职业文献作品，具有自己的职业学校或其他培训场所。"❷ 与较高的社会地位相对应的是公众对该职业的高期许，尤其突出了其追寻社会正义的使命，庞德甚至指出："法律职业是具有公共服务精神追求，并富有知识性艺术的人群，其作为一种生存手段虽然也很重要，但仅仅是附属的。"❸ 而这种对于法律职业的传统认知与现代律师组织的宗旨是相契合的，"内生型律师组织"从产生之日起就与

---

❶ 其中欧洲律师多数是贵族阶层担任，在更早的时期便获得尊崇的地位，美国律师则经历了 19 世纪的职业建构时期，逐渐从学徒教育转变为学院教育，在稍晚的 19 世纪末也获得了社会的认可。参见：Richard L. Abel. American Lawyers ［M］. New York：Oxford University Press. 1989：4 – 6.

❷ 哈罗德·J. 伯尔曼. 法律与革命：西方法律传统的形成 ［M］. 贺卫方，高鸿钧，夏勇，等译. 北京：法律出版社，2008：8.

❸ Roscoe Pound. The Lawyer from Antiquity to Modern Times ［M］. Saint Paul：West Publishing，1953：5.

一般的公民社团不同，其不仅需要维护群体利益，而且承担着推进法治、维护公正的社会功能。

"建构型律师组织"产生时并不具备成熟的法律文化根基，公众对律师的传统认知与现代的法律职业文化往往呈现断裂的态势。如在北洋时期，社会对律师职业与传统的讼师是不加区分的。"由于诉讼活动的存在和诉讼制度的可利用性、诉讼程序中的书面主义以及出于和幕友、胥吏和差役之类的办案人员交涉甚至贿赂的需要，讼师曾经是中国古代社会中一种十分重要的存在"❶，与律师依靠熟练的法律技术谋生不同，讼师依赖"聪明和狡诈的才智，包含了谋划、哄骗、预测、欺诈、理解人类行为以及躲避危险的实践能力"❷ 来获取利益。因此，在传统社会中，讼师一直被视为道德败坏的下层文人。这种讼师文化阻碍了现代律师组织履行其职能，传统认知与现代文化不协调甚至是相互冲突的，1949 年后，对此我国有学者评论道："律师制度丧失了作为一种超越本土文明的现代标识而具有形式正当性之后，遭到在新的社会格局得以复辟并以优越姿态出现的传统法律文化排拒。"❸ 在讼师文化的影响下，律师组织很难取得社会一般公众的信任，也就难以发挥其应有的效用。

新中国成立后建立了人民律师制度，律师成为国家公务人员，服从司法行政机关的调配。人民律师制度并未持续太久，1957 年下半年反右扩大化，律师职业被认定为"丧失立场、敌

---

❶ 孙笑侠，贺卫方，霍宪丹，等. 法律人之治：法律职业的中国思考 [M]. 北京：中国政法大学出版社，2005：317.

❷ 梅利莎·麦柯丽. 社会权力与法律文化：中华帝国晚期的讼师 [M]. 明辉，译. 北京：北京大学出版社，2012：313.

❸ 夏勇. 走向权利的时代 [M]. 北京：中国政法大学出版社，2000：143.

我不分的资产阶级残余",律师制度建设被迫中断。长期以来高度组织化的政治实践,使我国形成了独特的"政法文化":法律问题与政治问题的同质化,延伸到对职业认知就表现在职业身份和政治身份的同质化。在计划经济时期,个体是依附于组织的"单位人",公众对组织的认识与国家机关在很大程度上是混同的。因此,尽管早在 20 世纪 80 年代的《律师暂行条例》就认可律师协会为社会团体,但是由于我国并未形成一个"先于政治、外在于政治的独立领域"❶,公众依然把律师协会看作国家公权机构,而非一个独立的组织,也有学者将其称为"正式结构和文化内涵的断裂"❷。这种新旧文化的断裂使律师组织无法获得社会公众的认同,也无法有效地将法律政策和法治精神有效地传达给社会公众,更加无法发挥其防范权力滥用的政治功能。

(三)公权过度介入

现代意义的律师组织在政治社会学上可以被称为"法团",其既不同于一般的利益团体,又与公权力呈现相对分离的状态。"内生型律师组织"和"建构型律师组织"体现了"法团"两种形成路径,前者是行政权力的事后确权,后者则是行政权力的事前建构。对此,德国著名学者施密特对法团作出了类型区分,即社会法团主义和国家法团主义。前者是一种自下而上的组织机构,社会力量主导的关系秩序,其对应着"内生型律师组织";后者则是一种自上而下的组织体系,国家在其中起着主导的作

---

❶ 张静. 法团主义 [M]. 北京:东方出版社,2015:10.
❷ 刘思达. 割据的逻辑:中国法律服务市场的生态分析 [M]. 上海:上海三联出版社,2011:223.

用，其对应着"建构型律师组织"❶。而理想的律协模型应当位于二者之间，这恰恰与契约主义所提示的律师职业在政治国家与公民社会互动过程中的中介性作用相吻合，这一关系可以通过图5予以直观地说明。

图5　理想律协模型

说明：图5参考了张静教授在《法团主义》中的图例，并有所改动。

资料来源：张静. 法团主义［M］. 北京：东方出版社，2015：93.

一些西方学者认为当前社会结构的主要问题是组织化不足，而非欠缺个人自由，因而主张国家法团主义的模式，发挥国家权力在社会组织中的积极作用。这在西方社会可能是具有解释力的，以律师职业为例，"内生型律师组织"往往由特定的利益集团转化而来，随着市场经济的不断深入，私欲的膨胀是其面临的最大危机，恶性竞争与垄断行为可能由此滋生，如美国律师界中全国性的律师组织就有全国律师协会（National Bar Association）、美国律师协会（American Bar Association），各州各城市有自己的律师协会，还有许多特殊的律师组织，如出庭律师俱乐部（Barristers Club）以及各类法律基金会等，这些组织相互之间没有形成科层结构，组织的内部利益不同甚至相互冲突，一定程

---

❶ P. C. Schmitter. Still the Century of Corporatism?［M］//P. C. Schmitter，G. Lehmburuch. Trends Toward Corporatist Intermediation. Beverly Hills：SAGE Publications，1979：7－52.

度上影响了律师群体的管理和统合，陷入了所谓的"集体行动的困境"❶。因此，国家法团主义者主张以国家授权的形式确立利益团体的优越地位，使其更多地依赖公共权威，并试图以此实现其公共职能。在他们的认识中，"利益团体的面目不仅仅是自利和竞争性的，它不仅要对公共权威提出要求，它还应当承担一种'准公共'（quasi-public）的社会责任，即在社会整体的立场上协调、组织所属成员"❷。在这个层面上，"内生型律师组织"可能需要更加倾向于国家法团主义的进路，适当地强化国家权力的调控作用，使律师组织向理想的律协模型靠拢。

"建构型律师组织"则处于强国家的一端，其往往存在公权过度介入的问题。考察北洋政府时期的《律师暂行章程》，可以发现不少公权力的残留，如第 23 条规定，律师公会受设立地之地方检察长的监督；第 31 条规定，地方检察长得随时出席律师总会及常任评议委员会，并得命其报告会议详情；第 33 条更是规定，律师惩戒须向检察机构申请并得到许可。经由种种的限制性规定，律师公会的职能事实上被极大地削弱了。新中国成立后，虽然律师在保护公民权利等方面给予了更多关注，但 1982 年起施行的《律师暂行条例》第 19 条也将律师协会的功能限制在"维护律师的合法权益，交流工作经验，促进律师工作的开展，增进国内外法律工作者的联系"等事务性工作上，而对于律师组织最重要的惩戒权长期以来都是缺失的。这种国家对公共空间的垄断极大地降低了个人通过市场推进利益

---

❶ Richard L. Abel. American Lawyers [M]. New York: Oxford University Press, 1989: 208-211.

❷ 张静. 法团主义 [M]. 北京: 东方出版社, 2015: 72.

的能力，❶ 事实上，我国的社会结构所面临的困境可能与西方社会恰恰相反。当国家权力的增长早于私人资本的积聚时，法律人员会变成公职人员而不是独立的执业者。❷ 因此，"建构型律师组织"应当倾向于社会法团主义的进路，致力于减弱组织的公权属性，增强其社会性，培养其对法治的信仰和对公益的追求。理想的律协模型是既具有类似政府的科层结构，能够对律师的行为进行有效的约束，又具有社会与人文关怀，能够代表律师群体利益并满足公众对正义的需求。它是介于国家法团主义和社会法团主义之间的独特组织类型，即团体的自利性与公共性的共存模式。

二、现实之弊："自律组织"定位的后天畸形

由于遵循了建构的逻辑，而事后又未能与公权划清界限，中国律师组织的管理权是政府赋予的。它似乎仅仅是政府管理政策转变的产物，而并非律师职业内在的要求，在这一过程中律师群体没有形成文化自觉，律协实质上成为政府代理机构，因此也就造成了上文提到的"同质情感缺失""新旧文化冲突"以及"公权过度介入"三大先天性缺陷。1996 年《律师法》颁布以来为克服这些缺陷，我国作出了许多努力，其中最瞩目的就是将律师协会定位为"自律组织"，并确立了司法行政机关监督指导和律协自律相配合的新型"两结合"管理模式。但是将律师协会的功能限制在"自律"亦具有诸多局限性，这并不足以克服其先

---

❶ Xueguang Zhou. Unorganized Interests and Collective Action in Communist China [J]. American Sociology Review, 1993 (1): 54–73.

❷ Larson, Magali Sarfatti. The Rise of Professionalism: A Sociological Analysis [M]. Berkeley: University of California Press, 1977: 144

天性缺陷，而且可能造成组织的后天畸形。

（一）内部性：交互功能缺失

"自律组织"的定位只关注了律协的内部规制功能，而忽视了其与外界沟通的作用，这种模式本质上依然是复制着自上而下的统治结构，律师个体缺乏对律协决策的影响能力，也无法意识到律协在外部作为律师群体利益代表的地位。团体的协调功能包括内部协调和外部协调，"内部协调的任务，是使成员有纪律地行动。为了做到这一点，利益团体本身需要成为一个自我管制的组织，它要建立权威式的科层结构，对内部职位及角色进行详细分工，限制成员自由进出，并向他们提供组织服务。外部协调方面，涉及利益团体和国家及利益团体之间的关系"❶，而律协只有不断地与外界互动为群体争取利益，增强律师职业影响力，才能增进律师个体对组织的认同感和归属感，这种交互功能或外部协调能力的缺失于克服"同质情感缺失"的先天性缺陷是无益的，同时又极大地削弱了律师职业的社会功能而造成了后天畸形。改革开放以来，我国逐渐破除了高度组织化的政治模式，公民的基本权利得到更加全面的保护。这是我国社会现代化的重要一步，公民区别于村民（parochial）或臣民（subject）的关键就是与政治体制的互动关系，互动的内容是达成承认或同意。❷ 而符合契约主义公共性的现代律师组织是公民社会与政治国家相互沟通的重要媒介，无疑，"自律组织"的定位将律协的功能狭隘化了。

---

❶ 张静. 法团主义 [M]. 北京：东方出版社，2015：121.

❷ GA Almond, S Verba. The Civic Culture: Political Attitudes and Democracy in Five Nations [M]. Princeton: Princeton University Press, 1963.

律师协会作为一种"中介组织"沟通了政治国家和公民社会，这种交互功能主要体现在两点：第一，政治国家到公民社会的方向上，其传播了对于法律规范的正确理解，培育了公民的法治观。在我国，长期以来公民对法律生活的参与较少，法律意识薄弱。律师职业以服务当事人为工作内容，其在国家法律规范和公民日常生活之间建立了纽带，可以说普通公民对法律的理解很大程度上受到律师的影响。可见，律协作为组织化的力量对于培育公民法治观念与守法意识具有特殊的作用。第二，公民社会到政治国家的方向上，其及时反馈了公民社会的愿望，推动社会正义的实现。法律规范一经建立就具有稳定性，这种稳定性体现了法律的可预测性，对于构建社会秩序是必不可少的。但是稳定性的背后也隐藏着僵化性的缺陷，社会生活瞬息万变，立法时的制度初衷在法律实践之中可能无法实现，甚至有些制度还造成了巨大的社会问题。对于这种制度的漏洞，律师的个案推动的力量是弱小的，需要律师协会统合整个律师群体的智慧对抗公权力的滥用，西方的律师组织就经常通过鼓动现代型的诉讼、发动非政府组织行动以完善法律制度、改善政府行为，"因为政府在进行有关法律政策变更、决定时，这些政策决议所涉及的法律问题是如何确保公民的自由和权利，而能够解决这些问题的只有作为法律专家的律师以及律师协会"❶。作为"中介组织"的律师协会积极促成公民社会和政治国家形成协商与合作的关系，既非传统东方社会单一的政治统治模式，也非西方的社会与国家的竞争对抗模式。

---

❶　森际康友. 司法伦理［M］. 于晓琪，沈军，译. 北京：商务印书馆，2010：205.

（二）静态性：发展功能不彰

如果说"交互功能缺失"是忽视了现代律师组织的外部性，那么"发展功能不彰"的问题则存在静态性的局限。在"自律组织"的定位下，中国律协事实上缺乏独立促进律师职业发展的能力，而往往需要通过公权力系统才能对职业体系产生实质性的影响，有学者称之为"政治嵌入性"❶。我国律协由于遵循了建构的逻辑而存在新旧文化断裂，这决定了中西方律师组织根本性不同：西方律师组织自产生就担负着维系内部法律传统的使命，中国律协则首先需要塑造与现代律师相适应的职业形象以弥合传统认知造成的断裂，而自我发展能力的缺失于克服"文化断裂"的先天性缺陷是无益的。这种发展功能首先就体现在律师组织的形象塑造能力，即对内塑造律师群体的法治信仰，对外增强社会公众对律师职业的认同感。也许对于 20 世纪 80—90 年代的中国律师，我们无法对其提出更高的道德要求，因为那时的律师职业并未区分于其他行业，相对而言其也没有取得更多的利益，在法律服务市场之中它还面临很多"法律工作者"的竞争。而今情况大大不同，法律服务所渐渐湮灭，律师逐渐在法律服务市场上形成垄断之势，而司法考试也在不断地提高准入门槛。可以说，律师职业获得垄断利益是出于国家法治建设的考量，同时也是建立在其他法律服务群体利益牺牲的基础之上的。随着职业化的不断深入，私人寻求法律帮助很大程度上只能依赖律师，这种现实为我们向律师群体提出更高的期许提供了合法性基础。而律协对

---

❶ 刘思达．割据的逻辑：中国法律服务市场的生态分析［M］．上海：上海三联出版社，2011：214–217．

于维护律师的形象，回应公众的期待具有不可或缺的作用，西方律师组织在这一方面可谓不遗余力。早在 1927 年，芝加哥律师协会就创立了一个宣传和公共关系委员会，该委员会将大量的资源花在"就公众对于律师业而言造成一种更赞同的态度上"❶。相较而言，我国律协在形象塑造方面则要逊色得多，而"自律组织"的定位更是限制了律协积极争取公众信任的行动。除无法克服先天缺陷的局限性，自律组织还由于在经济和文化上缺乏应对能力而造成后天畸形。

在经济层面上，发展功能表现为其灵活的市场应对能力，而静态性的自律组织在这方面是缺失的。市场经济不断发展刺激了社会分工的不断细化，律师职业由曾经的通才型向专业型转变，"在 20 世纪早期，绝大多数律师把自己定位为全才律师，而现在大多数律师都承认甚至吹嘘自己的专业性"❷。这种市场环境的变化曾一度导致律师竞争模式的混乱，而律师协会在恢复律师职业秩序并推进律师专业化上起到了至关重要的作用，其中最具代表性的是德国律师公会的管理策略。《德国联邦律师法》第 43c 条规定，在某一特定法律领域具有特别之知识或经验者，由其所属的律师公会授予专业律师职衔。目前授予专业律师职衔的专业领域共有 20 类，分别是：税法、劳动法、社会保障法、行政管理法、家庭婚姻法、刑法、破产法、保险法、医药法、房产租赁和所有权法、交通法、建筑法、继承法、运输法、公司法、商业

---

❶ Halliday, Terence C, Michael Powell, et al. Minimalist Organizations: Vital Events in State Bar Associations, 1870 - 1930 [J]. American Sociological Review, 1987（4）: 89 - 91.

❷ Richard L. Abel. American Lawyers [M]. New York: Oxford University Press, 1989: 125.

交易保护法、著作权和媒体法、信息技术法、银行和资本市场法以及农业法。尽管《德国联邦律师法》和《德国专业律师法》规定了取得专业律师头衔的标准，但是具体的评价与授予均是由律协主导的。我国律协在推进职业专业化上也在逐渐加强，2017年3月31日司法部印发的《关于建立律师专业水平评价体系和评定机制的试点方案》确立了我国现行的律师职业评价制度，这一制度对于促进律师职业的专业精细化具有积极意义，但该制度中律协的工作只是组织评审委员会、颁发证书、发布公告，其功能未能得到有效的发挥，我国律协应对法律服务市场变化的能力是不充分的。

此外，律协的发展功能体现在其应对新型文化冲击的能力，而自律组织仅仅强调将既有的规范适用于群体，这种协调文化冲突的能力自然也不具备。随着市场经济的深入，律师职业受到商业主义文化的冲击，甚至一度引发西方律师界的职业危机。这一点对于律师政治家传统相对薄弱的美国律师的冲击尤甚，事实上他们一直在为调和追求职业认同（professional identity）和追求经济财富之间的矛盾而不断努力着，❶ 而律师组织的协调对于缓解这种身份焦虑（status anxiety）是有助益的，早在1915年，美国律师协会会长就坚称："法律是一种职业，而不是一种交易；法律包含更多的应该是实现成功，而不是赚取金钱。"❷ 1986年，美国律师协会律师职业委员会发布《为公共服务的精神：重燃律师职业主义的蓝皮书》（*In the Spirit of Public Service*，*A Blueprint*

---

❶ Richard L. Abel. American Lawyers［M］. New York and Oxford：Oxford University Press，1989：4.

❷ 布莱恩·Z. 塔玛纳哈. 法律工具主义对法治的危害［M］. 陈虎，杨洁，译. 北京：北京大学出版社，2016：195.

for Rekindling of lawyers Professionalism）"重申了律师界超越纯粹追求利润的商业主义，将追求公共利益作为首要目标的职业主义原则态度"❶。在律协的组织下，律师职业依照蓝皮书的计划，开展了一些具体的"职业化"行动，❷ 如积极的法律援助，广泛的非政府组织行动等，这些都在很大程度上缓解了职业的伦理危机。尽管商业主义并非我国律师职业面临的主要问题，但是近些年来由于市场经济的发展，在大城市中律师的角色与商人的角色在相当程度上已经混同，自律组织定位下的律协却无力强化自身以应对这一文化冲击，这不得不令人深思。

（三）软弱性：防御功能障碍

作为自律组织的律协并没有明确标识司法行政机关与律师组织之间的关系，赋予我国律协的自律功能可能更多的是变革律师业管理方法的考量，而非律师职业自身逐渐独立于公权力的过程。律师的自我管理在"自律组织"的定位下转变为一项单纯的行政决定，这导致了对律师与权力之间关系的误读。从这一层面来说，律协的自律权能本身是不稳固的。因为依据这种理解，似乎可以这样认为，所谓律师的自我管理本来应该由国家机关进行，出于功利权衡而由律师协会代进行自律，完成自我责任。如果律师协会也没有尽职地或者适当地行使这个权限的话，理所当然律师协会的自律性就被否定，国家机关的监督应该复权。❸ 由

---

❶　李学尧. 法律职业主义［M］. 北京：中国政法大学出版社，2007：78.

❷　R. M. Gordon. The independence of lawyers［J］. Boston University Law Review, 1988
（13）：1–83.

❸　森际康友. 司法伦理［M］. 于晓琪，沈军，译. 北京：商务印书馆，2010：
265–266.

此，这种自律的权能随时可能被剥夺，其处于一种不安定的状态，自然也绝不可能起到防御公权力侵犯的作用。德沃金赋予法律实践防御公权力之功能很高的地位，其认为："法律实践的关键就在于引导和约束政府的权力……法律坚持认为不应适用或阻止强力，无论这样多么有利于目标的实现，也不论目标多么崇高。"❶ 律师由于肩负为当事人辩护，维护社会正义的使命，在诉讼（尤其是刑事诉讼和行政诉讼）中难免与国家权力产生一定的冲突。现代化的律协将松散的律师群体整合为组织化的力量，避免了律师个体直接面对强大的国家机器，其对于排除公权干涉维护律师合法利益具有十分重要的作用，而不应仅仅局限于自律。另外，对律师职业的威胁可能不仅来自公权力，客户的压力也是其重要的面向。市场力量的侵袭使律师很大程度上成为法律服务市场的卖方，而客户则是为律师提供收入来源的买方。激烈的竞争使客户相对以往具有了较大的选择空间，部分律师为了生存不得不奉行"客户至上"的准则，被动削弱了自身的独立性，甚至不惜以客户的特殊利益掩盖社会公益。而自律组织对于应对来自客户的压力似乎也无能为力，只能任由律师职业独立性与荣誉感的失落。

三、制度修正："自治组织"定位的优越性

国际社会多将律师协会定位为"自治组织"，强调律师职业的自治性。如1969年美国律师协会颁布的《律师职业责任准则》（*Model Code of Professional Responsibility*）在导言部分，就强调

---

❶ R. Dworkin. Law's Empire ［M］. Cambridge：Harvard University Press，1986：93.

"文明开化的自治正是对个人尊严和能力的尊重";再如,《日本律师法》经过激烈讨论也确立了律协自治组织的地位,并完全排除了国家的外部监督。下文将从两个层次阐明该种定位的优越性:第一个层次是"自治组织"的积极面向,分为外在的积极性和内在的积极性,前者指律协法治建构能力的发挥,后者即律协对职业精神的培育;第二个层次是"自治组织"的独立面向,其可以克服律协防御能力不足的弱点,增强律师职业抵制外部影响与坚持自身原则的能力。

（一）外部化：法治路径的转向

"自律是一种消极自由,自治具有积极主动地自我完善的意旨"❶,强调律协的自治性标志着法治发展由单一的国家建构模式转变为多元的社会推动模式,这是对自律组织"内部性"局限的克服。"法哲学上的两种相反的观点:一种认为法治秩序是可以通过人们主观的、理性的努力而建构出来的,即政府自上而下的推动,这是推进法治的第一种力量;另一种认为法治的秩序是不能建构的,只能通过社会的自然演进而逐渐成长,即民间自下而上的演进,这也被称为法治改革的第二种力量"❷,我国法治建设早期通过大量的现代法律的移植和法学理论的引进,迅速建立了完整的法律体系,在这一阶段国家建构是主要推动力,在当时的历史条件下这是值得肯定的选择。经过几十年的发展后,我国已经具备依靠社会力量推动法治建设的条件,如果再局限于

---

❶　程滔. 从自律走向自治：兼谈律师法对律师协会职责的修改［J］. 政法论坛,2010（7）：179－184.

❷　孙笑侠,贺卫方,霍宪丹,等. 法律人之治：法律职业的中国思考［M］. 北京：中国政法大学出版社,2005：10.

国家建构主义，不仅将延缓法治建设的进程，还存在公权过度干涉私人领域的隐患，正如西班牙哲学家奥特加·伽塞特所言："秩序不是人们从外部向社会施加的压力，秩序是在社会内部建立的平衡。"❶ 而作为"自治组织"的律师协会则是沟通国家建构主义转向社会建构主义的桥梁，它重塑了与公权力的关系，既非传统的利益团体与公权的绝对对立模式，也非国家机构与公权的绝对同构模式，而是一种制衡与合作的关系。"它与国家之间建立常规的协商关系，国家要求它们对有关的公共政策提出意见，但是作为交换，它们必须说服其成员与国家合作，来实现政策的有效实施。这显然不同于国家和社会的紧张乃至对抗关系"❷，其引导了一种持续而稳定的法治推进模式。另外，从功利的角度去考虑，这种模式的转型也是必需的。政府并没有能力对所有的社会问题做出及时的应对，国家建构的法治推进模式不仅无法获得社会公众的认可，而且成本高昂，适当地转让公共行政的权能，转向"间接行政"已是一种被国际广泛采纳的国家治理方法。❸

"自治组织"定位下的律协不仅有助于建立新的法治推进模式，为法治建设注入新力量，更重要的是其可以在很大程度上克服对法治的威胁。律师协会作为法律领域的自治组织在国家主宰的公权领域和利益主宰的私人领域之间充当了中介，黑格尔称为

---

❶ 弗里德里希·奥古斯特·冯·哈耶克. 自由宪章 [M]. 杨玉生，冯兴元，陈茅，等译. 北京：中国社会科学出版社，2012：62.

❷ 张静. 法团主义 [M]. 北京：东方出版社，2015：25.

❸ 马长山. 从国家构建到共建共享的法治转向：基于社会组织与法治建设之间关系的考察 [J]. 法学研究，2017 (3)：24-43.

"公共阶层"❶，这种阶层在"在纵横四溢的个人利己主义和国家的巨大且又具有威慑性的力量之间……占据中间地位"❷。因此，首先，其可以有效地应对法治面临的第一重威胁即极权主义，它避免了个体直接面对强大的国家机器，通过组织化的力量实现与国家的制衡关系。同时，它还牵引出国家权力的正面作用，历史上伟大的思想家多把公权力视为"恶"，并将其置于个人自由与公民权利的对立面。但这只是在"压制"层面去理解权力的性质，事实上权力还有生产性的面向，在这种意义上，权力"跨越并生产了各种事物，它带来了快乐，形成了知识，产生了对话"，其"将某些通过获得同意来避免冲突与愤恨的方式看作一种更深层次的权力维度"❸。哈耶克也曾做过类似的区分，即作为达到所求目标之能力的权力和实施强制的权力，并且认为前者是一种好的权力。❹ 作为自治组织的律师协会以更加积极的姿态集中律师职业的法律智慧，及时地反馈来自实践层面的建议，其能够避免公权力过分压制的倾向，构建公权力与私权领域的沟通机制，引导公权的正面效应。其次，它可以有效应对法治面临的第二重

---

❶　黑格尔在其《法哲学原理》中提到了同业公会连接个人与国家的中介功能，其为公民参与公共事务提供了平台。他指出："在现代国家的条件下，公民参加国家普遍事务的机会是有限度的。但是人作为伦理性的实体，除了他的私人目的之外，有必要参加普遍活动。这种普遍活动不是现代国家所常能提供给他的，但他可以在同业公会中找到。"黑格尔. 法哲学原理［M］. 范扬，张企泰，译. 北京：商务印书馆，1961：251.

❷　丹尼尔·贝尔. 资本主义文化矛盾［M］. 赵一凡，蒲隆，任晓晋，等译. 北京：生活·读书·新知三联书店，1989：319.

❸　史蒂文·卢克斯. 权力：一种激进的观点［M］. 彭斌，译. 南京：江苏人民出版社，2008：85－86，106.

❹　弗里德里希·奥古斯特·冯·哈耶克. 自由宪章［M］. 杨玉生，冯兴元，陈茅，等译. 北京：中国社会科学出版社，2012：191－193.

威胁即民粹危机，个体没有理性的组织化领导往往陷入无序与混乱，其对政府或其他群体的不满没有合理的宣泄途径就很可能转化为非理性的暴力行动。作为自治组织的律师协会则可以有效地过滤个体的非理性因素，其为个体提供了有效的宣泄和反馈的平台，社会公众的建议通过律师协会的整合转化为合理可行的意见方案，保证了法治的有序运行。托克维尔把律师看作预防"民主的危险"的一种手段：他们有着对形式主义的嗜好，他们厌恶大众行为，并且背地里轻视人民政府。其认为，律师更多的是秩序的朋友，而不是放纵的朋友。❶ 而律师协会则把律师这种审慎和保守的性情发挥到了极致，它保障了公民在理性的状态下积极地参与到国家与政治生活中。

（二）动态化：职业精神的培育

如果说法治建构的能力是自治组织的外在积极性的体现，那么职业精神的培育则是自治组织之内在积极性的反映。自治组织是具有高度自我认同感的群体通过精英化形式建构的社团，而自治性本身也巩固了团体的优越感和责任感，其有助于克服"同质情感缺失""新旧文化断裂"的先天性缺陷。"职业'profession'这个术语在拉丁语里的词根是'宣称（to profess）'，在欧洲文化里，其意思则是要求成员致力于维护共同认可的理念"❷，profession 原意则是指加入宗教团体的誓言，实际上欧洲中世纪有相当长的时间内律师职业是由教士担任的，直到中世纪末期才

---

❶ 戴维·鲁本. 律师与正义：一个伦理学研究［M］. 戴锐，译. 北京：中国政法大学出版社，2010：353.

❷ 德博拉·L. 罗德. 为了司法/正义：法律职业改革［M］. 张群，温珍奎，丁见民，译. 北京：中国政法大学出版社，2009：33.

逐渐开始出现一些脱离宗教团体的律师，这些律师虽然不做宗教性的宣誓，但是也必须庄严地宣告为法律职业献身，"那些即将成为律师的人必须当众宣告，愿意用其所精通的法律技能去推进正义"❶。由此可见，职业是具有神圣性的，被冠以"职业"称号的行业必须具备公共服务的精神，甚至有学者断言："把职业（profession）一词适用于所有的行业是语言的一种堕落。"❷ 而法律职业的公共精神只有通过具有高度自治性的律师协会才能得到保障，著名法理学家庞德即认为只有通过组织，法律职业为公众服务的精神才能发展和延续，正如其所言："只有律师协会，而非个体律师，才能维持高度的教育标准，以维持这学识性的职业；才能维持高度的入会标准；才能阐明和维持高度的与法庭和顾客关系的伦理行为标准。对于公众而言，有组织的律师协会是非常有用的，它就像在复杂的社会和经济秩序中，正义（administering justice）这部机器的一个组成部分。"❸ 将律师协会定位为"自治组织"不仅仅是外在管理模式的变化，更是法律职业精神的内在要求，自治性对于独立的偏好和对权力的限制，恰恰契合了法律职业精神对正义的追求和对权利的维护。

自治组织对职业精神的培育不仅源于其对律师社会责任的关注，同时还反映在其内在的自由精神，英国著名哲学家哈耶克曾

---

❶ 约瑟夫·阿莱格雷迪. 律师的天职：信仰和法律工作［M］. 王军，译. 北京：当代中国出版社，2014：26.

❷ Peter Wright. What is a "Profession"? ［J］. Canadian B. Rev，1951（29）：748 – 752.

❸ Roscoe Pound. The Lawyer from Antiquity to Modern Times［M］. Saint Paul：West Publishing，1953：11. 转引自：李学尧. 法律职业主义［M］. 北京：中国政法大学出版社，2007：82 – 83.

有此论断："拥护自由并不意味着反对组织，其实组织也是人类理性能够掌握的最有效的手段之一……组织必须是资源形成并置于氛围之中，这样的组织才是有利的和有效的，组织将必须不断地调整自己以适应在开始时无法考虑到的情况，否则就会走向衰亡"❶，这种自由精神激励了律协积极促进职业发展以应对时代的变化，体现了自治组织对"静态性"局限的克服。现代化以来法律界一直弥漫着工具主义思想，传统的执业理念不仅不能应对这一现象，反而助长了危机的扩大。"法学界和法律职业中盛行的工具主义和客观主义法律观，是现代性的典型体现，它源于一种典型的现代观点——人就是一个受摆布的'客体'"❷，"律师以工具主义态度对待法律本身，使用并操纵法律规定和法律程序，以此来推进当事人实现其目标。法律规定和法律机制都是法律界的工具，律师用他们来达成目的。进一步而言，很多律师把法律实践看作他们发财致富的手段，使用和操纵法律规定和法律程序，使其促成他们的私人目的"❸。法律工具主义思想严重削弱了法律的道德权威，而正如有学者所言："相信只要恪守司法程序的外部形式就可以维护法治，这种信念是对维护法治的最大威胁……对法治的信仰和对司法形式的恪守，二者是相辅相成的。缺其中之一，另一个就不可能有效。"❹ 在司法程序的形式

---

❶ 弗里德里希·奥古斯特·冯·哈耶克. 自由宪章［M］. 杨玉生，冯兴元，陈茅，等译. 北京：中国社会科学出版社，2012：62.

❷ 迈克尔·舒特. 执业伦理与美国法律的新生［M］. 赵雪纲，牛玥，等译. 北京：当代中国出版社，2014：152.

❸ 布莱恩·Z. 塔玛纳哈. 法律工具主义：对法治的危害［M］. 陈虎，杨洁，译. 北京：北京大学出版社，2016：187.

❹ 弗里德里希·奥古斯特·冯·哈耶克. 自由宪章［M］. 杨玉生，冯兴元，陈茅，等译. 北京：中国社会科学出版社，2012：347.

与规则没有思想基础的情形下，依靠灌输法律技术是无法实现法治的。这种思潮的兴起与法学院一直以来实用主义泛滥的现象密切相关，这种教育模式往往仅注重程序及方法，而忽视思想的熏陶。作为自治组织的律师协会则能够通过自我发展修正传统执业理念中的不足，其应对这种工具主义思潮最典型的手段就是使用组织化的力量影响法律教育。我国多数法学专业并未设置司法伦理的课程，不少院校的法学教育甚至以帮助学生通过司法考试为中心，法学院异变为司法考试辅导班抑或司法技术的训练营。这种狭隘的法学教育造成的最直接恶果就是，法律工具主义思想的泛滥以及律师社会责任感的缺失。作为自治组织的律协搭建了沟通律师职业与法学院的平台，它可以通过更便捷的方式实现与法学院联合，讨论学习律师在实践中遇到的伦理难题，强化对独立与自由的倡导，促使法学院从传统的技术教育模式变得更加注重思想启蒙和道德关怀。

（三）强势化：律师独立的保障

之所以说"自治组织"的定位可以使律协保障律师独立，首先在于其确保了自律权与公权力的相对分离。"所谓自治，就是以自己的意志来自律性地处理自己的事情。因此，自治的本质在于自律和独立。"❶ 律师协会"自治组织"的定位在克服"公权过度介入"的先天缺陷和"软弱性"的后天不足方面起到十分关键的作用。我国研究者曾做出这样的论断："行业协会是公民社会力量的一个重要标志，而我国的行业协会都是被国家机关紧密控制的，其主要的功能在于协助国家来规范职业活动，而不

---

❶　森际康友．司法伦理［M］．于晓琪，沈军，译．北京：商务印书馆，2010：250.

是作为职业政治动员的通道。"❶ 出现这种情形的根本原因就是，公权的过度介入使律协的权力处于极不安定的状态，因为这种权力被认为是政府赋予的，而且随时有被剥夺的危险。美国哲学家纳斯鲍姆提出了"能力安全"的概念，即"公共政策不能只向民众提供一种能力，而且还应该以一种民众未来可依赖这种能力的方式提供"❷，这种理论对于类似律协这样的社会组织同样适用，不安全的能力事实上是没有意义的。在这种情形下的律协发挥其职能时必然要考虑其权力被剥夺的后果，因此不得不依附于司法行政机关，听从其指示以保证组织的生存。自治代表了这样一种信念：律协的权力并非政府的恩赐，而是社会赋予，是内在于律师职业与公众需求的。其对独立性的强调将促使公权力与律协权力保持适当的距离，保障律师协会功能的有效发挥。

在应对来自客户的压力方面，自治组织除通过精神层面的培养，在道德训诫上也有其独特的优势。目前我国律师的惩戒实质上是由司法行政单位主导的，虽然律师协会也有惩戒权，但是这种惩戒权受到司法行政单位的竞争与钳制，并不能发挥其有效的作用。而公权主导的律师惩戒在正当性上也是存疑的，法律往往被视为最低限度的道德，依据社会契约理论，国家的诞生就是为了防止人与人之间的相互伤害，结束自然状态的混乱局面，并确保个体自由发展的基本条件。人只要不伤害他人的利益就有权自由地追寻自己的目标而不受国家之强制，这就是密尔"不伤害"

---

❶ 刘思达. 割据的逻辑：中国法律服务市场的生态分析 [M]. 上海：上海三联出版社，2011：260.

❷ 玛莎·C. 纳斯鲍姆. 寻求有尊严的生活：正义的能力理论 [M]. 田雷，译. 北京：中国人民大学出版社，2016：31.

原则所确立的个人权利与政府管制之间的界限。❶ 也就是说，国家无权要求律师成为一个高尚的人，它没有权力对律师职业进行道德训诫。而自治组织内部适当地超出法律的道德训诫则是被允许和接受的，因为其成员本身就具有高度的相互认同感，而道德情感是维系组织稳固的重要条件。正如一位美国法社会学家所言："律师协会培养了一种职业身份认同感和职业团结感，也对执业行为进行了有效的控制，并使法律职业在公众面前树立起了高尚、有担当的形象。"❷

　　总之，自治组织通过"外部化""动态化""强势化"的路径有效地克服了我国现行"自律组织"定位的"内部性""静态性"以及"软弱性"的局限，进而消解了建构型律师组织"同质情感缺失""新旧文化断裂""公权过度介入"的三大先天性缺陷，因此具有其独特的优越性。

　　最后，强调一下作为律协的自治功能最关键部分的惩戒权是有必要的。笔者认为发挥律协作为自治组织的能力，必须调整我国现行律师惩戒的模式。现行"两结合"管理模式下的律协自律权能很大程度上只具有形式意义。1996 年《律师法》第 4 条规定："国务院司法行政部门依照本法对律师、律师事务所和律师协会进行监督、指导"，将该管理体制明确为司法行政机关监督指导和律师协会自我管理相结合，学界称之为"两结合"管理模式。"所谓两结合的管理是指以司法行政机关的宏观管理为

---

❶　约翰·密尔. 论自由 ［M］. 许宝騤，译. 北京：商务印书馆，1959：90－111.
❷　迪特里希·鲁施迈耶. 律师与社会：美德两国法律职业比较研究 ［M］. 于霄，译. 上海：上海三联书店，2009：153.

核心、律师协会的行业管理为主体、律师事务所的自律性管理为基础、政府宏观调控部门的调控管理为保障的一种管理体制。"❶而 2007 年修订的《律师法》第 46 条又赋予律师协会两项权力，即第 3 项：制定行业规范和惩戒规则；第 6 项：对律师、律师事务所实施奖励和惩戒。律师惩戒权开始逐渐从司法行政部门转向律师协会。可以说，律师协会在改革中权力不断地扩大了。尽管自 2007 年律协拥有了作为自律权能核心的惩戒权，但这一权力并非独立的，司法行政机关也具有同样的甚至更加强势的律师惩戒能力，如我国司法行政机关可以直接委托律协办理投诉案件；对于司法行政机关吊销律师执业证书或律师事务所执业证的，律师协会只能积极配合处罚决定的实施，而没有任何抗辩权。❷ 这种混合惩戒权的模式使律师协会的自律功能严格受制于公权力而可能流于形式，律师协会实质上不可能抵制公权的过度介入。

将混合惩戒模式调整为律协独立惩戒模式可能是一个合理的做法。根据惩戒权是否为律协独占，可以将律协的权力划分为非排他性权力和排他性权力。前者的典型除中国，还有英国和美国，如在美国，法院具有颁发律师执照的权力，尽管批准律师从业的多数权力归属律师协会，但最关键的权力则归属法院：律师资格的执照由法院颁发，取得律师资格的从业者必须在州法院宣誓，并且法院具有对律师适用惩戒的权力。尽管同属非排他性权

---

❶ 李芳. 锐意求新，再创辉煌：访第五届中华全国律师协会秘书长贾午光 [N]. 法律服务时报，2002 – 05 – 24 (6).

❷ 参见中华全国律师协会 2013 年 3 月 29 日发布的《全国律协关于进一步加强和改进律师行业惩戒工作的意见》。

力，中国与英美本质上却是不同的：我国是行政权与律协权力的竞争，英美则构成了司法权与律协权力之间的竞争。之所以英美的模式没有造成公权力对律师职业的过度干涉，首先是与其悠久的律师政治家传统有关的，直至今日英美的律师界和司法界都存在十分频繁地学术互动和人员交换，二者共享着一套法律文化，具有高度的认同感。在实践中，尽管法院拥有惩戒权，但其在行使时十分谨慎。❶ 其次是与其分权体系有关，如美国模式中律协监督管理律师，法院监督律协，而律协又通过上诉权、选举权等来监督法院，有效地制约了权力的泛滥。❷ 相对地，排他性权力可以分为绝对排他性和相对排他性。绝对排他性权力是指完全不受国家干涉的律师高度自治，比如法国、日本、加拿大的律师协会既有律师资格的授予权，又行使对律师的惩戒权，实行完全的行业自治。相对排他性权力是指惩戒权由律师协会独占，但是部分其他律师管理权由公权力掌控。比如德国，其律师资格的授予权归属于各州的司法行政机关，惩戒权则由名誉法院行使，而名誉法院很大程度上是由律协掌控的，因此可以说德国模式中惩戒

---

❶ 日本学者在司法改革的辩论中也曾有此论断，参见：森际康友. 司法伦理 [M]. 于晓琪，沈军，译. 北京：商务印书馆，2010：250 – 264；美国《律师管理法重述》中曾引用了 In re Becraft 一案。在该案中，第九巡回法院对一个律师施以处罚，因为他反复提出一个论点，法院认为其"显著荒谬"，并且第十一巡回法院已经认定其"完全没有正当性"。然而即使在该案件中，Becraft 法庭也依然在担忧处罚会挫伤律师的创造性，并表达了其对处罚律师的不情愿。此案亦可为佐证。参见：蒙罗·H. 弗里德曼，阿贝·史密斯. 律师职业道德的底线 [M]. 3 版. 王卫东，译. 北京：北京大学出版社，2009：106 – 107.

❷ 1972 年美国律师协会（ABA）甚至颁布了《法官行为规范》，目前美国多数州关于法官行为的规则都参考了 1972 年和 1990 年《美国律师协会法官行为规范》（ABA Codes of Judicial Conduct）的形式。

权是由律协独占的。❶"自治组织"的关键就是其独立的惩戒权，也就是说具备自治性的律师协会必定是拥有排他性权力的。❷ 我国现行的"两结合"管理比较类似于德国行政机关与律师协会合作管理的方式，因此确认律协的相对排他性权力，将"入门权"归司法行政机关，对诸如律师人数、基本标准等进行宏观调控，而"惩戒权"由律师协会独占，这种方案可以与现行的"两结合"模式构成比较连贯的制度延续，可能更为可行。但不管如何，律协独立的惩戒权是保障其自治性的关键。

在此，必须澄清的一点是，将律师协会定位为"自治组织"并非说其可以不受任何约束，国家适当外部监管能够使律师协会更好地发挥其自治的功能。从历史上看，西方国家早期的律师协会由于过度自由化也产生了很多问题。比如美国律协长期以来都禁止女性、有色人种等进入其行业，当时执业资格委员会的成员更是坦言："我们所关心的不是让目前律师行业的成员保持美德，而是禁止那些我们不希望加入的人执业。"❸ 律师职业由于其高

---

❶ 德国律师的惩戒由名誉法院作出裁决。名誉法院亦称职业法院，是国家成立的法庭，由律师协会推荐的律师或者协会成员及法官组成，分为三个层级：第一层每个地区律师协会都有一个名誉法庭，由三名律师组成，如果律师对律师协会所作出的警告、罚款等惩戒措施不服，可以起诉到名誉法庭；第二层名誉法院由三名律师、两名国家法官组成，有权作出禁止执业、吊销执业证等惩戒措施；第三层由三名律师、五名国家法官组成，同最高法院一样，不直接受理一审案件，只办理申诉、上诉案件。王江. 德国法律服务业开放的管窥和启示 [J]. 德国研究，2001（3）：54 - 57.

❷ 英美模式具有的特殊性，尽管法律上其律协并不具备独立的惩戒权，但是实践中法院惩戒很少启动，且律协的监督功能一定程度上制衡了法院惩戒权，事实上其权力甚至比一些奉行完全自治的国家还大，因此也可以说它是自治组织。而对于大陆法系国家（包括中国），笔者认为惩戒权的独立是自治组织的根本特征。

❸ Jerold S. Auerbach. Unequal Justice：Lawyers and Social Change in Modern America [M]. New York：Oxford University Press, 1976：125.

度的专业化，可能导致律师协会成为部分精英律师控制的工具，因此国家对律师协会进行适当的监管，及时剔除或修正违反宪法基本原则的规制，保障律协内部民主选举程序的公开、公正，并设置申诉通道为律师个体提供救济，这些补充措施在当前也十分必要。

第二节　律师职业性质法律定位的重构❶

《律师法》第 2 条规定："本法所称律师，是指依法取得律师执业证书，接受委托或者指定，为当事人提供法律服务的执业人员。律师应当维护当事人合法权益，维护法律正确实施，维护社会公平和正义。"前半部分将律师职业定性为普通的市场服务业，依附于当事人的利益，而后半部分又要求律师追求公平正义，依附性的定位和追求正义的期许产生了明显的不协调感，这种不协调感实际上源于律师职业营利性的现实需要和公众对于律师职业的道德期许的割裂。而正如上文所述，契约主义公共性的一个侧面指向的是律师职业对社会输出公益法律服务与社会赋予的高额垄断市场利益之间的交换，律师职业的公共性为其所获得的高额商业利润提供了正当性说明。而单纯强调律师作为市场服务人员的性质，显然忽略了职业的实质。契约主义赋予律师职业垄断的地位并不意味着其认为律师仅仅是一个商人，恰恰相反，

---

❶ 本节以《我国律师性质的流变与重塑："从本位主义"到"自由职业"》发表于《安徽大学学报（哲学社会科学版）》2018 年第 2 期，收入本书时有所删改。

它要求律师职业不被特定的利益（国家利益或客户利益）所左右，成为不依附于任何利益的自由职业。这有助于弥合前述的不协调，将律师职业纳入法治建设事业中来。换句话说，契约主义赋予律师职业垄断地位，实际上也就对律师职业提出了职业化的期许。它要求律师职业将自身法律实践作为追寻社会正义的媒介，而不仅仅是获取利益的工具。这就要求律师职业应当不依附于任何其他主体，具有独立的价值追求。只有这样律师职业才能够更好地为社会提供合格的公共服务，而不仅仅是依附于国家的行政行为或者依附于客户利益的市场行为。

2016 年 4 月 6 日，中共中央办公厅、国务院办公厅印发《关于深化律师制度改革的意见》（中办发〔2016〕21 号，以下简称《意见》），作为国家司法体制改革重要环节的律师制度改革自此被提上日程。《意见》指出，律师队伍是落实依法治国基本方略、建设社会主义法治国家的重要力量，是社会主义法治工作队伍的重要组成部分。尤其强调了律师在构建法治国家、维护社会正义中的作用，而现行《律师法》对律师的定性，依然坚持"市场本位主义"，这无法契合时代进步和改革精神，也无法达成契约主义对律师职业以追求正义为基本目标的价值期待。因此，在当前律师制度改革的实践中，重新探寻我国律师的法律定性有其理论意义和现实意义。下面将详细阐明这一论点。

一、我国律师性质的历史演进

（一）"国家本位主义"的确立

中国律师职业可以追溯到传统社会的讼师。传统社会由于司法系统的缺位，裁决断案一向由行政长官包揽，法律职业并没有形成独立的品性。讼师由于介入了本由官方垄断的裁决体系而处于被贬抑的地位，其被官方视为道德败坏的下层文人，诸多判词通过直接认定当事人的"讼师"身份进行定罪。直至清末立宪运动时期"非法行当"的定性才开始发生转机，1910 年清政府颁布了由法律大臣沈家本起草的《大清刑事民事诉讼法草案》，赋予犯罪嫌疑人聘请辩护律师的权利，这是我国历史上第一次在法律上提出现代意义的律师概念。进入民国时期后，随着现代国家概念和治理方法的引入，在规范层面上司法迅速取得独立的地位，并建立了较为完整的司法系统。1912 年，北洋政府颁布《律师暂行章程》，在法律上明确了律师的合法地位，标志着现代律师制度在我国的建立。尽管《律师暂行章程》只是对取得律师资格以及律师执业的具体规定，并未对律师进行明确的法律定性，普通人实际根本无法辨别律师与"旧式讼师"之间的差异，但这无疑是我国律师职业由非法走向合法的重要一步。1941年国民政府颁行的律师法亦延续了北洋政府时期对律师的肯定态度，并赋予其更大的自主权。

　　新中国成立后建立了人民律师制度，市场化的私人执业律师被否弃。1954 年，司法部发布《关于试验法院组织制度中几个问题的通知》，指定北京、上海、天津、重庆、武汉、沈阳等大城市试办人民律师制度，自此人民律师制度的建设提上日程。同年 9 月颁布的《中华人民共和国宪法》第 76 条规定："人民法院审理案件，除法律规定的特别情况外，一律公开进行。被告人有权获得辩护。"随后通过的《法院组织法》进一步明确了这一权利："被告人除了自己行使辩护权外，还可以委托律师为他辩护。"1956 年 10 月，国务院批转了司法部《关于律师工作的请示报告》，确立了律师的公职属性，律师协会并非行业自治组织，而是隶属于司法行政机关的国家单位。当事人不能自由聘请律师，由各地的法律顾问处统一调配。自此，律师作为公务人员的"国家本位主义"定性模式确立。

在艰难的制度探索时期，律师制度被废止，直至 1980 年 8 月，全国人大常委会通过并颁布《律师暂行条例》才得以正式恢复。其中第 1 条即规定："律师是国家的法律工作者。"第一次以立法的形式确立了我国律师的性质。从历史的角度来看，这种定性恢复了新中国成立初期人民律师制度对律师角色的认识，实际与现代意义上的律师概念依旧相去甚远，但在当时的条件下对重塑律师的合法地位具有重大现实意义。20 世纪 80 年代初期，我国正在经历从计划经济到市场经济的艰难转型，社会对职业的认知仍具有根深蒂固的计划经济残余。在当时的历史条件下赋予律师"国家法律工作者"的身份是确立其合法地位最便捷的方式，"国家本位主义"的定性重新受到肯定。

（二）从"国家本位主义"到"集体本位主义"

作为"国家法律工作者"的定性，虽然迅速为律师确立了合法地位，并在很大程度上清洗了律师从传统社会起积累的道德污名，但这种"国家本位主义"的定性本质上是与律师职业的本性相悖的。一方面，它背离了律师制度设置的初衷。律师辩护是司法活动的重要环节，其与侦查权、审判权、检察权/公诉权构成制衡，这种制度设置对于维护个人权利，发现案件真相以及维护社会公平正义具有重要意义。把律师定性为"国家法律工作者"，使律师辩护权与公权力同质化了，"而这种同质性又必然产生权能的同构，律师的辩护权和代理权不再是律师的执业基本权利，而成为国家权力的派生"❶。另一方面，它也不利于律师行业自身的发展。律师"职业主要是为自我利益服务的，它反对国家供给，因为这种干预会否认他们充分地利用有利可图的市场的权力。正因为如此，客户和更广大的公众利益受损，并且因此不能获得法律服务"❷。

改革开放以来，随着市场经济的不断发展，我国建成了较为完整的法律体系并越来越强调司法的独立运行和自由契约的意义。此时，依附于国家的律师行业已经不能满足社会寻求法律帮助的需求，私人律师业在这一时期发展起来。私人律师业的兴起要求法律对律师进行重新定性，在此背景下，1996 年出台的《律师法》采用了"集体本位主义"的定性标准，将律师定性为"为社会提供法律服务的执业人员"，这种定性弱化了律师的"国家"属性，明确将律师业认定服务行业的立法实际也暗含了承认律师市场性的倾向。但是将"社会"作为服务的对象，不仅流于空泛，而且有一种集体主义的意味。这一概念并没有准确地将律师服务的核心要义揭示出来。国内很多学者认为，1996年《律师法》的定性是对律师职业社会性的肯定，体现了律师维护社会利益的功能。但事实可能并非如此，从律师制度的演进史来看，这里的"社会"更加类似于"集体"的概念，是"国家本位主义"向"市场本位主义"的过渡阶段，其体现了在特定历史时期国家立法在"控制"和"放权"之间的犹疑，因此笔者将其称为"集体本位主义"的定性模式。

---

❶　张善燧. 中国律师制度专题研究［M］. 长沙：湖南人民出版社，2007：73.

❷　杰拉德·汉隆. 律师、国家与市场：职业主义再探［M］. 程朝阳，译. 北京：北京大学出版社，2009：71.

（三）从"集体本位主义"到"市场本位主义"

"集体本位主义"的定性是官方自计划经济以来的思维惯性与市场发展需求冲突的结果。一方面，经济的发展使政府对律师角色进行市场性的定位；另一方面，政府并不愿意承认律师行业自治。尽管在法律上承认了律师协会自律组织的属性，但是司法行政部门依旧掌控着律师惩戒的权力，在长期的法律实践中司法行政部门的人事编制与律协混同，实际上律协也并未发挥应有的功能。这种制度设置根本上源于一种忧虑：国家对律师行业的松绑会导致法律服务市场的失序。随着市场经济实践和理论不断深入，政府也逐渐意识到市场经济的发展可以产生自生自发的秩序。基于此，律师的法律定性逐渐过渡到"市场本位主义"的阶段。

市场化的律师职业的核心是律师与当事人的双边关系，律师基于法律专业知识提供服务，而当事人基于律师的执业水平高低支付报酬。司法独立运作的社会，律师不再需要通过权力依附来获取利益，在法庭上说服法官，为当事人争取合法利益的唯一依靠就是自身的专业技能。律师与当事人的信任关系是法律工作开展的前提，律师要想获得当事人的信任，获得更大的市场利益就必须不断磨炼自身的专业技能。"激烈的竞争提高了律师的工作效率，也增强了律师对委托人的关心程度。更多的委托人享受到了价廉物美的法律服务，更多的律师开始有了自觉的执业责任意识。"❶ 市场经济条件下，律师服务与当事人选择的良性互动，使律师行业不断发展壮大。而 1996 年《律师法》"集体本位主

---

❶ 德博拉·L. 罗德. 为了司法/正义：法律职业改革 [M]. 张群，温珍奎，丁见民，译. 北京：中国政法大学出版社，2009：19.

义"的定性则完全忽视了这一面向，2007 年《律师法》修订，将律师定性为"为当事人提供法律服务的执业人员"，这种"市场本位主义"的定性凸显了律师职业的商业性，并揭示了律师工作的内容，在更大程度上摆脱了"集体"的桎梏。❶

二、现行"市场本位主义"定性的困境

我国多数学者对现行《律师法》对律师"市场本位主义"的定性持肯定态度，这也确实是最接近律师工作真实状况的定性。但是，无论是国家本位主义、集体本位主义，还是市场本位主义都存在一个共同的缺陷：律师仍是依附性的职业，法律定性的变迁也只是在转换依附的对象而已。这种职业独立品性的缺失，在举国发展市场经济的大潮下并不凸显。但在当今社会，律师不能仅仅局限于服务业的狭窄视域，更应当承担起法治建构的功能，更进一步说我们可以这样评论，"市场本位主义"将律师职业的性质狭隘化了，它过度地偏向了律师职业营利性的一面，而忽略了其对法治理想的追寻，造成律师职业道德理想与效用价值的割裂。现行《律师法》"市场本位主义"的定性不仅于法治的实现无益，也极大地妨碍了律师个人的职业追求，而在法律实践中其表现为技术主义和商业主义的两种样态。❷ 因此，呈现以

---

❶ 从"国家本位主义"到"集体本位主义"再到"市场本位主义"，律师执业呈现逐渐从公职行为向市场行为的蜕变过程，从这个层面上来看，律师的性质已经发生重大的变化。但实质上"本位主义"的定性模式依旧没有改变，而这种模式在逻辑上是一贯的。

❷ 下文中"法治信仰的失落"主要是从技术主义的角度阐述的，"职业形象的恶化"主要是从商业主义的角度阐述的，而"职业理想的破灭"则是两种样态的综合效应。

下三重困境。

（一）法治信仰的失落

随着律师职业市场化，其与当事人的联系愈发紧密，这导致了律师工作模式的转变：法律知识由于服务当事人利益的需求逐渐工具化了。律师对法律进行工具主义的解读，其主要策略是以当事人的特殊利益掩盖立法原意体现出的社会利益，表面上其主张与法律条文并无冲突，技术化的手段背后却隐藏着对法治精神的背离。尽管这些律师行为都是对法律尊严的践踏，但在"市场本位主义"律师定性的掩护下，这毋宁是合理的行为，更是一种尽职行为，因为市场竞争就是要求为客户获取最大利益以赢得利润。法治的信仰主要表现在："社会公众普遍地将法律的要求内化为自己从事一切社会行为的动机，并自觉地把自己和他人的行为坦陈于法律面前，接受法律的评判和检测。"❶ 而其实现则依赖于法律自身的普遍性和公正性。法律并非为特殊利益服务，而是为整个公民社会服务的。法治不是简单地依法而治，更多地强调了法律本身的道德性。因此，律师对法治的信仰也并非来源于其对法律知识的掌握和娴熟的运用，而是来源于其对正义的信念。现行《律师法》将律师定性为"为当事人提供法律服务的执业人员"，律师对法律知识的运用被劣化为一项为当事人谋利的服务技术，律师职业背后深厚的伦理意蕴被消解了。其实际上鼓励了律师运用法律时的工具主义态度，为特殊利益解释法律的技能被视为衡量律师执业水平的标准。这是非常危险的倾向：

---

❶ 姚建宗. 信仰：法治的精神意蕴 [J]. 吉林大学社会科学学报，1997（2）：1-12.

"持工具主义观点的律师占统治地位的情况会侵蚀到法律的普遍性从而破坏法律的道德权威。正是法律的普遍性、公正性，使得法律体制不仅仅是一个强制性体制，而且更是一个发挥着道德影响力——而不仅仅是物理强制力的体制。破坏了法律的普遍性就是破坏了法律的合法性，这使它重新堕落成一个纯粹的暴力系统。"❶ 律师对法律工具主义的使用映射了这一职业整体法治信仰的失落。

（二）职业形象的恶化

从律师的执业行为来看，工具主义的使用法律依赖于律师的诡诈和策略。这种工作模式很大程度上恶化了律师的道德形象。在社会公众的视域中，律师变成了为了在法庭上胜诉或者为当事人争取有利地位可以不择手段的群体。高度商业化的现象"正在使律师失去能称作我们社会中的一种特殊职业的资格……自由市场法律职业模式下的律师迅速成为利益导向的商人"❷。从当事人的角度来看，律师只是提供法律服务的执业人员，是实现自身利益的工具，这事实上已经将律师完全物化了。市场经济条件下的当事人与律师的关系只是单纯的经济契约关系，他们之间的信任关系也建立在合同对双方权利和义务的明确划分，这种信任是脆弱而易变的，而过于热衷商业利益的律师职业使"法律内部关注的重点从正义的商讨转向强调为这一市场服务。这导致了该职

❶ 戴维·鲁本. 律师与正义：一个伦理学研究 ［M］. 戴锐，译. 北京：中国政法大学出版社，2010：44.

❷ David Barnhizer. Princes of Darkness and Angels of Light：the Soul of the American Lawyers ［J］. Notre Dame：Notre Dame Journal of Law, Ethics & Public Policy, 2000 (14)：371 –477.

业内部社会服务问题的地位降低。正义不再被视为立基于需要供给的一种权利，而是被视为在有利可图的市场活动中供给的一种商品"❶。合同化的关系使当事人对律师职业抱持工具性的看法，自然也就缺乏对律师职业的尊重，律师为当事人谋求公义，赢得社会认同的职业成就感亦在这种高度市场化的环境中消散。

（三）职业理想的破灭

由于律师行业本身的复杂性，其职业追求也呈现多种面向。首先是律师作为法律工匠的追求，这种追求强调律师服务的专业性，其通过知识的积累和实践的磨炼成为法律领域的专家，以此为当事人提供更好的服务，取得职业成就感。其次是律师作为商人的追求，由于商业化的冲击，顾问律师从传统的出庭律师分化出来，这类律师往往不从事诉讼业务，而转向为顾问企业提供商事法律服务，一些成功的顾问律师甚至可以参与到公司事务的决策中，他们的职业追求更加偏向于取得商业上的成功。随着市场化的进一步深入，出庭律师也出现以经济利益为导向的趋势，这种现实冲击着法律职业主义的传统认知，甚至有学者提出了"商业化职业主义"❷的概念。最后是律师作为政治家的追求，西方社会的律师一直是政治参与度较高的群体，这种追求支配下的律师最核心的特点就是对公众利益的关心和对社会正义的追求。"律师政治家的理想是一种性格理想。这意味着一个人朝着这一理想迈进时，它不仅会成为一个有成就的工匠，而且会成为一个

---

❶ 杰拉德尔·汉隆.律师、国家与市场：职业主义再探［M］.程朝阳，译.北京：北京大学出版社，2009：142.

❷ Gerard Hanlon. A Profession in Transition? Lawyers, the Market, and the Significant Others［J］. The Modern Law Review, 1997（6）：798-882.

有个性的、值得尊敬的人——一个具有实践智慧的人。"❶ 这种
作为政治家的追求才是律师作为法律职业的理想之所在，娴熟的
技术和丰厚的利益都非律师职业本性所在，因为这是与其他很多
行业存在的共性，而利用诉讼手段参与政治生活，推进公平正义
则只有律师可以做到。但"市场本位主义"的定性忽视了最本
质的政治家理想，❷ "理想会影响人们的行为表现……法律理想
的转变会对律师的行为举止有所影响"❸，"市场本位主义"将律
师塑造为法律工匠和商人的形象将导致律师对法律运用的技术化
和商业化取向。

　　《律师法》第 2 条第 1 款规定："本法所称律师，是指依法
取得律师执业证书，接受委托或者指定，为当事人提供法律服务
的执业人员"，这是对律师"市场本位主义"的定性。而第 2 款
紧接着规定："律师应当维护当事人合法权益，维护法律正确实
施，维护社会公平和正义"，这是法律对律师职业的期许，也是
律师职业理想之所在。事实上"市场本位主义"的定性很大程
度上与律师的职业理想相悖。正如上文所述，对法律的工具主义
态度不仅不能维护法律的正确实施，而且特殊利益的导向妨碍了
法律目的的实现。进一步分析，即使存在部分律师依然能够坚持
职业初衷，以维护公平正义为己任，这种定性也存在重大的缺

---

❶ 安索尼·T. 克罗曼. 迷失的律师：法律职业理想的衰落 [M]. 田凤常，译. 北
　京：法律出版社，2010：17.
❷ 根据我国学者的调查，在法律实践中，我国律师的政治参与度很低，参与意识也
　不强。参见：王中华. 当代中国律师政治参与研究 [M]. 南京：南京大学出版
　社，2012.
❸ 布莱恩·Z. 塔玛纳哈. 法律工具主义：对法治的危害 [M]. 陈虎，杨洁，译.
　北京：北京大学出版社，2016：188.

憾：它将律师的工作局限于个案正义以及维护特定当事人的利益，其极大地忽视了律师在政治生活中通过诉讼手段对政府行为进行监督，实现国家法治化的特殊功能。律师职业的理想并非仅仅实现个案当事人的利益，而"是推动社会公正以及职业责任来帮助更多的当事人而不限于很少的人"❶。

将律师的性质定位和功能定位加以区分是有必要的，因为如果"市场本位主义"仅仅是律师的功能定位，那么其很可能与后文所提出"自由职业"的定性并不矛盾。笔者将从两个层面对其作出说明。第一，从性质和功能的语义关系上，性质是指内在于事物本身与其他事物相异的根本特征，论及律师职业，它应当标识了律师行为的基本模式和特性。这类似于职业社会学研究中"定界"的概念，即一个行为主体进行自我区分的机制。❷"市场本位主义"在抽象层面界定了律师的执业理念和导向，是一种性质的界定，它决定了律师在法律实践过程中可以做什么。而律师职业的功能则是律师性质的外在表现，其具体体现为律师在法律实践过程中的作用和职能，主要呈现其与其他主体（如国家、社会以及当事人）具象的、动态的互动过程，更类似于职业社会学研究中"交换"的概念，即"一个双向的、相互依赖并相互奖励的过程"❸，《律师法》第 2 条第 2 款和第 28 条就具体

---

❶ 戴维·鲁本. 律师与正义：一个伦理学研究 [M]. 戴锐，译. 北京：中国政法大学出版社，2010：276.
❷ 刘思达. 割据的逻辑：中国法律服务市场的生态分析 [M]. 上海：上海三联出版社，2011：7.
❸ Emerson R M. Social Exchange Theory [J]. Annual Review of Sociology, 1976 (7)：335 – 362.

地规定了这一互动方式❶。第二，从法条的逻辑构造上，落实到具体条款，对律师职业的定义应为《律师法》第 2 条。这一条文分为两款，第 1 款规定，"本法所称律师，是指依法取得律师执业证书，接受委托或者指定，为当事人提供法律服务的执业人员"。笔者认为这是对律师基本概念的厘定，而其核心的"市场本位主义"的理念应为律师的法律性质。第 2 款规定，"律师应当维护当事人合法权益，维护法律正确实施，维护社会公平和正义"，则是对律师职业作用的说明，应当属于律师的功能定位。在对律师职业进行定义之时，先对其进行内在定性，再说明外在功能，也是符合拟定法条确定法律概念之基本逻辑的。

在此，必须澄清一点：反对"市场本位主义"并非反对律师为当事人服务，也并非反对律师以法律服务获利，而只是反对以此为律师定性。因为律师的价值是多元化的，本位主义的定性犯了单一化的错误。律师为当事人服务仅仅是律师工作的内容，以此为律师概念的核心，显然没有把握律师角色的特性。契约主义赋予律师职业追求公平正义的公共责任，而这才是律师职业最核心的特点所在。

三、我国律师行业应属自由职业

"市场本位主义"的定性违背了律师制度设立的初衷，其引发了法治信仰衰落、职业形象恶化和职业理想破灭的三重困境，最终造成律师职业道德理想与效用价值的割裂。而要弥合这种断

---

❶ 作用条款：第 2 条第 2 款：律师应当维护当事人合法权益，维护法律正确实施，维护社会公平和正义；职能条款：第 28 条：律师可以从事下列业务……

裂的现状，就必须对律师职业的性质作出调整，它必须如契约主义所描述的既具备形而上的"公正"属性，也具备形而下的"责任"属性。考察国外律师制度，多将律师定义为自由职业者，如《德国律师法》规定，律师是自由职业者、独立的司法人员；《法国关于改革若干司法职业和法律职业的第 71－1130 号法律》第 7条规定，律师职业属于自由独立的职业；《日本律师法》亦惯称律师为自由职业者。下文将从自由职业者的特征、法律职业的精神和公民辩护权及平等权三个方面，论证我国律师行业应属自由职业，而这种自由职业的定性也是符合契约主义的基本要求的。

（一）律师与自由职业者特征的契合性

自由职业的概念源于西方发达资本主义国家，在英语中对应profession❶，"这个术语在拉丁语里的词根是'宣称（to profess）'，在欧洲文化里，其意思则是要求成员致力于维护共同认可的理念"❷，这种定义强调的是自由职业的精神意蕴。另一种定义则更倾向于其专业性，将自由职业定义为"那些需要接受高深教育及特殊训练，进而获得特定从业资格的专门职业"❸。《现代汉语词典》亦采此义：自由职业是指凭借个人的知识技能独立从事的职业，如个人开业的医生自由撰稿人所从事的职业。我国有学者

---

❶ 在此，笔者认为我国惯常上将 profession 译为"职业"是容易引起误解的。因为在中国语境中"职业"与"行业"并无区分，而在英美语境中，profession 往往是指地位较高的社会群体，如医生、律师等，其区分于被称为 occupation 的一般行业。因此，将 profession 理解为"自由职业"可能更为恰当。

❷ 德博拉·L.罗德. 为了司法/正义：法律职业改革［M］. 张群，温珍奎，丁见民，译. 北京：中国政法大学出版社，2009：33.

❸ 朱英，魏文享. 近代中国自由职业者群体与社会变迁［M］. 北京：北京大学出版社，2009：2.

通过研究近代中国自由职业者群体，总结出这一职业的四个特征："(1) 近代新式知识分子，并以此身份投身某一职业。(2) 经过系统学习，具有某一专业的相当知识，并在这一行业内不论是对知识还是对市场都具有垄断性。(3) 职业生涯相对独立，可以自我聘雇 (self – employed) （这可能是最体现'自由'的地方）。(4) 经济地位和社会地位远较一般劳动者为高。"❶ 综上所述，自由职业应当有两个核心要义：精英主义和行业自治。律师职业与这两个核心要义是契合的，并且由于其承担着维护公平正义的伦理责任，其作为自由职业展现出更加丰富的内涵。

律师职业的精英主义特征首先体现在其知识上的专业性，法律知识需要经历长期的教育才能掌握，而对其运用更是要借由大量的法律实务经验，这一点毋庸赘述。其次，则体现在准入条件的高标准。我国历次司法考试制度改革都会对参考条件进行提升。1996 年司法部出台的《律师资格全国统一考试办法》对参考人员的学历要求仅为专科及以上，并且考试合格后即可直接申领律师资格证。2001 年，最高人民法院、最高人民检察院以及司法部联合出台《国家司法考试实施办法（试行）》，不仅将学历要求提升至本科，还规定申领律师资格证需要 1 年的律所实习期。2018 年 4 月 28 日司法部颁布的《国家统一法律职业资格考试实施办法》，更是将参考条件拟定为：具备全日制普通高等学校法学类本科学历并获得学士及以上学位，或者全日制普通高等非法学类本科及以上学历并获得法律硕士、法学硕士及以上学位或获得其他相应学位且从事法律工作三年以上。这种参考条件的

---

❶ 尹倩. 中国近代自由职业群体研究述评 [J]. 近代史研究, 2007 (6)：110 – 119.

设置反映了对律师法学教育背景和专业能力的强调。最后，则体现在律师对法律市场的垄断。长期以来，我国法律服务市场基层法律工作者和律师共存。在恢复律师制度初期，我国律师人数短缺且主要集中在大城市，无法满足基层法律服务的需求，供职于法律服务所的基层法律工作者在此时期发挥了重要作用。由于这部分执业人员多数没有经历过专业的法学教育和严格的法律训练，服务质量往往难尽人意。随着我国律师群体的逐渐成熟，基层法律工作者也在逐渐退出历史舞台。《律师法》第13条规定："没有取得律师执业证书的人员，不得以律师名义从事法律服务业务；除法律另有规定外，不得从事诉讼代理或者辩护业务。"这就从立法层面确立了律师对诉讼市场的垄断地位。

律师行业自治则主要强调了律师协会的功能，我国律师行业经历了律师协会管理权逐步增强以及国家控制权逐渐弱化的过程。1980年《律师暂行条例》第13条规定："律师执行职务的工作机构是法律顾问处。法律顾问处是事业单位，受国家司法行政机关的组织领导和业务监督。"律师的执业行为直接受司法行政机关的领导，律师协会仅仅具有组织律师交流、维护律师合法权益的职能。1996年颁布的《律师法》第4条规定："国务院司法行政部门依照本法对律师、律师事务所和律师协会进行监督、指导"，将该管理体制明确为司法行政机关监督指导和律师协会行业管理相结合，学界称为"两结合"管理模式。2002年5月，全国律师代表大会对"两结合"管理体制进行了界定："所谓两结合的管理是指以司法行政机关的宏观管理为核心、律师协会的行业管理为主体、律师事务所的自律性管理为基础、政府宏观调

控部门的调控管理为保障的一种管理体制。"❶ 2007 年修订的
《律师法》第 46 条新增了律师协会两项权力，即第 3 项"制定
行业规范和惩戒规则"和第 6 项"对律师事务所实施奖励和惩
戒"。律师惩戒权开始逐渐从司法行政部门转向律师协会。司法
行政机关仅保留宏观的监督、指导权，而具体的行业管理交由律
协自治，这种自治性也是律师作为自由职业者的佐证。

（二）"自由"与法律职业精神的契合性

关于自由，德沃金区分了两类概念，即作为许可的自由和作
为独立性的自由："前者指不受法律和社会的限制去做他希望做
的事情的程度，而后者指人作为独立和平等的人而不是附属物的
地位。"❷ 律师的自由当然并非前者，实际上律师的执业行为受
到很多约束。律师作为一项职业的"自由"是指其独立性，而
法律职业的精神也正在于此。"法律职业精神的本质就是使人觉
得司法管理是每个人的职责所在。一个充满这种精神的法律人，
从不迷失在自己的利益或是自己客户的利益之中。法律职业精神
让他超脱于求胜心之外成为真理的捍卫者……他因此一直对改进
司法的工作以及维护秩序的方法怀有极大的兴趣"❸，具体到律
师职业则主要体现为两个方面：第一，独立于商业利益；第二，
独立于国家公权力。

律师独立于商业利益是指其不能因为追求经济利益而践踏法

❶ 李芳. 锐意求新，再创辉煌：访第五届中华全国律师协会秘书长贾午光［N］.
法律服务时报，2002－05－24（6）.
❷ 罗纳德·德沃金. 认真对待权利［M］. 信春鹰，吴玉章，译. 上海：上海三联
书店，2008：348.
❸ 罗伯特·N. 威尔金. 法律职业的精神［M］. 王俊峰，译. 北京：北京大学出版
社，2013：135.

律的尊严，其根本的职业理想不是取得商业上的成功。有法律评论家认为：律师作为自由职业者的属性在很大程度上取决于成员不是以追求经济利益为导向的。德国法将私人执业律师定性为自由职业者，并认为私人执业律师的活动不是商业活动。❶ 我国将律师业定义为普通服务业的立法忽视了律师作为自由职业的特殊性。律师业与普通服务业本质上是不同的，这种异质性源于律师理想的独立性，普通服务业基本上建立在利益交换之上，其唯一也是最高的目的就是通过工作获取生活资本。也许有人会说，普通服务也会有其他交换，比如工作时受到认可的幸福感等，但这是所有行业，甚至可以说所有人的特性，而非职业本身特有的。律师业有其独立的理想，这铸就了它作为自由职业的理由，其不仅是以经济利益为目的的，还承担着维护法律尊严和社会正义的重任。

律师独立执业最重要的部分是其对国家公权力的独立，这凸显了律师的法治建构功能，法治的核心就是执政行为要在法律的框架下运行。律师在建设法治中的作用就在于其限制了政府对公民的侵害。公民在刑事诉讼和行政诉讼中，直接与国家对峙，其天然处于弱势地位，律师的出现相对地扭转了这种局面。正如美国律师协会（ABA）的《律师职业行为示范规则》（*Model Rules of Professional Conduct*）所述："独立的法律职业是一支确保政府依法行政的重要力量，因为法律职业成员如果不必依赖政府以获得执业的权利，就更容易挑战政府滥用法定权力的行为。"❷ 1980

---

❶ 迪特里希·鲁施迈耶. 律师与社会：美德两国法律职业比较研究［M］. 于霄，译. 上海：上海三联书店，2009：129.

❷ 德博拉·L. 罗德. 为了司法/正义：法律职业改革［M］. 张群，温珍奎，丁见民，译. 北京：中国政法大学出版社，2009：228.

年我国恢复的律师制度是人民律师制度，以及 1996 年《律师法》，其实很大程度上都是为了服务特定的政治或经济目标，具有较强的工具性，长期以来我国法律职业伦理教育的缺失就是证明。随着我国经济逐渐恢复，制度和精神层面的断裂的弊病日益凸显，导致律师在缓和社会矛盾和推进法治建设上不能发挥应有的作用，而将律师定性为"自由职业者"对弥合这种断裂是有益的。

（三）公民辩护权和平等权的要求

第一，将律师作为自由职业是宪法上被告人辩护权的要求。我国《宪法》第 125 条规定"被告人有权获得辩护"，这从宪法层面确立了在刑事诉讼中，被告人获得律师帮助的权利。从体系层面解释，该权利被规定在《宪法》"人民法院和人民检察院"一节之中，实际上是作为一种"程序性权利"存在的，设置公民辩护权的目标就是保障法院的公正裁决。这一制度安排是基于两个现实的考量：一方面，由于法律自身的专业性，使当事人在追求公正裁决的过程中存在障碍；另一方面，刑事诉讼中，作为私权主体的当事人与作为公权主体的检察院相对抗，先天处于不利的地位。

第二，将律师作为自由职业是宪法上公民平等权的要求。我国《宪法》第 33 条规定："中华人民共和国公民在法律面前一律平等。"平等权是我国公民的基本权利，但是由于现实生活的复杂性，社会往往不能实现实质的平等，在诉讼过程中就体现为当事人诉讼能力的差异。好的宪法权利的解释应当具备这样的特征："能力应当作为一种有其自身意义的事物被独立考察着。"❶

---

❶ 玛莎·C. 纳斯鲍姆. 寻求有尊严的生活：正义的能力理论［M］. 田雷，译. 北京：中国人民大学出版社，2016：121.

故而，诉讼能力的平等不能仅仅作为获得公正裁判的工具，而应该作为公民基本权利的要求，平等权作为基本人权要求任何人都不能因为能力的差异而在诉讼中处于不利地位，而律师的帮助则是对公民诉讼能力差异的平衡。由此，律师帮助权不仅仅是为当事人获得公正裁决的"程序性权利"，更是一项基本的公民权利。

因此，律师帮助是为了弥补当事人自我辩护能力的不足，其意在帮助其追求最公正的裁判并保障公民基本人权，而非实现其特殊利益，更非取得商业利润。美国联邦最高法院甚至把律师的帮助称作"作为保障生命和自由的基本人权的第六修正案所含的一个安全阀""防止专断和不公正地剥夺人权的一座保护闸"❶，宪法赋予律师帮助"追求公正裁判"和"保障公民平等"的重大使命，这要求律师职业必须具有独立、自由的品性。

四、律师作为自由职业者的意义

律师作为自由职业者的意义就在于其扩展了律师职业的功能，能够更广泛地实现律师职业的公共性。具体来说，"自由职业"定位下的律师实践可以实现三个目标：第一，通过对工具性辩护的破除，实现律师的制度性功能；第二，通过对公民社会的培育，实现律师的社会性功能；第三，"自由职业"属性的律师辩护有助于保障公民的尊严价值。

（一）制度性功能的实现

从程序意义上考量，律师的制度性功能就是发现案件真相。

---

❶ 詹姆斯·J.汤姆科维兹.美国宪法上的律师帮助权［M］.李伟，译.北京：中国政法大学出版社，2016：30.

卡尔·波普尔认为，发现真相就是一方提出的主张和另一方所进行的驳斥相互冲突，此消彼长的过程。❶ 法庭辩论被设计来寻求案件的真相是因为参与辩论的各个角色由于职业性质之故会产生偏见，比如在刑事诉讼中，警察和检察官会比较偏向于寻求有罪证据，认定当事人有罪。正如罗素所言："一切国家的警察制度都建立在这样一个假定上：对于嫌疑犯，搜集于他不利的证据是公益的事情，而搜集于他有利的事情是他自己的事情。"❷ 律师由于服务当事人的工作内容，比较倾向于相信对当事人有利的证据；法官则在制度设计上被认定为中立的角色，综合考量双方提出的证据，确定理论上最接近客观事实的法律事实。但无论什么偏向，都不应当是故意为之。如警察绝不会被允许刑讯，律师也绝不会被允许制造伪证。当这种偏向超出了普遍道德的范畴，法庭辩论就不会实现寻求案件真相的目的。"本位主义"的定性夸大了律师的角色偏向，其存在利用特殊利益掩盖普遍道德的错误，此时律师的法庭辩论必然是匮乏且具有误导性的。当依附于公权力之时，在面对强大的国家机关时，律师根本不可能与之对抗，自然也不能竭尽所能去充分进行法庭辩论；当依附于私人利益之时，律师倾向于以特殊利益为导向解释法律，在工具主义理念的指引下，律师不仅无助于发现案件事实，而且往往通过隐藏关键证据，故意含糊陈词的手段误导法官的判断。律师只有完全破除其依附性，成为真正的自由职业者，才能够进行充分、有效的法庭辩论以发现案件真相。

---

❶ Karl Popper. Conjectures and Refutations: The Growth of Scientific Knowledge ［M］. New York: Harper and Row, 1963: 33 –65.
❷ 伯兰特·罗素. 权力论 ［M］. 吴友三，译. 北京: 商务印书馆，2014: 231.

从实体意义上去考量，律师的制度性功能则体现为其对当事人法定权利的维护。我国目前确立了严格的非法证据排除规则、疑罪从无原则、不得自证其罪原则等，这些都反映了发现案件真相并非律师制度设计的唯一目的，律师还承担着维护当事人法定权利的职责。但当律师具有依附性时，这一职责也是无法完成的。当其依附于公权力之时，实际上律师帮助权已经与警察权、检察官权同质化了，律师丧失了捍卫当事人权利的能力。而其依附于商业利益之时，则会产生两种情境：第一，律师滥用程序规则，对法律进行特殊利益导向的工具性解释，为当事人谋求不合理的利益，这是超出法定权利范畴的；第二，律师可能由于个人利益的考量，违背当事人意愿寻求和解，以获取经济效益上的成功，这往往与当事人寻求公正判决的权利相悖。将律师业定性为自由职业对于破除律师工具性的辩护模式，维护当事人法定权利是有意义的。

（二）社会性功能的实现

自秦以来，我国的社会结构就沿袭着个体—政治国家的结构，国家垄断了统治话语，个体只能被动服从。随着现代民主法治理念的传入，共和制国家建立，公民权利意识觉醒，参与政治生活的热情不断增强。公民个体逐渐团结起来形成了公民社会，即亚里士多德所描述的"自由和平等的公民在合法界定的法律体系之下结成的政治共同体"❶，其产生之初就是为了实现与政治国家的平等对话，而律师职业则是沟通公民社会与政治国家的桥

---

❶ Jean L. Cohen, Andrew Arato. Civil Society and Political Theory [M]. Cambridge：The Mit Press, 1994：97.

梁。这种沟通作用在自由职业的框架下具体表现为两点：第一，政治国家到公民社会的方向上，其传播了对于法律规范的正确理解，培育了公民的法治观；第二，公民社会到政治国家的方向上，其及时反馈了公民社会的愿望，推动社会正义的实现。

作为自由职业者的律师对法律事务的广泛参与培育了公民法治观。在我国，法律长期以来由国家垄断，公民对法律生活的参与较少，法律意识淡漠。律师职业以服务当事人为工作内容，其在国家法律规范和公民日常生活之间建立了纽带，可以说普通公民对法律的理解很大程度上受到律师的影响。而在"本位主义"的定性下，律师则传达了对于法律的两种误导性的理解：一方面，当其依附于公权力之时，倾向于将法律定义为统治阶级对被统治阶级的统治工具，公民只有被动服从的义务，此时公民的守法意识完全建立在对惩罚的畏惧上；另一方面，当其依附于商业利益之时，倾向于将法律解释为当事人特殊利益服务的工具，此时公民对法律的遵从只是由于其能够为自己带来利益。而只有当守法是源于对法律自身普遍性和公正性的信仰之时，这种信念才是稳固的。律师只有在"自由职业"的定性下，彻底摆脱依附性才能够实现这一作用。

同时，作为自由职业者的律师对法律事务的广泛参与推动了社会正义的实现。律师对个案正义的追求对于发现法律制度在法律实践中的漏洞，促成对不符合法律原则的法律制度的反思是有益的。比如聂树斌案，正是由于律师团队多年的努力，才换来学界和实务界对我国证据制度和刑讯逼供现象的广泛反思；美国的律师群体甚至倾向于利用集团诉讼的方式谋求政府行为的转变。由于我国法律体系否认司法的造法功能，律师对立法的贡献只是通过诉讼间接地起作用，其在集团诉讼方面还存在法律上的障碍，实践中是否可行也有待考察。但无论如何，律师在完善法律制度、改善政府行为等方面的作用不容忽视。如果律师不是自由、独立的职业，这些功能的实现是难以想象的，因为具有依附性的律师，必然要以工具主义手段推进特殊利益的实现，而"持纯粹工具主义观念的律师会操纵法律规则和程序以实现他们客户的目标。相反，带有法律非工具主义观念的律师，则会更遵守法律规则，并努力维护法律的尊严……鼓动进行诉讼以带来人们期望的社会变革"❶。

（三）公民尊严价值的保障

一方面，"自由职业"下的律师帮助行为是公民尊严价值的内在要求。在法治国家中，公民的尊严价值集中体现在：人们追求正义的能力是平等的，所有行动主体都应该得到来自法律和制度的平等的尊重。❷ 任何人都不应当因为法律知识的缺失或者不善言辞的性格，而使其对正义的追求有所缺损，自由的律师群体将是这一能力的重要保障。从这一角度考察，律师的辩护确实是一项高尚的行为，律师的辩护理应强化的是当事人寻求正义的能力，而非争夺利益的能力。只有当律师是自由职业者，破除了依附性之时，他才可能成为"正义的斗士"，而不是实现特殊利益的工具。正如美国哲学家戴维·鲁本所述："一个司法体制通过授予当事人以质疑的权利——即假设她应该有权对案件事实表达

---

❶ 布莱恩·Z. 塔玛纳哈. 法律工具主义：对法治的危害［M］. 陈虎，杨洁，译. 北京：北京大学出版社，2016：10.

❷ 玛莎·C. 纳斯鲍姆. 寻求有尊严的生活：正义的能力理论［M］. 田雷，译. 北京：中国人民大学出版社，2016：22－23.

自己一方的意见，除非事实情况被证明并非如此——来实现对人的人格尊严（也就是道德人格）的尊重""人格尊严要求被告人拥有这样一个辩护人"❶。

另一方面，"自由职业"下的律师帮助行为使诉讼上的得利获得道德上的正当性，帮助当事人恢复有尊严的生活。"本位主义"定性下的律师辩护削弱了当事人实然得利和应然得利的关联，在此情境下，社会更加倾向于将当事人得利的事实归结于律师巧妙的辩护技术而非公正的裁决，法律上的得利很大程度上不能得到道德上的认同，对于当事人恢复名誉和尊严很可能是无益的。"本位主义"支配的法庭辩论是特殊利益导向的，此时的法庭不再是通过严格的法律推理和对法律原则的遵循，并最终输出正义判决的机构，而是争议方争夺利益的平台。而这与诉讼制度建立的初衷相悖，诉讼程序并非争议方争夺利益的装置，其根本目的是合法地化解纠纷，这种化解不仅仅意指正当的利益分配，更加意味着通过诉讼，当事人可以摆脱由于纠纷导致的暂时性生活失序，重新恢复有尊严的生活状态。"自由职业"下的律师群体以正义为终极追求，其摒除了为当事人特殊利益而肆意操纵法律的行径，这种律师辩护行为下的当事人利益获得了道德上的正当性，对涉诉公民重新恢复名誉和尊严是有积极意义的。

---

❶ 戴维·鲁本. 律师与正义：一个伦理学研究 [M]. 戴锐，译. 北京：中国政法大学出版社，2010：228，177.

第六章

法律实践层面上契约主义
对律师职业的重构

　　契约主义在法律实践上对律师职业的重构主要表现在对法律援助体系的重构。在目前的政府垄断型的法律援助体系中，律师仍然处于工具性的地位，他们仅仅被作为完成国家职责的工具。契约主义的多元面向则要求塑造律师职业在法律援助体系中的主体地位，它在实践上破除了国家垄断公共性的状态，倡导一种多元共治的良性状态。这就要求，在公共性的实践方式上破除政府主导公共性的一元化认知，扩展公共性实践的深度和广度。而我国公益法律实践模式仍然受到国家主义政治文化的深刻影响，由国家垄断法律生活的传统根深蒂固，这严重限制了公益法律服务深度和广度的扩展。作为律师职业公共性实践重要形式之一的法律援助行为，在我国依旧被狭隘地定性

为政府责任，❶ 并完全交由政府自上而下地推进，这严重削弱
了法律援助的效果。契约主义对公共性实践方式的认知将指向
法律援助责任主体的重塑，破除政府作为法律援助唯一支持的
局面，真正实现法律援助制度设计的初衷。本章试图以法律援
助体系为例，论证我国公益法律服务由一元走向多元的必要性
和路径。

《法律援助条例》阐发的政府主导型的法律援助体系中，
律师仍然处于工具性的地位，他们仅仅被作为完成国家职责的
工具。这种模式将造成实践上的多重困境。国家治理现代化理
念要求倡导一种多元共治的良性状态，在公共性的实践方式上
就是要破除国家垄断公共性的一元化认知，扩展公共性实践的
深度和广度。尽管 2022 年生效的《中华人民共和国法律援助
法》（以下简称《法律援助法》）已经明确删除了单一"政府
责任"的条款，彰显了从制度层面破除政府垄断的决心，但我
国公益法律实践模式仍不可避免地受到国家主义政治文化的深刻
影响，由国家垄断法律生活的传统根深蒂固，这严重限制了公益
法律服务深度和广度的扩展。破除政府作为法律援助唯一支持的
局面，才能真正实现法律援助制度设计的初衷。本章试图从《法
律援助条例》与《法律援助法》的对比中，探寻我国法律援助
实践模式转向的脉络，并论证我国公益法律服务由一元走向多元
的必要性和路径。

---

❶ 《法律援助条例》第 3 条明确规定，法律援助是政府的责任。

第一节 《法律援助条例》阐发的政府
主导型法律援助模式

许多现代国家均认为政府有责任为弱势群体提供法律援助服务，使政府成为法律援助体系的重要成员。1966 年联合国颁布的《公民权利和政治权利国际公约》就曾明确要求各国政府承担起法律援助的责任，为穷人提供平等的通过法律实现正义的机会，"出席受审并亲自替自己辩护或经由他自己所选择的法律援助进行辩护；如果他没有法律援助，要通知他享有这种权利；在司法利益有此需要的案件中，为他指定法律援助，而在他没有足够能力偿付法律援助的案件中，不要他自己付费"，许多国家都陆续按照公约的要求，对各自的法律援助制度进行了改革，并确实取得了积极的成效。因此，我国有学者也借用了相关经验对《法律援助条例》的"政府责任"作出了解释，但是由于历史形成过程的不同，西方国家对"政府责任"的认知可能与我国对"政府责任"的认知存在巨大的差异，其认知更加接近于"国家责任"的概念，而在法律表述上也渐渐地向这一方向转变。本节，笔者将通过中西对比的方式，厘清我国《法律援助条例》所阐明的"政府责任"是一种什么样的责任。

一、国家主义政治传统的延续而非慈善行为的义务化

西方国家在承认公民获得法律帮助的权利，并认为政府有责任提供法律援助之前，经历了漫长的由律师职业基于慈善动机向

穷人提供法律救济的阶段。在这一时期，公益法律援助被视为律师职业向社会馈赠的一件礼物，它彰显着律师职业不同于一般行业的高贵性与神圣性，可以说法律援助是由律师的职业自豪感和正义之心维系着。他们保持着高度专业素养和奉献精神，尽管经济上的酬劳十分微薄，但他们的心理往往是满足的，他们总是具有这样一种意愿：通过法律援助将原则置于利益之上，将职业的荣誉置于经济的报酬之上。在较长的历史时期内，西方的律师业甚至拒绝政府的支持，他们认为接受政府的报酬，将破坏法律援助作为一项道德馈赠的意义，而劣化为一项行政任务。在英国，早期虽然有一些习惯上或法律上的程序保障穷人获得法律援助，但也基本免除了政府在其中应负的责任，法律援助实际上依旧是律师职业单方面的慈善性施与。如有学者考证，14 世纪英国出庭律师有义务拿出一部分时间来为穷人辩护，以换取其在法庭进行有偿辩护的权利。❶ 1495 年，英国曾通过一项法令，即允许贫困者获得免费的辩护，他们在起诉时可以免交诉讼费用，并且指定律师免费代理，但是政府并不向律师支付酬劳，而仅仅是通过法令强制律师提供慈善性的服务。❷

　　在较长的历史时期内，仅仅靠律师职业的慈善性援助就基本上可以满足穷人的法律服务需求。随着历史的演进，政府的介入逐渐成为必要。第一，在较早的历史时期，法律尚未成为社会的

---

❶ Howard Dana. Legal Aid and Legal Services: an Overview [J]. Me. L. Rev, 2015 (67): 276.

❷ Joan Mahoney. Green forms and legal aid offices: a history of publicly funded legal services in Britain and the United States [J]. Louis U. Pub. L. Rev, 1997 (17): 226. 参见：吴光升. 被追诉人的法律援助获得权 [J]. 国家检察官学院学报, 2018 (4): 14 - 31.

主要管理模式，西方教会以及贵族家长的调解是解决争端的重要方式，因此社会法律服务的需求并不大，少数律师及律师组织的慈善行为完全可以满足穷人的需求。宗教改革之后，法律逐渐成为社会的主要甚至唯一的管理方式，致使法律服务需求暴增，仅仅靠律师的慈善性援助已经不能满足穷人的需求。此时政府担负责任为穷人聘请律师必然成为法律援助的重要形式之一。第二，市场经济不断发展，律师职业逐渐商业化，这是不可避免的。但这也确实给律师职业的内在伦理价值造成了一定的冲击，致使当代许多律师认为："他们没有关心公共利益的特殊义务和特别资格，他们只是而且应该是'商人'，他们唯一的任务就是为自己当事人的利益服务，在这种'市场模式'之中，任何关于公共职能的设想，在民主国家都是一种傲慢的，与民主制不相称的'贵族式'的武断的想法"❶，律师职业自身进行法律援助的慈善性动机被削弱了，这也构成了政府介入法律援助的重要理由之一。第三，在现代倡导平等、法治的社会中，依靠慈善动机进行法律援助是一种精英主义的做法，律师职业有意识地将援助对象视为阶层较低的群体，而没有将其置于与自身平等的地位之上，律师进行法律援助本质上依然是源于职业荣誉感或者实现职业价值等意志性的动机，援助对象的主体性则被搁置了。这种援助模式并未在援助律师与援助对象之间构建良性互动的关系，也无助于律师倾听援助对象的诉求并致力于扭转援助对象失序的生活状态。政府介入并聘请律师进行援助将有助于缓解这种状况，重塑

---

❶ 罗伯特·戈登. 律师独立论：律师独立于当事人 [M]. 周潞嘉，译. 北京：中国政法大学出版社，1989：30.

援助律师与援助对象的平等关系。

　　基于以上理由，西方法律援助制度进行了一次以政府介入为主要内容的改革，法律援助开始由一项由律师职业内部发起的慈善行为转变为法律义务，而公民获得法律帮助也被确立为一项法定权利。"法律面前人人平等"不应当仅仅成为一个口号，而且应当真正地落到实处，而法治社会中"分配正义只能部分通过法律制度实现，且仅能通过大量的公共补贴和法律援助来实现"❶。20 世纪初，美国确立公设辩护人制度，这些辩护人的收入就直接来自国家税收，而对于社会律师的法律援助，政府也设置了公共财政补贴的程序，鼓励律师参与法律援助。70 年代末，欧洲部长会议曾有报告指出，获得平等法律救济的权利是所有民主社会的基本特征，而法律援助作为实现这一权利的重要方式，不应当仅仅被视为一项慈善行为，而是一项法律义务。❷ 英国则早在1949 年就颁布了《法律援助与咨询法》，规定只要认为是实现正义利益之必需，所有的刑事案件都应当适用法律援助，且在判断是否适用时，应当作出有利于申请人的结论。❸ 1983 年颁行的《英国法律援助法》更是确立了值班律师制度，在刑事诉讼程序中需要进行法律援助的，由政府从值班律师中指定律师参与辩护。❹ 民事法律援助也得到了政府的支持，并在范围上有所扩

---

❶ 德博拉·L. 罗德，小吉弗瑞·C. 海泽德. 律师职业伦理与行业管理［M］. 2 版. 许身健，等译. 北京：知识产权出版社，2015：213.

❷ 官晓冰. 各国法律援助理论研究［M］. 北京：中国方正出版社，1999：293.

❸ Warren Freedman. A Reading of the British Statute on Legal Aid and Advice［J］. Ky. LJ，1950（39）：170 – 173.

❹ Joan Mahoney. Green forms and legal aid offices: a history of publicly funded legal services in Britain and the United States［J］. Louis U. Pub. L. Rev，1997（17）：226.

展。在拉西特诉福利局一案❶中，美国联邦最高法院判例认为，在民事诉讼中，如有证据证明在诉讼程序中无律师代理会出现不公正时，则可要求提供律师代理。欧洲的标准则更具有包容性，在斯蒂尔和莫里斯诉英国一案❷中，欧洲人权法院就认为，此案中委托律师代理的权利是利害攸关的重要利益，因为无律师代理的诉讼当事人"不能进行有效的自我辩护"，是否能够有效辩护成为判断进行法律援助的标准。

西方法律援助不是完全由政府建构起来的，它是为了弥补传统上慈善性援助的不足而出现的，实质上是对慈善行为的义务化，因此并未对律师法律援助背后的伦理价值造成根本性的冲击。我国的法律援助制度则完全不同，它没有经历一个成熟的慈善性援助阶段，基本上是由政府从外部建立起来的，它实质上是国家主义政治传统的延续。我国的律师制度和职业体系是从新中国初建立的人民律师制度演化过来的，它代表了一种国家主义的政治传统，即一种由国家垄断公共事业的社会治理模式。在人民律师制度之下，律师职业属于国家公职人员，法律援助根本没有存在的空间，所有的律师都是由司法行政机构指定辩护。可以这样说，在国家垄断公共性的时代，律师工作全部可以被视为一种政府主导的法律援助行为。但是这种法律援助并不具备慈善的道德属性，它仅仅是一种行政行为，律师作为公务员忠实地执行司法行政机构分配的辩护任务。我国《法律援助条例》将法律援助定位为"政府责任"实际上是延续了人民律师时期的认知，将其

---

❶ Lassiter v. Department of Social Service, 452 U. S 18 (1981).

❷ Steel and Morris v. United Kingdom, 41 E. H. R. R22 (2005).

视为一项政府对律师职业的行政命令。中国法律援助是由政府自上而下建构起来的。由此可见，中国由于并没有经历西方从慈善行为再到获得法律帮助权利的确立再到法律援助义务的建立的成熟发展过程，因而表现出明显的公权力外部推进的特征，这在一定程度上损伤了法律援助本来应当具有的公益属性和伦理价值。

二、源于政府设置而非基本权利

上文详细论述了中西方法律援助形成路径的差异，而这种差异也在相当程度上影响了中西方对于获得律师帮助权利的认知。具体而言，西方更多地将这种权利与宪法基本权利相连接，它不仅是法律制度赋予的权利，还关系着律师职业乃至政府本身的正当性；而中国仅仅将其视为法律文本所规定的权利。也就是说，西方国家的法律援助责任源自一种背景权利，而中国的"政府责任"则源于制度化的权利。"任何成熟的理论都要区别背景权利和制度化的权利。前者是指那些以抽象形式论证社会所作出的决定的权利，后者是指论证某个特殊的或特定的制度所作的决定的权利。"❶ 中国法律援助的"政府责任"认知事实上是人民律师制度思维的延续，由于计划经济的影响，人们对单位尚存在依赖，短期之内，固有认知与自由市场经济尚不匹配。在这一阶段，人民司法理念的回归对于扭转人们对法律的片面认识，挽回公民对法律和政府的信心，以及维护社会秩序的安定，具有重要意义。

美国法学家鲁本在论述法律援助获得权时曾区分隐藏在法律

❶　罗纳德·德沃金. 认真对待权利［M］. 信春鹰，吴玉章，译. 上海：上海三联书店，2008：132.

文本中的权利（textual rights）与隐藏在赋予法律以权威的政治架构中的权利（legitimation rights），其实就分别指向了德沃金所说的制度化权利和背景权利。他认为，人们抛弃了暴力的手段进入法治社会，并承诺通过法律来解决争端，这就决定了必须保障每一个公民具有获得平等法律救济的机会，"不能求助于法律就只能诉诸暴力……结论就是否认获得法律救济的机会等同于在该法律体制中植入一项致命的缺陷"❶，而"国家将法律体系所能带来的好处赋予了那些能够用得起它的人，而其成本则由那些用不起它的人来负担。对于令人遗憾的经济不平等以及贫穷而言，国家并不是一个无辜的旁观者"❷。由此，鲁本认为法律援助的获得权是一种合法性权利，而"合法性原则生成的逻辑机制就是：合法性原则与一致性原则一起，区分了政府不能容许的和政府必须批准的行为和制度。从而相应地生成了针对政府的消极权利和积极权利"❸，西方意义的法律援助获得权是针对政府的积极权利，它并非源于政府的外部设置或制度恩赐，而是公民基本权利的必然要求，如果政府做不到这一点就丧失了其存在的正当性依据。这显然和我国对"政府责任"的认知完全不同。

三、排他性责任模式而非兼容性责任模式

西方政府介入法律援助体系，是基于慈善性的法律援助已经

---

❶ 戴维·鲁本. 律师与正义：一个伦理学研究 [M]. 戴锐，译. 北京：中国政法大学出版社，2010：224.

❷ 戴维·鲁本. 律师与正义：一个伦理学研究 [M]. 戴锐，译. 北京：中国政法大学出版社，2010：227-228.

❸ 戴维·鲁本. 律师与正义：一个伦理学研究 [M]. 戴锐，译. 北京：中国政法大学出版社，2010：231.

难以满足社会法律服务需求的客观现实，它最初是作为一项补充性的措施加入法律援助中的，实施方式也主要是使用公共财政补贴和鼓励社会律师进行法律援助，而将法律援助实际管理交给律师协会。即使后来出现了政府授薪的公设辩护人，参与法律援助的律师的独立性也一直是备受关注的问题，一般认为即使是公设辩护人的身份，律师也仅仅在业务指定等方面接受政府的管理，实际的辩护仍然应当独立于政府机构。值得注意的是，由于政府作为补充性角色参与法律援助的历史事实，决定了它对于法律援助的参与持一种较为开放的态度，使得传统的慈善性援助得以存续，并保证了更多的民间力量加入法律援助体系之中。比如日本除了在刑事诉讼中在被告人无力聘请律师之时所设置的国选律师制度外，还有为涵盖民事诉讼等诸多领域提供法律援助的公设事务所，它就是由律师职业主导设立起来的，"公设事务所是指由日本律师联合会和各地律师协会参与设立、运营的法律事务所。律师委员会对其做全面性支援，包括对成为所长的律师在任职期间各种费用方面的援助，设立运营援助委员会对其运营进行支援……（它大致可以分为两种类型，分别满足着不同区域、不同群体的法律服务需求）一个是在律师稀少地区设置的公设事务所，其目的是满足当地人的法律需要，被称为'人烟稀少地区的公设事务所'。另一个是进行一定公益活动以及为了培养在律师稀少地区活动的律师等目的而在都市地区设置的公设事务所，被称为'都市公设事务所'"❶。美国律师协会通过对律师职业服务的长期调研发现，公众对律师职业的不满很大程度上来自公益服务的匮

❶　森际康友. 司法伦理［M］. 于晓琪，沈军，译. 北京：商务印书馆，2010：204.

乏，因此启动了支持律师志愿法律援助的项目，主要包括两项措施：第一，为参与者提供与教育项目和支持机制结合更为广泛的参与机会；第二，允许不能或者不愿提供直接服务的律师选择以现金资助法律援助。❶ 这些措施都极大地提升了法律援助的实效和活力。

中国法律援助"政府责任"则表现为明显的公权控制的特征，政府与律师职业的关系并非平等合作的关系，它排斥了社会作为一个独立的主体介入法律援助体系的可能性，所有加入法律援助体系中的个体都是政府控制范围下的客体。❷ 笔者称为排他性的责任模式，这极大地损伤了社会力量参与法律援助的热情，也对律师职业代理辩护的独立地位造成了威胁。这种以权力为主导，依靠政府自上而下推进的公共性实现模式是存在局限性的，它所能实现的公共性非常有限。在现代社会，国家主导的政府管理型公共性的现实运行也存在巨大的困难，一方面，"交往网络在社会中不可能是一元的。与此同时，现代的'公共空间'，显然已经超越了国家乃至政府的范围。也就是说，政府和国家要独占'公共空间'几乎不可能了"❸；另一方面，国家功能的过度强化与公民对国家的过度依赖，可能导致功能实现效果不佳，对

---

❶ 德博拉·L. 罗德，小吉弗瑞·C. 海泽德. 律师职业伦理与行业管理［M］. 2 版. 许身健，等译. 北京：知识产权出版社，2015：232－233.

❷ 最典型的证据表现在《法律援助条例》第 4 条的规定，它最明显地确认了政府对于法律援助体系的控制作用，即"国务院司法行政部门监督管理全国的法律援助工作。县级以上地方各级人民政府司法行政部门监督管理本行政区域的法律援助工作。中华全国律师协会和地方律师协会应当按照律师协会章程对依据本条例实施的法律援助工作予以协助"。

❸ 佐佐木毅，金泰昌. 社会科学中的公私问题［M］. 刘荣，钱昕怡，译. 北京：人民出版社，2009：162.

政府公信力产生负面影响。因此，破除全能型政府的依赖，由国家主导的政府管理型公共性过渡到国家与社会共管共治的公共性，突出律师职业在公益法律援助的主体性作用也是社会现实的需要。

第二节　政府主导型法律援助模式的弊害

上文笔者通过对比的方式描绘了我国政府垄断型法律援助体系的三个特征，它是国家主义政治传统的延续并源于政府赋予的排他性责任模式。基于法律援助体系的这些特征，我们可以对应地得出政府主导型法律援助体系的三点弊害，即低效的社会控制模式、被动的法律援助理念、有限的法律援助实效。下文将分别详细论证。

一、低效的社会控制模式

政府垄断型法律援助体系是我国长期以来形成的国家主义政治传统的延续，已经与现代社会治理理念相脱节。社会控制可以分为三个等级，即服从、参与、合法性三个层次。我国法律援助体系的建设，也基本上反映着社会控制方式的变迁，从历史的角度来看，我国在法律援助管理上经历了服从向参与的缓慢进步，但离合法性的阶段还有一定的距离，从某种意义上讲，政府主导型的法律援助体系标识了一种低效的社会控制理念。改革开放之后，我国致力于恢复的律师制度实际上是新中国成立初人民律师制度理念的延续，依然将律师职业统摄到国家权力之下，并借由国家机关的媒介发挥公共服务的作用。这在 1980 年通过的《律师暂行条例》中可以得到佐证，如第 1 条规定："律师是国家的法律工作者，其任务是对国家机关、企业事业单位、社会团体、人民公社和公民提供法律帮助，以维护法律的正确实施，维护国家、集体的利益和公民的合法权益。"其直接将律师职业定位为国家公职人员，并将其公共性归结于这一身份的事实。第 13 条与第 17 条规定："律师执行职务的工作机构是法律顾问处。法律顾问处是事业单位。受国家司法行政机关的组织领导和业务监督"；"律师承办业务，由法律顾问处统一接受委托，并且统一收费。法律顾问处给律师分配任务，应当根据实际条件尽量满足委托人的指名要求。"《律师法》颁布之前，我国没有正式的关于法律援助的规定，由于人民律师制度的特殊性，法律援助制度并无必要，因为律师接受法律顾问处的指定为特定委托人辩护，本来就是其作为国家法律工作人员的职责所在。在这一阶段，我国的社会控制模式，可以说是以"服从"为核心的，它以公权力自上而下地推进法律服务。但是这种社会控制方式是建立在命令之上的，一方面，它无法调动律师参与法律援助的热情；另一方面，它也无助于律师在诉讼中尤其是在与公权力对抗的行政诉讼和刑事诉讼中，充分地保障当事人的合法权益，辩护仅仅成为形式上的过场。

1996 年《律师法》颁布之后，我国在立法上脱离了人民律师制度的约束，建立起现代律师制度，可以说目前，我国在律师职业公共性的实践中已经逐渐突破了服从的阶段，开始重视律师职业的参与，比如《律师法》第 42 条规定："律师、律师事务所应当按照国家规定履行法律援助义务，为受援人提供符合标准

的法律服务，维护受援人的合法权益"，《法律援助条例》第 4
条规定："国务院司法行政部门监督管理全国的法律援助工作。
县级以上地方各级人民政府司法行政部门监督管理本行政区域的
法律援助工作。中华全国律师协会和地方律师协会应当按照律师
协会章程对依据本条例实施的法律援助工作予以协助"，这就强
调了律师职业在法律援助这一重要的公共性实践形式中的参与作
用，但它仍然将法律援助认定为一项政府责任，忽视了律师职
业、社会组织在法律援助体系中可能扮演的主体性作用。因此，
它不利于法律援助更有效率地展开，也不利于公民对于国家司法
体系的认同。

二、被动的法律援助理念

由于人民律师制度的传统，我国政府主导型的法律援助模式
更倾向于将公民获得律师帮助权视作政府的赋予，这对于激发律
师法律援助的主动性存在局限。具体而言，政府主导型模式下的
法律援助是由国家利益主导的政府行为，实施援助主要是出于国
家治理的需要。一个政府想要维系社会秩序的稳定，单纯的外在
强制是不可靠的，它需要树立公众对法律和司法的信心，完善诉
讼程序并保障审判公正。司法公信力是社会稳定的重要因素，只
有在公众相信司法公正的条件下，才能够最大程度地避免私力救
济导致的无序状态。"让人民群众在个案中感受公平正义"已经
成为我国司法改革的核心理念，而公民获得法律援助是彰显司法
公正最直接的方式。实际上，自 2003 年颁行《法律援助条例》
以来，我国的法律援助就被定性为政府责任，而作为律师自律组
织的律师协会只具有从旁协助的功能。法律援助机构也是由辖

市、设区的市或者县级人民政府司法行政部门根据需要在本行政区域确定的，它享受国家财政补贴，接受司法行政部门的指导和监督，比起作为律师执业场所的律师事务所，其更加类似于政府的下设单位，在相当程度上具有公权的属性。这种解释路径将法律援助视作考量国家管理之政策利益的政府行为，而律师个体的援助行为只是在协助国家治理，完成政府所指派的任务而已。在这种认知之下，律师职业只是执行国家任务的工具而已，这极大地损伤了律师职业参与法律援助的积极性和主动性。总之，公权主导的法律援助体系，使律师群体缺少足够的参与感和话语权，其对待法律援助更倾向于采取一种完成指派任务的态度，而忽视了法律援助背后的伦理价值与社会责任。在这种法律援助模式中，律师职业是缺乏主体性的，他并未以自己的身份参加到公益服务之中，而成为国家完成其责任的工具，被动地完成国家分配的任务。这种消极的态度也势必影响律师的法律援助质量。

三、有限的法律援助实效

从律师实际的辩护质量来看，政府主导型的法律援助体系至少造成了我国法律援助实践的两个难题：第一个难题是"公权同构"，边远地区产生了法律援助垄断的现象，由于社会律师的缺乏，这些地区的法律援助几乎都由法律援助中心的工作人员完成，而中心往往设在地方司法行政机关内部，与公权力具有密切关系，事实上这类律师的辩护往往倾向于检察官的立场，成为所谓的"第二公诉人"。第二个难题是"低质辩护"，其对应了法律援助外包的现象，因为单一的政府财政支持使参与法律援助的律师只能获得远低于市场价格的报酬，这种回报很难吸引到有能力且有影响力的律师，导致社会地位和技术水平不高的律师成为援助主体，使得法律援助很大程度流于形式，不能充分地保障被告人的权利。❶ 我国有学者通过我国 C 市社会调查发现，一般民事案件的市场平均价格为 2285 元左右，一般刑事案件的市场价格为 1875 元左右，而市财政给予的补贴则为每个援助案件包含管理费 1100 元左右，律师能够获得的补贴则更微薄，为 300～1000 元不等，这低于市场价格 20%～30%。这种补贴使得律师缺乏辩护的动力，尤其是一些不愁案源的知名律师，更加倾向于通过移交给新手的方式逃避法律援助义务，即使实际参与援助的律师也普遍抱有"走过场"的心态。❷

从政府管理法律援助的效率上来看，政府垄断型的法律援助体系在保障社会法律需求上也是力有不足。有统计数据显示，尽管在 2013 年我国法律援助财政投入已达 16.29 亿元，但人均仅 1.21 元，❸ 已无法充分满足公民对于法律援助的需求，在财政投入上，我国法律援助仍应有加大的空间。另外，政府主导型的法律援助体系也在很大程度上造成了我国法律援助机构职能的混乱。我国法律援助机构具有管理与服务的双重职能，《法律援助条例》明确规定："法律援助机构可以指派律师事务所安排律师或者安排本机构的工作人员办理法律援助案件。"尽管近年来法

---

❶ 关于"法律援助垄断"和"法律援助外包"现象的社会调查，可参见：谢澍. 刑事法律援助之社会向度：从"政府主导"转向"政府扶持"[J]. 环球法律评论，2016（2）：139－151.

❷ 黄东东. 法律援助案件的质量：问题、制约及其应对——以 C 市的调研为基础 [J]. 法商研究，2015（4）：54－62.

❸ 司法部：去年全国法援经费总投入 36 亿，办案 137 万余件 [EB/OL]. （2023－08－23）[2025－04－08]. https：//baijiahao. baidu. com/s? id = 177499548076 7511652&wfr = spider&for = pc.

律援助机构工作人员承办的案件比例有所下降，社会律师更多地参与到法律援助工作中来，但是无疑目前，尤其是在偏远地区法律援助机构工作人员的直接援助仍然占据主导地位。❶ 这在实践中造成法律援助机构工作人员既做裁判员，又做运动员的不合理状况，在一些地区，甚至出现了法律援助机构工作人员借助管理的权力，大量办理案件以赚取补贴的现象，这严重违背了法律援助制度设立的初衷。❷ 而在当事人的利益与法律援助机构的管理发生冲突时，法律援助机构的工作人员也往往受到权力的挟制，不利于辩护质量的提升。在我国当前的法治发展现状下，启用部分法律援助工作人员参与辩护，以弥补社会律师力所不及之处是有必要的。但是，如何保障承担辩护任务的工作人员的独立性，也是必须予以关注的问题。总之，我国的法律援助体系也许需要破除政府主导型的认知和实践，迈向多元合作的体系，才有可能破除以上困境，下文将详细论述这种多元合作体系的构造。

第三节　《法律援助法》主导的多元合作模式

现代国家治理理念要求破除国家对公共服务的垄断状态，尤其在法治建设过程中充分发挥社会和律师职业的力量，拓展法律

---

❶ 社会调查数据显示，截至 2024 年年底，全国累计办理法律援助案件 630 万余件，其中刑事辩护案件占比明显，且主要由社会律师担任。参见：中国法院网. 2024 年刑事法律援助案件承办情况分析［EB/OL］.（2024 - 11 - 01）［2025 - 04 - 22］. https：//www.chinacourt.org/article/detail/2024/11/id/8178747. shtml.

❷ 谢衡. 刑事法律援助之社会向度：从"政府主导"转向"政府扶持"［J］. 环球法律评论，2016（2）：139 - 151.

援助服务的深度与广度，对比《法律援助条例》，《法律援助法》不仅删除了"政府责任"的条款，还增添了不少社会参与等保障性条款，实际已经明确了法律援助实践模式的转向，笔者将此称为以国家为主导的多元合作模式。这主要表现在三个方面：首先，破除政府责任的表述，走向更加精确的国家责任定位；其次，重置法律援助体系中律师义务与国家责任之间的关系，由从属性的关系走向合作关系，确立律师职业在法律援助中的主体定位；最后，建构适当的社会激励机制，鼓励社会力量参与法律援助。

一、政府责任向国家责任的转变

第一，政府责任转向国家责任是公共服务义务的要求。我国《法律援助条例》将法律援助表述为政府责任，但国际惯用的表述是国家责任，1997 年《美国法律服务公司法》第 1001 条规定："我们的国家有必要为寻求不公正救济的个人提供获得公平的司法制度帮助的机会。"《瑞士日内瓦法律援助规章》也有诸如"法律援助局收取让与国家的款项""国家不对指定律师进行的活动承担任何责任"等规定。❶ 这种立法上的不同不仅仅是表述上的差异，它还造成了二者之间实质的差异，并对我国法律援助的顺利展开造成负面影响。这种国家责任本质上源于社会契约所赋予的义务。它对法律援助的态度源于一种公共服务意识，公民通过出让其私力救济的权力来脱离自然状态进入社会状态，并

❶ 司法部. 司法部法律援助中心各国法律援助法规选编 [M]. 北京：中国方正出版社，1999：35，367.

自愿接受法律的约束。因此，国家有义务保障每一个公民获得平等的法律救济，有学者称为一种单向度的责任模式，即国家自上而下地对公众负责。而相对地，政府责任则是一种双向度的责任模式，一方面它要为公众服务，另一方面它服从国家权力的要求，因此政府责任模式更多地将法律援助解释为一种行政命令行为，这就将法律援助的内涵狭隘化了。❶ 可以说，政府责任和国家责任的表述标识着对于规制法律援助之公法的不同认知，前者依然将公法视为一种主权行为，而后者将公共服务作为公法的核心。正如莱翁·狄骥（Leon Duguit）的评论："公法不再是有某个享有发布命令权的，并有权决定在一个特定领域之个人和群体之间的相互关系（将之作为一项以其臣民为对象的主权事务）的主权者来加以执行的大量规则。现代的国家理论设计大量的，对组织公用事业进行规制，并保障这些公用事业正常和不间断发挥效用的规则。主权者与其臣民之间的关系在这里有表现出来。政府活动的一项规则就是有义务以避免产生任何混乱的方式来组织和支配公共服务"❷，将政府责任转变为国家责任，是公共服务义务在法律援助中的具体体现。

第二，政府责任转向国家责任是法律援助效率的现实要求。将法律援助的责任归结于行使国家行政管理权的政府，忽略了国家体系内部其他机关在法律援助中应当发挥的作用，这严重影响了法律援助的有效运作。法律援助是一项系统性工程，它需要所有的国家机关，乃至律师职业、社会力量的相互配合，单纯依靠

---

❶ 朱良好. 法律援助责任主体论略 [J]. 福建师范大学学报（哲学社会科学版），2014（1）：10-17.

❷ 狄骥. 公法的变迁 [M]. 郑戈，译. 北京：商务印书馆，2013：50.

作为国家行政机关的政府以及一部由国务院颁布的《法律援助条例》是难以实现这一任务的，事实上我国《刑事诉讼法》第35—36条，已经规定了检察院、法院、公安机关在符合条件的情况下通知法律援助机构指派律师进行辩护的责任，以及检察院、法院、看守所帮助嫌疑人约见值班律师的责任，这都是政府责任无法涵盖的。而作为《法律援助条例》制定主体的国务院也无权对其他国家机关在法律援助中应当履行的义务以及应当发挥的作用作出详尽的安排，这使得"法律援助制度缺乏统一、完整的运作程序，给部门间的协调带来了不必要的麻烦，同时也不利于部门间的相互监督与支持"❶。《法律援助法》虽未明确将法律援助确定为"国家责任"，但是其间许多表述已经从"政府"的主体转换为"国家"，如第17条规定"国家"鼓励和规范法律援助志愿服务，第18条规定"国家"建立健全法律服务资源依法跨区域流动制度等。第6条更是将人民检察院、人民法院等司法机关也纳入保护主体的范畴，这标志着《法律援助法》在制度层面承认了更具广度的"国家"主体。

二、律师职业主体性定位的确立

尽管将政府责任转变为国家责任，可以克服法律援助模式的一些弊病，在一定程度上拓宽法律援助的深度和广度，但是如果认为只要做到这一点就能够一劳永逸，则未免过于乐观。事实上，即使国家替换政府成为法律援助的主体，也无法破除律师职

---

❶ 朱良好．法律援助责任主体论略［J］．福建师范大学学报（哲学社会科学版），2014（1）：10−17．

业在法律援助体系的从属性地位，而作为实施援助并面对当事人的律师将直接关系着法律援助的质量。我国有学者通过社会调查发现，法官、检察官、公安机关甚至部分律师都多将这种法律援助质量低下的现状归因于律师责任心的缺失，尽管这不是唯一的原因，但无疑是值得关注的。笔者认为，律师职业之所以在援助过程中责任心缺失，❶ 除补贴不高等经济因素，更重要的是我国目前的法律援助体系将律师职业置于从属性地位，律师难以通过法律援助获得心理上的满足感并实现职业的价值。将律师职业和政治国家置于同一平面上来考虑，具体到法律援助体系的讨论，就是律师职业应当破除从属性的地位，确立自身的主体性地位。

从属性关系主要有两种表现，即指派关系和安排关系，《法律援助条例》第 21 条就明确规定："法律援助机构可以指派律师事务所安排律师或者安排本机构的工作人员办理法律援助案件；也可以根据其他社会组织的要求，安排其所属人员办理法律援助案件。"首先讨论指派关系，法律援助机构面对实际执行法律援助的律师职业仍然倾向于使用行政命令的话语，有学者称这在政府和律师之间构成了一种指派关系。这种关系所面临的问题是，政府的法律援助活动可以法律规定由律师代为实施，而且这种代为实施的行为具有法律上的强制性，"指派关系因此就有可能演变为另一种安排关系，在严重的情况下，它就是一种行政'摊派'，'不适当的行政干预（摊派）不但没有达到原来设想的用法律援助重塑律师良好形象的社会目的，反而因律师无法满足众

---

❶ 黄东东．法律援助案件的质量：问题、制约及其应对——以 C 市的调研为基础 [J]．法商研究，2015（4）：54－62．

多援助需求而处于非常尴尬的境地'"❶。已有学者注意到这种情况，通观《法律援助条例》全文，关于政府责任的描述多数都是模糊而抽象的，而关于律师义务方面的规定，尤其是其违反援助义务的惩罚措施规定得十分具体，是一种损害律师合法权益来弥补政府财力不足的异象。❷

其次，法律援助机构与其工作人员构成了一种安排关系，这更是将法律援助视为纯粹执行行政命令的职务行为，这与上文所提及的当前我国法律援助机构管理职能和服务职能不分的现象紧密相关。在这种关系中，工作人员的辩护往往受到法律援助机构的挟制，同时工作人员做着本应由律师执行的辩护工作，但他们往往没有丰富的辩护经验以及法学专业的长期训练，这也使得其难以保障辩护的质量。律师职业在法律援助体系中应当居于主体性的地位，它与政府是一种合作关系，而不是从属关系。从属性的理解误置了律师与政府之间的关系，事实上律师法律援助的义务与政府所负有的法律援助责任，尽管都是律师法所明确规定的法律义务，其法理来源却有所不同。律师职业的公共性并不来源于国家共同体的成员身份，也不依赖于国家命令去履行公共责任，它借由公平原则以及社会交换的运作深深地烙印在律师职业的本质之中，即上文所描述的契约主义律师公共性。因此，相应地，国家应该将律师视为法律援助的主体，为其提供主体性的支持，而不是将其视为为政府排忧解难的工具。遗憾的是，目前我国的法律援助仍然表现出很强的公权力依赖的倾向，它仅仅为律

❶　贺海仁. 法律援助：政府责任与律师义务［J］. 环球法律评论，2005（6）：665－671.
❷　朱良好. 法律援助责任主体论略［J］. 福建师范大学学报（哲学社会科学版），2014（1）：10－17.

师职业提供所谓的"工具性支持"，这种模式的典型特征是将支配、服从和秩序的价值置于自由、同意和参与的价值之上，政府倾向于自上而下地支配律师职业、居高临下地俯视律师职业，而把律师职业置于一种被动、服从的地位，因而律师职业不被政府视为在公共治理中相对于政府而言的自由而平等的合作主体，而是被政府视为"分忧解愁"的工具性角色。从"工具性支持"到"主体性支持"的转型，要求政府主动性地收缩强制权力，并不断增强基础权力，发展与社会组织之间基于自由和平等身份的在公共服务提供和公共政策制定上的全面性合作关系，提升法律援助体系中律师职业相对于政府而言的主体性地位，从支持维度促进律师职业公共性的良性成长。❶

在构建律师职业在法律援助体系中的主体性地位，塑造政府与律师职业平等关系的诸多制度建议中，也许可以尝试政府购买法律服务的模式。通过政府购买法律服务的形式推进法律援助有效地将律师职业和政府置于平等的合同双方，律师职业独立地完成辩护义务，而不是单纯地服从政府命令。另外，适当地引入市场机制也有利于降低法律援助的成本，形成双赢的局面。事实上，我国已有部分地区采用招投标的运作方式将法律援助的工作承包给某个或某几家律师事务所，这种市场竞争性将有效地减轻政府的财政负担，同时通过公开的市场行为，法律援助作为公益行动的意义将会得到扩展，有利于塑造律师的正面形象，而对于

---

❶ 关于"工具性支持"和"主体性支持"的划分，可参见：唐文玉. 社会组织的公共性与政府角色［M］. 北京：社会科学文献出版社，2017：128－141. 尽管该书主要是针对的社会组织与政府之间关系的说明，但是笔者认为其对于律师职业与政府之间的关系也颇具参考意义，并能够对法律援助体系中律师职业公共性的实现方式提供启示。

律师事务所来说也是一个很好的宣传机会。《法律援助法》在这一层面较《法律援助条例》已经有了极大的改善，如第 15 条明确规定，司法行政部门可以通过政府采购等方式择优选择律师事务所等法律服务机构为受援人提供法律援助。这一条款实际上就已经将政府与律师置于平等的市场主体之上，更有助于保障律师在法律援助中的主体性地位。

三、社会激励机制的建构

政府主导型的法律援助体系使得法律援助的经费来源完全依赖于国家财政的投入，这必然受到公共服务成本的限制。单纯依靠增加政府财政的投入也许能够在短期内解决法律援助的需求问题，长远看来也必将难以为继。因此，必须建立一种国家与社会的协同机制，积极鼓励社会参与，充分利用社会力量来提升法律援助的供给能力。我国《法律援助条例》第 7 条、第 8 条、第 9 条，概括性地提及了一些关于国家鼓励社会参与的规定，❶ 但是长期以来，这种鼓励政策都只是流于表面，我国法律援助的实践依然存在社会参与严重不足的缺陷。有数据显示，"2005—2014 年间社会组织和法律援助志愿者承办案件占案件总量的 2%～5%，年均增长率仅为 0.27%。而就在同一时期，我国的社会组织获得了长足的发展，至 2013 年底，全国社会组织数量已经达到 54 万多个，自 2000 年以来保持了年均 10.2% 的增长速度，逐渐成为一

---

❶　第七条　国家鼓励社会对法律援助活动提供捐助。
第八条　国家支持和鼓励社会团体、事业单位等社会组织利用自身资源为经济困难的公民提供法律援助。
第九条　对在法律援助工作中作出突出贡献的组织和个人，有关的人民政府、司法行政部门应当给予表彰、奖励。

种重要的社会力量"❶，与社会组织的增长量相比，参与法律援助的社会力量显得极为微薄，这可能与我国缺乏切实、具体的鼓励政策有很大的关系。

鼓励社会参与的法律援助体系至少在两个方面，对于提升法律援助的实效具有积极意义。一方面，缓解了法律援助经费的压力，社会力量为法律援助的经费开辟了国家财政以外的来源，它主要从社会系统自身来获取资金来源，诸如慈善捐赠、社会捐助以及法律援助志愿组织的支持等。除这些赠与性质的资金，社会还可以有效地利用市场的力量，积极弥补律师参与法律援助时经济报酬与市场价格的巨大差距，为法律援助质量提供有效的保障，如曾被热议的诉讼保险制度，就是市场参与法律援助的重要尝试之一。它是商业保险与法律救济的创造性结合，其有效地减轻了法律援助中政府的财政压力，也使得当事人的涉诉风险成功地转移给社会。由此，当事人获得平等司法救济的目标获得更为充分地实现。❷ 另一方面，社会力量的参与也使得法律援助的广度得到有效的扩展。政府主导型的法律援助体系由于受到资金压力、管理压力等诸多因素的限制，只能在部分刑事案件以及极少的民事案件中提供援助。而社会法律援助则可能与政府法律援助形成合理的分工合作，以对法律援助的外延进行扩展。例如，具有资质的社会组织可以完成申请法律援助前的简单咨询工作，对案件进行初步的分流，以减轻政府的工作负担；对于超出法律援

---

❶ 胡铭，王廷婷. 法律援助的中国模式及其改革［J］. 浙江大学学报（人文社会科学版），2017（2）：76－92.

❷ 张晓薇. 接近正义与诉讼保险制度研究［J］. 河北法学，2004（10）：81－83.

助范围的案件，但当事人确有困难的案件，社会组织可以担负起法律援助的责任，以确保其权利的有效实现；涉诉当事人在经过漫长的诉讼过程之后，往往会陷入生活秩序的失序当中，尽管案件已经结束，但帮助当事人回归到正常的生活之中，也应当成为法律援助的必要延续，这也是政府常规的法律援助无法也无力办到的，需要社会组织进行后续的心理辅导、调解等。另外，社会组织对于法律援助的宣传工作也具备政府所没有的先天优势，它更加贴近公众，也更加了解公众的需求。《法律援助法》对鼓励社会参与作出了更为具体的规定，比如第 8 条明确规定诸如工会、妇联等群团组织可以参与到法律援助工作中来，这些群团组织对于特定的领域具有显著的优势，对于法律援助工作的顺利展开大有助益。针对长期以来法律援助资金不足的痼疾，《法律援助法》也作出了更有针对性的规定，除政府财政对法律援助经费单列外，还积极动员外部资金的援助，并对符合条件的捐款单位给予税收优惠。

通过上文的分析可以发现，只有构建国家、律师、社会三者之间的平等合作关系才是实现法律援助目标的良策，它们各自在法律援助体系中发挥着自身独特的作用。在保障法律援助稳定供给的需求的目标之下，具有规制能力的国家必然居于主导地位，但这并不意味着它忽视了律师职业与社会作为参与法律援助体系的主体的重要意义。这也是已生效的《法律援助法》所倡导的。用我国一位学者的话作结，这就是一种协同性的法律援助体系："通过权力与资源的互动达成协同治理的意向，并在一定的运行机制下实现提升法律援助治理能力的共同目标。换言之，法律援助协同治理体系即是以律师和律师事务所为代表的市场主体、以政府为代表的行政主体以及以各类社会组织为代表的社会主体，在政府的主导下，通过市场化、行政化和社会化的运行方式提供法律援助服务，实现法律援助社会总供给与总需求的动态平衡……在运行机制的三大系统内，协同治理强调各主体之间自愿、平等与协作关系：首先是政府不再仅仅依靠行政命令与其他主体建立联系，而是通过三方主体之间的协商对话、相互合作等方式建立共赢的伙伴关系；其次是政府尊重各个主体内部自我治理的自由，减少对市场组织和社会组织的行政干预。但这并不意味着政府的作用变得无足轻重，相反，政府的作用会越来越重要。"❶

　　传统中国的国家治理中，一直试图通过行政管理来实现公共性。这种国家主义的公共性事实上将"公"与"私"割裂开了，将法律援助行为视为政府责任，不仅会影响法律援助的实践效果，更根本的是它将法律援助塑造为一个消极的灭私奉公的行为。此处所强调的法律援助不仅仅是协助政府平等分配法律资源的行动，更是律师自我实现的一个重要路径。这就是日本学者今田高俊教授指出的"自发支援型公共性"，他指出："支援的核心是对他人的关怀（care）和他人的灌能，所以它不同于自己随便定个目标，然后高效率地完成这种追求私利的行为……他的目的不是单纯的慈善行为或者单纯的援助。他总是以获得生活意义和实现自我为前提，在这个意义上它是个人性质的行为，但不是

---

❶ 胡铭，王廷婷. 法律援助的中国模式及其改革［J］. 浙江大学学报（人文社会科学版），2017（2）：76－92.

利己的行为。个人的自我实现可以直接成为对他人的关怀和支援。"❶ 我国法律援助的立法思想与实践理念也应当从管理型向支援型变革，从政府垄断型的法律援助体系转化为以国家为主导的多元合作体系。

❶ 佐佐木毅，金泰昌. 中间团体开创的公共性 [M]. 王伟，译. 北京：人民出版社，2009：147－148.

结　语

由于律师职业公共性对于法治的必要性价值，强调律师职业公共责任的承担，实现律师职业的社会价值一直是律师职业改革的重要方向。早在1993年的《司法部关于深化律师工作改革的方案》就提出要充分发挥律师在国家经济生活和社会生活中的中介作用，使我国律师事业的发展迈上一个新台阶。而新一轮的司法改革中，《关于深化律师制度改革的意见》也明确将律师职业定位为建设中国特色社会主义法治的重要力量，强调其公共责任的履行。随着市场化的不断深入，传统上对于公共性的国家主义论证路径逐渐瓦解，职业主义的进路又因将律师职业的公共性仅仅描绘为一项职业道德要求，而存在诸多弊病。因此，在现代法治社会中，需要提供一种新的理论资源来为律师职业的公共性提供有说服力的论证。

通过反思国家主义和职业主义的缺陷，本书提出了一种新的契约主义的证成方式，它认为律师职业的公共责任是公平原则引导下的契约义务，其公共性内生于律师、国家与社会的互动过程中，它为律师正义的践行提供了新的理论资源与实践动力。在结语部分需要澄清两点可能对本书论证的认识误区：第一，契约主义的目的不是要推翻其他论证方法，也绝不意在否定其他论证路径的优点，而只是试图提供一个对于律师职业公共性更具解释力，也更能发挥其公共性实践效用的理论，事实上契约主义某种程度上也是对国家主义和职业主义的批判性继承与融合；第二，契约主义所确定的论证模型是建立在理论逻辑之上的应然分析，它意在呈现一个更符合正义理想的公共性理念，任何对于该论点的经验主义批评都将不得要领。在此以契约论的首倡者霍布斯的观点作结也许是合适的，他在其名著《利维坦》中这样评价契约主义："这种真理既不违反人们的利益，又不违反人们的兴趣，人人都会欢迎。"❶ 而类似的，我们也许可以这样说，契约主义基础下律师职业公共性既不否认律师职业的道德理想，又不与律师职业的现实利益相悖，契约主义可能是目前对于律师职业公共性最恰当的证成路径。

---

❶　霍布斯. 利维坦［M］. 黎思复，黎延弼，译. 北京：商务印书馆，1985：580.

参考文献

一、著作类

［1］阿马蒂亚·森．身份与暴力：命运的幻象［M］．李风华，陈昌升，袁德良，译．北京：中国人民大学版社，2014.

［2］埃德蒙·柏克．自由与传统［M］．蒋庆，王瑞昌，王天成，译．北京：商务印书馆，2001.

［3］埃米尔·涂尔干．职业伦理与公民道德［M］．渠敬东，译．北京：商务印书馆，2015.

［4］安索尼·T.克罗曼．迷失的律师：法律职业理想的衰落［M］．田风常，译．北京：法律出版社，2010.

［5］波雷斯特．欧美早期的律师界［M］．傅再明，张文彪，译．北京：中国政法大学出版社，1992.

［6］波斯纳．超越法律［M］．苏力，译．北京：中国政法大学出版社，2001.

［7］波斯纳．道德和法律理论的疑问［M］．

苏力，译．北京：中国政法大学出版社，2001．

［8］伯兰特·罗素．权力论［M］．吴友三，译．北京：商务印书馆，2014．

［9］伯纳德·威廉斯．道德运气［M］．徐向东，译．上海：上海译文出版社，2007．

［10］布莱恩·Z. 塔玛纳哈．法律工具主义：对法治的危害［M］．陈虎，杨洁，译．北京：北京大学出版社，2016．

［11］戴维·鲁本．律师与正义：一个伦理学研究［M］．戴锐，译．北京：中国政法大学出版社，2010．

［12］丹尼尔·贝尔．资本主义文化矛盾［M］．赵一凡，蒲隆，任晓晋，等译．北京：生活·读书·新知三联书店，1989．

［13］德博拉·L. 罗德．为了司法/正义：法律职业改革［M］．张群，温珍奎，丁见民，译．北京：中国政法大学出版社，2009．

［14］德博拉·L. 罗德，小吉弗瑞·C. 海泽德．律师职业伦理与行业管理［M］．2 版．许身健，等译．北京：知识产权出版社，2015．

［15］德博拉·L. 罗德，小杰弗瑞·C. 海泽德．律师的职业责任与规制［M］．王进喜，译．北京：中国政法大学出版社，2013．

［16］狄骥．公法的变迁［M］．郑戈，译．北京：商务印书馆，2013．

［17］迪特里希·鲁施迈耶．律师与社会：美德两国法律职业比较研究［M］．于霄，译．上海：上海三联书店，2009．

［18］弗里德里希·奥古斯特·冯·哈耶克．自由宪章

［M］. 杨玉生，冯兴元，陈茅，等译. 北京：中国社会科学出版社，2012.

［19］宫晓冰. 各国法律援助理论研究［M］. 北京：中国方正出版社，1999.

［20］H. W. 埃尔曼. 比较法律文化［M］. 贺卫方，高鸿钧，译. 北京：清华大学出版社，2002.

［21］哈贝马斯. 现代性的地平线：哈贝马斯访谈录［M］. 李安东，段怀清，译. 上海：上海人民出版社，1997.

［22］哈贝马斯. 公共领域的结构转型［M］. 曹卫东，王晓珏，刘北城，等译. 上海：学林出版社，1999.

［23］哈罗德·J. 伯尔曼. 法律与革命：西方法律传统的形成［M］. 贺卫方，高鸿钧，夏勇，等译. 北京：法律出版社，2008.

［24］哈罗德·J. 伯尔曼. 法律与革命：新教改革对西方法律传统的影响［M］. 袁瑜琤，苗文龙，译. 北京：法律出版社，2008.

［25］哈耶克. 通往奴役之路［M］. 王明毅，冯兴元，译. 北京：中国社会科学出版社，2015.

［26］赫伯特·马库斯. 单向度的人：发达工业社会意识形态研究［M］. 刘继，译. 上海：上海译文出版社，2006.

［27］黑格尔. 法哲学原理［M］. 范扬，张企泰，译. 北京：商务印书馆，1961.

［28］亨利·萨姆纳·梅因. 古代法：与社会远古即现代观念的联系［M］. 郭亮，译. 北京：法律出版社，2016.

［29］洪涛. 逻各斯与空间：古代希腊政治哲学研究［M］.

上海：上海人民出版社，1998.

［30］霍布斯．利维坦［M］．黎思复，黎延弼，译．北京：商务印书馆，1985.

［31］季卫东．法治秩序的建构［M］．北京：中国政法大学出版社，1999.

［32］杰拉德尔·汉隆．律师、国家与市场：职业主义再探［M］．程朝阳，译．北京：北京大学出版社，2009.

［33］李学尧．法律职业主义［M］．北京：中国政法大学出版社，2007.

［34］凯斯·R. 桑斯坦．社会因何要异见［M］．支振锋，译．北京：中国政法大学出版社，2016.

［35］梁启超．新民说［M］．沈阳：辽宁人民出版社，1994.

［36］刘思达．失落的城邦：当代中国法律职业变迁［M］．北京：北京大学出版社，2008.

［37］刘思达．割据的逻辑：中国法律服务市场的生态分析［M］．上海：上海三联出版社，2011.

［38］卢梭．社会契约论［M］．何兆武，译．北京：商务印书馆，1980.

［39］罗伯特·戈登．律师独立论：律师独立于当事人［M］．周潞嘉，李卫北，周小明，译．北京：中国政法大学出版社，1989.

［40］罗伯特·N. 威尔金．法律职业的精神［M］．王俊峰，译．北京：北京大学出版社，2013.

［41］罗纳德·德沃金．认真对待权利［M］．信春鹰，吴玉

章，译. 上海：上海三联书店，2008.

[42] 罗纳德·德沃金. 身披法袍的正义 [M]. 周林刚，翟志勇，译. 北京：北京大学出版社，2014.

[43] 罗纳德·德沃金. 法律帝国 [M]. 许杨勇，译. 上海：上海三联书店，2016.

[44] 络德睦. 法律东方主义：中国、美国与现代法 [M]. 魏磊杰，译. 北京：中国政法大学出版社，2016.

[45] 马克思，恩格斯. 马克思恩格斯全集：第40卷 [M]. 北京：人民出版社，1972.

[46] 马克斯·韦伯. 新教伦理与资本主义精神 [M]. 康乐，简惠美，译. 桂林：广西师范大学出版社，2007.

[47] 玛丽·安·格伦顿. 法律人统治下的国度：法律职业危机如何改变美国社会 [M]. 沈国琴，胡鸿雁，译. 北京：中国政法大学出版社，2010.

[48] 玛莎·C.纳斯鲍姆. 正义的前沿 [M]. 朱慧玲，译. 北京：中国人民大学出版社，2016.

[49] 玛莎·C.纳斯鲍姆. 寻求有尊严的生活：正义的能力理论 [M]. 田雷，译. 北京：中国人民大学出版社，2016.

[50] 迈尔文·艾隆·艾森伯格. 普通法的本质 [M]. 张曙光，张小平，张含光，等译. 北京：法律出版社，2004.

[51] 迈克尔·莱斯诺尔. 社会契约论 [M]. 刘训练，李丽红，张红梅，译. 南京：江苏人民出版社，2012.

[52] 迈克尔·曼. 社会权力的来源：第1卷 [M]. 刘北成，李少军，译. 上海：上海人民出版社，2007.

[53] 迈克尔·舒特. 执业伦理与美国法律的新生 [M]. 赵

雪纲，牛玥，等译．北京：当代中国出版社，2014．

［54］毛兴贵．政治义务：证成与反驳［M］．南京：江苏人民出版社，2007．

［55］茅彭年，李必达．中国律师制度研究资料汇编［M］．北京：法律出版社，1992．

［56］梅利莎·麦柯丽．社会权力与法律文化：中华帝国晚期的讼师［M］．明辉，译．北京：北京大学出版社，2012．

［57］蒙罗·H. 弗里德曼，阿贝·史密斯．律师职业道德的底线［M］．3版．王卫东，译．北京：北京大学出版社，2009．

［58］米格代尔．社会中的国家：国家与社会如何相互改变与相互构成［M］．李杨，郭一聪，译．南京：江苏人民出版社，2013．

［59］诺贝特·埃利亚斯．个体的社会［M］．翟三江，陆兴华，译．南京：译林出版社，2003．

［60］乔治·费雷德里克森．公共行政的精神［M］．张成福，刘霞，张璋，等译．北京：中国人民大学出版社，2003．

［61］邱联恭．司法之现代化与程序法［M］．台北：三民书局，1992．

［62］森际康友．司法伦理［M］．于晓琪，沈军，译．北京：商务印书馆，2010．

［63］沈敏．宪政视野下的中国律师制度研究［M］．北京：法律出版社，2012．

［64］史蒂文·卢克斯．权力：一种激进的观点［M］．彭斌，译．南京：江苏人民出版社，2008．

［65］司法部法律援助中心．各国法律援助法规选编［M］．

北京：中国方正出版社，1999.

[66] 孙笑侠，等. 法律人之治：法律职业的中国思考 [M]. 北京：中国政法大学出版社，2005.

[67] 谭清华. 从人的公共性到公共性的人：论人的公共性及其发展 [M]. 北京：中国社会科学出版社，2015.

[68] 唐文玉. 社会组织的公共性与政府角色 [M]. 北京：社会科学文献出版社，2017.

[69] 托克维尔. 论美国的民主：上卷 [M]. 董果良，译. 北京：商务印书馆，1987.

[70] 托马斯·斯坎伦. 我们彼此负有什么义务 [M]. 陈代东，杨伟清，杨选，等译. 北京：人民出版社，2008.

[71] 王中华. 当代中国律师政治参与研究 [M]. 南京：南京大学出版社，2012.

[72] 威廉·H. 西蒙. 践行正义：一种关于律师职业道德的理论 [M]. 王进喜，译. 北京：中国人民大学出版社，2015.

[73] 夏勇. 公法：第 1 卷 [M]. 北京：法律出版社，1999.

[74] 徐向东. 道德哲学与实践理性 [M]. 北京：商务印书馆，2006.

[75] 约翰·罗尔斯. 正义论 [M]. 何怀宏，何包钢，廖申白，译. 北京：中国社会科学出版社，2009.

[76] 约翰·密尔. 论自由 [M]. 许宝骙，译. 北京：商务印书馆，1959.

[77] 约瑟夫·阿莱格雷迪. 律师的天职：信仰和法律工作 [M]. 王军，译. 北京：当代中国出版社，2014.

[78] 约瑟夫·拉兹. 公共领域中的伦理学 [M]. 葛四友，

译．南京：江苏人民出版社，2013.

［79］詹姆斯·J. 汤姆科维兹．美国宪法上的律师帮助权［M］．李伟，译．北京：中国政法大学出版社，2016.

［80］张静．法团主义［M］．北京：东方出版社，2015.

［81］张丽清．法治的是与非：当代西方关于法治基础理论的论争［M］．北京：中国政法大学出版社，2015.

［82］张庆军，孟国祥．民国司法黑幕［M］．南京：江苏古籍出版社，1997.

［83］张善燚．中国律师制度专题研究［M］．长沙：湖南人民出版社，2007.

［84］张翔．基本权利的规范建构［M］．北京：法律出版社，2017.

［85］周永坤．法理学［M］．北京：法律出版社，2016.

［86］朱英，魏文享．近代中国自由职业者群体与社会变迁［M］．北京：北京大学出版社，2009.

［87］佐佐木毅，金泰昌．国家·人·公共性［M］．金熙德，唐永亮，译．北京：人民出版社，2009.

［88］佐佐木毅，金泰昌．社会科学中的公私问题［M］．刘荣，钱昕怡，译．北京：人民出版社，2009.

［89］佐佐木毅，金泰昌．公与私的思想史［M］．刘文柱，译．北京：人民出版社，2009.

［90］佐佐木毅，金泰昌．中间团体开创的公共性［M］．王伟，译．北京：人民出版社，2009.

［91］A. De Tocqueville. Democracy in American［M］．trans. by H. Reeve. New York：Vintage Books，1957.

［92］ Alpheus Thomas Mason. Brandeis: A Free Man's Life ［M］. New York: Viking Press, 1946.

［93］ Freedman Monroe. Lawyers' Ethics in an Adversary System ［M］. Indianapolis: Bobbs Merill, 1975.

［94］ G. Almond, S. Verba. The Civic Culture: Political Attitudes and Democracy in Five Nations ［M］. Princeton: Princeton University Press, 1963.

［95］ Goffman Erving. Encounters: Two Studies in the Sociology of Interaction ［M］. Indianapolis: Bobbs – Merrill, 1961.

［96］ Granfield R, Mather L. Private Lawyers and the Public Interest: The Evolving Role of Pro Bono in the American Legal Profession ［M］. New York: Oxford University Press, 2009.

［97］ Jay Katz. The Silent World of Doctor and Patient ［M］. Baltimore: Johns Hopkins University Press, 1984.

［98］ Jean L. Cohen, Andrew Arato. Civil Society and Political Theory ［M］. Cambridge: The Mit Press, 1994.

［99］ Jerold S. Auerbach. Unequal Justice: Lawyers and Social Change in Modern America ［M］. New York: Oxford University Press, 1976.

［100］ John Locke. Second Treatise of Government ［M］. Indianapolis: Hackett Publishing Company, 1997.

［101］ Karl Popper. Conjectures and Refutations: The Growth of Scientific Knowledge ［M］. New York: Harper and Row, 1963.

［102］ Larson, Magali Sarfatti. The Rise of Professionalism: A

Sociological Analysis [M]. Berkeley: University of California Press, 1977.

[103] Michael Lessnoff. Social Contract Theory [M]. New York: New York University Press, 1990.

[104] Oliver Wendell Holmes, Mark De Wolfe Howe. The Occasional Speeches of Justice [M]. Cambridge: Belknap Press, 1962.

[105] P. C. Schmitter, G. Lehmburuch. Trends Toward Corporatist Intermediation [M]. Beverly Hills: SAGE Publications, 1979.

[106] R. Dworkin. Law's Empire [M]. Cambridge: Harvard University Press, 1986.

[107] Richard L. Abel. American Lawyers [M]. New York: Oxford University Press, 1989.

[108] Richard L. Abel, Philip S. C. Lewis. Lawyers in Society: The Common Law World [M]. Berkeley: University of California Press, 1988.

[109] Roscoe Pound. The Lawyer from Antiquity to Modern Times [M]. Saint Paul: West Publishing, 1953.

[110] S. Gorovitz. Moral Problems in Medicine Englewood Cliffs [M]. NJ: Prentice – Hall, 1976.

[111] Thomas Hobbes. Leviathan [M]. trans by J. C. A. Gaskin. New York: Oxford University Press, 1996.

[112] William H Harbaugh. Lawyer's Lawyer: The Life of John W. Davis [M]. New York: Oxford University Press, 1973.

二、期刊类

［113］艾佳慧．法官管理的中国范式及限度（1937—2012）［J］．东南大学学报（哲学社会科学版），2018（4）：91 - 103.

［114］程滔．法律援助的责任主体［J］．国家检察官学院学报，2018（4）：3 - 13.

［115］程滔．从自律走向自治：兼谈律师法对律师协会职责的修改［J］．政法论坛，2010（7）：179 - 184.

［116］龚向和．论自然法学的权利观［J］．法律科学，2002（2）：13 - 21.

［117］顾永忠．我国刑事法律援助的实施现状与对策建议：基于2013年《刑事诉讼法》施行以来的考察与思考［J］．法学杂志，2015（4）：39 - 51.

［118］何士青．司法考试与法学教育：兼评司法考试与法学教育的关系［J］．湖北大学学报（哲学社会科学版），2004（1）：77 - 81.

［119］贺电，张翼飞．法的发展规律：从义务本位法、权利本位法到平衡法［J］．社会科学战线，2016（2）：207 - 216.

［120］贺海仁．法律援助：政府责任与律师义务［J］．环球法律评论，2005（6）：665 - 671.

［121］胡铭，王廷婷．法律援助的中国模式及其改革［J］．浙江大学学报（人文社会科学版），2017（2）：76 - 92.

［122］黄东东．法律援助案件的质量：问题、制约及其应对——以C市的调研为基础［J］．法商研究，2015（4）：54 - 62.

［123］黄文艺．法律职业话语的解析［J］．法律科学（西

北政法大学学报），2005（4）：3-12.

［124］黄文艺，宋湘琦.法律商业主义解析［J］.法商研究，2014（1）：3-12.

［125］蒋超.我国律师性质的流变与重塑："从本位主义"到"自由职业"［J］.安徽大学学报（哲学社会科学版），2018（2）：130-137.

［126］蒋超.通往依法自治之路：我国律师协会定位的检视与重塑［J］.法制与社会发展，2018（3）：91-107.

［127］李学尧.法律职业主义［J］.法学研究，2005（6）：3-19.

［128］李学尧.这是一个"职业危机"的时代吗?："后职业时代"美国法律职业研究的理论综述［J］.中外法学，2004（5）：610-620.

［129］李严成."上海律师甚多败类"：从一起名誉纠纷看民国律师形象［J］.近代史研究，2018（1）：149-158.

［130］刘晶.西方实践哲学视阈下的公共行政实践泛技术化之省察［J］.社会科学研究，2013（1）：35-41.

［131］刘淑君.刑事辩护权的宪法反思［J］.甘肃政法学院学报，2008（4）：99-103.

［132］刘治斌.法律思维：一种职业主义的视角［J］.法律科学（西北政法大学学报），2007（5）：52-61.

［133］马长山.从国家构建到共建共享的法治转向：基于社会组织与法治建设之间关系的考察［J］.法学研究，2017（3）：24-43.

［134］马玲.利益不是权利：从我国《宪法》第51条说起

[J]．法律科学，2009（5）：74 - 84．

[135] 邱志红．从"讼师"到"律师"：从翻译看近代中国社会对律师的认知 [J]．近代史研究，2011（3）：47 - 59．

[136] 司莉．律师职业社会性的价值分析 [J]．河南社会科学，2008（5）：68 - 71．

[137] 司莉．律师职业商业性若干问题探讨 [J]．求索，2008（8）：162 - 164．

[138] 王佳，黄相怀．西方政治法律传统中的贵族精神 [J]．学术界，2011（6）：129 - 134．

[139] 王江．德国法律服务业开放的管窥和启示 [J]．德国研究，2001（3）：54 - 57．

[140] 吴光升．被追诉人的法律援助获得权 [J]．国家检察官学院学报，2018（4）：14 - 31，172 - 173．

[141] 吴宏耀，赵常成．法律援助的管理体制 [J]．国家检察官学院学报，2018（4）：32 - 50．

[142] 吴羽．美国公设辩护人制度运作机制研究 [J]．北方法学，2014（5）：105 - 112．

[143] 谢澍．刑事法律援助之社会向度：从"政府主导"转向"政府扶持" [J]．环球法律评论，2016（2）：139 - 151．

[144] 肖健．医疗家长主义合理性辨析：从广州华侨医院产妇拒剖案切入 [J]．道德与文明，2013（1）：116 - 120．

[145] 姚大志．公平与契约主义 [J]．哲学动态，2017（5）：79 - 85．

[146] 姚建宗．信仰：法治的精神意蕴 [J]．吉林大学社会科学学报，1997（2）：1 - 12．

［147］尹倩. 中国近代自由职业群体研究述评［J］. 近代史研究, 2007（6）: 109 - 119.

［148］尹树广. 现代性理论的批判维度及其问题［J］. 山东大学学报（哲学社会科学版）, 2003（3）: 15 - 20.

［149］尹晓红. 获得辩护权是被追诉人的基本权利: 对《宪法》第 125 条"获得辩护"的法解释［J］. 法学, 2012（3）: 63 - 69.

［150］尤成俊. 阴影下的正当性: 清末民初的律师职业与律师制度［J］. 法学, 2012（12）: 41 - 54.

［151］张帆. 法律家长主义的两个谬误［J］. 法律科学（西北政法大学学报）, 2017（4）: 3 - 12.

［152］张晓薇. 接近正义与诉讼保险制度研究［J］. 河北法学, 2004（10）: 81 - 83.

［153］张志铭. 回眸和展望: 百年中国律师的发展轨迹［J］. 国家检察官学院学报, 2013（1）: 121 - 134.

［154］周宝峰. 宪政视野中的刑事被告人获得律师帮助权研究［J］. 内蒙古大学学报（哲学社会科学版）, 2009（4）: 18 - 24.

［155］周伟. 宪法依据的缺失: 侦查阶段辩护权缺位的思考［J］. 政治与法律, 2003（6）: 90 - 96.

［156］周详, 齐文远. 法学教育以司法考试为导向的合理性: 以司法考试刑法卷为例［J］. 法学, 2009（4）: 93 - 102.

［157］朱立恒. 法学教育与司法考试是互动还是冲突?［J］. 理论月刊, 2007（10）: 107 - 111.

［158］朱伟. 医疗家长主义在何种程度上得到辩护?［J］.

伦理学研究, 2018 (2): 59 - 65.

[159] 朱良好. 法律援助责任主体论略 [J]. 福建师范大学学报 (哲学社会科学版), 2014 (1): 10 - 17.

[160] Alan Zaitchik. On Deserving to Deserve [J]. Philosophy & Public Affairs, 1977 (4): 370 - 338.

[161] Criton A. Constantinides. Professional Ethics Codes in Court: Redefining the Social Contract between the Public and the Professions [J]. Ga. L. Rev, 1991: 1327 - 1373.

[162] David Barnhizer. Princes of Darkness and Angels of Light: the Soul of the American Lawyers [J]. Notre Dame: Notre Dame Journal of Law, Ethics & Public Policy, 2000 (14): 371 - 477.

[163] David McNaughton. Piers Rawling: On Defending Deontology [J]. Ratio, 1998 (1): 37 - 54.

[164] Elizabeth S. Anderson. What Is the Point of Equality? [J]. Ethics, 1999 (2): 287 - 337.

[165] Emerson R M. Social Exchange Theory [J]. Annual Review of Sociology, 1976 (7): 335 - 362.

[166] Gauthier D. The Social Contract as Ideology [J]. Philosophy & Public Affairs, 1977, 6 (2): 130 - 164.

[167] H L A Hart. Are There Any Natural Rights? [J]. Philosophical Review, 1955 (2): 175 - 191.

[168] Joan Mahoney. Green Forms and Legal Aid Offices: A History of Publicly Funded Legal Services in Britain and the United States [J]. Louis U. Pub. L. Rev, 1998 (17): 223 - 240.

[169] R. M. Gordon. The Independence of Lawyers [J]. Boston

University Law Review, 1988 (13): 1 – 83.

[170] Richard Abel. Why Does the ABA Promulgate Ethical Rules [J]. Texas Law Review, 1981 (4): 115 – 124.

[171] Richard Dagger. Membership, Fair Play, and Political Obligation [J]. Political Studies, 2000 (1): 104 – 117.

[172] Terence C, Powell H M J, Granfors. Minimalist Organizations: Vital Events in State Bar Associations, 1870 – 1930 [J]. American Sociological Review, 1987 (4): 456 – 471.

[173] William J. Bouwsma. Lawyer and Early Modern Culture [J]. American Historical Review, 1973 (78): 303 – 327.

[174] Xueguang Zhou. Unorganized Interests and Collective Action in Communist China [J]. American Sociology Review, 1993 (1): 54 – 73.